ライフハック大全
プリンシプルズ

堀 正岳

JN054047

角川新書

はじめに

　ライフハックとは、アメリカで誕生したネット時代の仕事術です。仕事の仕方が多様化し、リモートワークやフリーランスといった形で個人の裁量が認められることが多くなり、スマートフォンやクラウド技術の発展にともない、技術的な知識をもっている人とそうでない人の間で生産性に大きく差がつくようになりました。

　そうした背景を前向きに解消するために、日常の仕事や生活をちょっと楽にするコツやテクニックが多くの人々によってネット上で議論され、シェアされてきたのが元々のライフハックです。

　こうしたライフハックを紹介するために私は2017年に『ライフハック大全───人生と仕事を変える小さな習慣250』を刊行しましたが、本書はそれを新書向けに再構成し、全面的な改稿を行った新しい本です。

『ライフハック大全』でやり残したこと

　本書のもととなった『ライフハック大全』では、欧米のブログ界や書籍などで話題になり、実践されてきたライフハックを中心に、なるべく網羅的に紹介することで好評をいただきました。

　しかし、大量のハックを限られた紙面で紹介することに集中したため、前著ではなぜ膨大な選択肢のなかからそのハックを選択したのかについて理由を説明できませ

んでした。

　そこで本書では、ライフハックそのものだけでなく、大きく手を加え、前著の原稿を活かす形で「プリンシプルズ」版として全面改稿を行っています。前回は触れられなかったライフハックというムーブメントの流れや、過去のいきさつについても解説を加え、みなさんにその歴史的経緯に立ち返って理解していただけるようにしています。

プリンシプルズとは?

　本書の最大の特徴は、ライフハックの背景となっている考え方を、その**原理・原則＝プリンシプルズ**に踏み込んで解説を行っているところです。

　ライフハックは取るに足らない、小手先のテクニックと受け止められている場面を見ます。実際、SNSやブログでライフハックとして紹介されているものには、その場限りのつまらないものや、他人を出し抜くための悪意に満ちたものが多いのも事実です。ツイッターで「〜なライフハック」と冗談めかして書かれるもののほとんどは、元々のライフハックの前向きさや温かさと無縁な、冷たい言葉ばかりとなってしまいました。こうした影響もあって、多くの人はライフハックとはそうした軽薄なものだと考えているフシすらあります。

　しかし、元のムーブメントに立ち返ると、ライフハックは忙しくて余裕がなくなっている人や現状に苦しんでいる人に対して、具体的なアクションとして取り入れら

れる小さな習慣を提示する心強い考え方であることがわかります。

　本当のライフハックは、どこか上滑りしていて騙されている気持ちが拭えない自己啓発的な文言とも一線を画した、計測と検証を大事にする科学的な考え方でもあります。

　本書は、読者のみなさんが本当のライフハックをそうでないものから見分け、小さな習慣であるのに長い目でみれば人生を良い方向に変える行動を自分自身の力で見出せるようになっていただくための原理・原則を伝えることを目的としています。

　これらの原理・原則を理解していれば、今後時代が変わり、本書が古くなったとしても、みなさんがご自身の手で、新たなライフハックを生み出せるように工夫をこらしました。

　そのため、前著では250あったライフハックを113個に厳選するとともに複数項目の内容の統合を行い、すでに情報が古くなったものや、原理・原則を理解していただく目的からみて関係の薄いものは割愛する形で再編集を行っています。

本書の使い方

　本書は、ライフハックの歴史と基礎となる考え方を伝えている序章（PROLOGUE）と、時間管理やタスク管理といった大きなテーマに沿った9つの章（CHAPTER）で構成されています。

それぞれの章の冒頭にはそのテーマのライフハックを支える原理・原則がまとめられていますので、この部分を読むだけでも、背景となる哲学を理解できるはずです。

　各章の冒頭部分のあとには、こうした原理・原則に基づいたライフハックを厳選して紹介しています。特に重要な考え方がハックという形で実装されているものについては「コア・ハック」として解説を行っています（見出しに「CORE」と表示しています）。

　本書を手にとったみなさんは、一つひとつのライフハックをそのまま真似るだけではなく、どの部分が原理・原則から導かれているのか、みなさんの人生に適用するにあたってどのようなカスタマイズを施すのかについて意識していただけると、本書を有効に活用できるでしょう。

　本書の示すライフハックの原理・原則が、みなさんの日常を助ける小さな習慣を生み出す導きの糸になることを願っています。

Happy Lifehacking!

目 次

行動に結びつく
タスク管理

CHAPTER **2**

CHAPTER 3 | 集中力と先送り防止

ツールと人生の仕組み化

仕事と生活の環境構築

CHAPTER
7

CHAPTER
8

心を守るための
メンタルハック

人生をハックする 習慣術

本文デザイン　　三森健太＋永井里実（JUNGLE）

イラスト　　　瀬川尚志

図版　　　　　斎藤充（クロロス）

PROLOGUE

ライフハックとは何か

ライフハックとは何か

　なかなか思い通りにいかない人生を変えるには、大きな決心や、派手な行動が必要だと思われがちです。

　たとえば世界旅行に飛び出したり、人生を変えるような運命の1冊の本と出会ったり、あこがれの人から思いがけない一言をかけてもらって真実に気づかされたりといったように、何か大きなきっかけや、環境の変化や、衝撃を受けるエピソードがなければ人生は変わらないと考える向きもあります。

　たしかに、大きな事件やショックも"きっかけ"になるかもしれませんが、そうした気持ちもショックが通り過ぎれば日常の一幕になってしまいます。

　むしろ実際に毎日の生活を変えるのは私達自身の「行動の変化」、つまりは習慣です。

　しかもそれは、毎日1冊の本を読む、毎日何時間もスキル習得の努力をするといったように、非現実的なまでに大きな行動である必要はありません。本当の意味で人生を変えるのは、むしろ取るに足らないような小さな行動の、毎日の積み上げであったりするのです。

　習慣と聞くと、三日坊主にならないように努力して継続するもので、続かなかったら失敗というイメージがありますが、そのように堅苦しく考える必要はありません。小さな行動を試してみて、成功したならばそれを繰り返せるように工夫し、失敗したならば手法を変えて再度試

してみる……。そうした工夫の連続が、結果的に習慣を生み出していくようにすれば十分です。

こうして毎日の行動を、数分で実践できるような小さな近道で入れ替えていくうちに、やがて大きな変化を生み出すことができる、そんな小さな習慣のことを「ライフハック」と呼びます。

ライフハックの誕生

ライフハックとは「ライフ（人生）」と「ハック」の2つの言葉の合成語です。

ハックという単語には、枝などを「荒い手付きで叩き切る」という意味がありましたが、それがプログラミングの世界では「エレガントではないものの十分有用な手段で問題を解決する」の意味に転じて用いられるようになりました。そこから「ハッカー」や「ハッキング」といった言葉が生まれたために悪い意味に受け取られることもありますが、ハックするという言葉自体は、プログラマーが問題を鮮やかに解決することを指しています。

ライフハックという言葉は、2004年にオライリー社が開催したO'Reilly Emerging Technology Conferenceで、ジャーナリストのダニー・オブライエン氏が行った講演 "Life Hacks - Tech Secrets of Overprolific Alpha Geeks"「ライフハック：多産なアルファギークが使うテクノロジーの秘密」に由来しています。

彼はこの講演で、他の人より何倍も生産性の高いプログラマーやエンジニアは飛び抜けた才能を持っているわ

けではなく、一つのアプリをすべての目的に使用することに固執したり、他人には見せられない恥ずかしいスクリプトやテクニックを繰り返し適用したりすることで、毎日の時間に抜け穴を作っていると紹介しました。この講演の内容を有名ブロガーのコリイ・ドクトロウ氏などが紹介したことで、ライフハックは広く知られるようになったのです。

ここで、2004年という年の特殊性についても触れなくてはいけません。

この年、Gmailはまだ登場したばかりでベータ版に招待された一握りの人しか利用できませんでしたし、Facebookはまだ大学間のソーシャルネットワークに過ぎず、ツイッターはまだ存在していませんでした。

クラウド技術もいまほど発達していませんでしたので、仕事はノートパソコンで持ち歩くか、データをUSBドラ

2004年のダニー・オブライエン氏の講演（当時のオライリー社ウェブサイトより）

イブに入れて自宅のパソコンとどのように手動で「同期」するかが議論されていました。iPhone に代表されるスマートフォンが誕生するのはまだ数年先のことで、メールを読むことができるキーボード付き携帯 BlackBerry が象徴的な存在として君臨していた時代です。

この頃の IT 技術はまだまだ詳しい人にしか理解できない気難しさが残っており、その知識があるかないかが大きな差を生んでいたのです。

またこの時期、フリーランスのプログラマーやウェブデザイナーといった新しい職業や働き方が広まり、企業から独立して依頼を請ける人が増え、企業内でも個人の裁量が拡大しつつありました。

拡大する IT 技術と個人の裁量。ライフハックはそうした時代背景のなかで、アーリーアダプターの多かったブログ界を中心に熱狂的に受け入れられたのです。

タスク管理システムの Getting Things Done（GTD）を紹介して人気となったブログ 43 Folders のマーリン・マン氏のようなブロガーが中心となってこのムーブメントを牽引し、2005 年にはジーナ・トラパーニ氏らの取材するゴーカー・メディア社（当時）の「ライフハッカー」といったサイトも登場してブームは最高潮を迎えます。

ライフハックをテーマとしたブログが無数に誕生し、Wiki や掲示板は自分の考案したハックを紹介する人々であふれました。

もともとアメリカではライフハック的な話題が "Self Help"、つまり「自助」の文脈で親しまれてきたという

経緯もあります。建国の父のベンジャミン・フランクリン氏の自叙伝に書かれた13の徳目といったものから、デール・カーネギー、ナポレオン・ヒル、ノーマン・ヴィンセント・ピールといった著者の数多くの本は、すでに多くの人々に受け入れられ、浸透していました。

　ライフハックは、IT時代におけるその新しい潮流として、人々の心を摑んだとも言えます。

ライフハック・バブル

　IT関係者の間で始まったライフハックブームはすぐに生活全般に拡張を見せていきますが、あまりに急速にやってきたブームは、数年のうちに無理も生み出してしまいました。

　たとえば掲示板では当初から「シャワーで素早く石鹸の泡を立てる方法」や「目玉焼きを素早く美味しくする方法」といったように、便利かもしれないものの、本質から離れた話題が増えすぎてしまい、悪貨が良貨を駆逐するようにライフハックの有用性を薄めてしまいました。

　真面目に議論をしている人の間でも、「いかにしてタスク管理のシステムをチューニングするか」「どのようにしてGTDの涅槃に達するか」といった、目的と手段を取り違えた話題が増えてゆくようになります。

　日本においてもライフハックは早くから紹介されていたものの、ビジネスマンの仕事術としての紹介が目立ってしまった結果、当初のライフハックがもっていた、融通の効かない企業文化に対する反逆精神や、独立精神と

いった牙を失う結果になったと私は考えています。

　SNSを中心として「ライフハック」という言葉は定着したものの、本質的ではない小細工を揶揄したり、この言葉を使う人の意識の高さを軽侮したりする使い方が多いのも、ライフハックの本当の有用さが広まる前にバブルが弾けてしまったせいなのかもしれません。

私にとってのライフハック

　私がライフハックに出会ったのは、人生の不安が大きく、進むべき方向に悩んでいた時期のことでした。大学で有期雇用の仕事についていたものの、博士論文が書ける目処は立っておらず、日々の事務作業と研究とをバランスすることに私は疲れきっていました。

　ちょうどその頃に欧米で始まったライフハックブームを、私は夢中で追いかけました。効果的なハックから、些末で本質的ではないものまで、一通りのライフハックについて実践し、考えるなかで、私のなかに鍵となる言葉が生まれました。それは、ライフハックとは「人生を変える小さな習慣である」という命題です。

　仕事の現場でシングルタスクを心がける、タスクリストを使いこなすといった行動は、小さな効果を生み出す、小さな行動でしかありません。しかしそれを繰り返し一貫性のある形で適用することで、ゆるやかに人生を変えてゆくことができるなら、その小さな行動は実は最も大きな行動と等しくなります。

　人生という巨大な舟において、舵をほんの少しだけず

らすのがライフハックと言っていいかもしれません。最初はその違いはほとんど感じられないでしょう。しかし長い目でみるうちに、その小さな違いは航路を変えるほどの大きな変化を生み出します。

　私にとってライフハックとは、そうした最も大きな変化を生み出す、最も小さな行動なのです。

ライフハックの原理とは

　本書では9つのCHAPTERに分けて、人生のさまざまな場面で利用できるライフハックの原理・原則＝プリンシプルズについて解説し、そこから導かれる代表的なライフハックを紹介します。それに先立って、まずはライフハック全般を貫く原理・原則について紹介しましょう。

　まず、ライフハックは仕事や人生において小さな変化を生み出す行動のことを指します。そうした変化を促すために「問題の捉え方」に光を当てることもありますが、根本のところでは「行動の変化」を生み出すことがライフハックの目的です。

　そしてライフハックは、一貫性をもって何度も繰り返し適用し、うまくいかないようなら調整を加えながら何度も試行するものでもあります。

　そんなもので何かが変わるとは信じられないような、取るに足らないハックであっても、その人にとって有益なものであるならば、それは立派なライフハックといえるのです。

原則：ライフハックとは、人生に長い目でみて変化をもたらすような、小さな行動

原則：ライフハックは、何度も繰り返し適用しつつ、効果を測定して調整することで長い目でみた変化を導く

　ライフハックはその人によって違いますし、同じ人であっても状況が違えば、異なるハックやテクニックを使うことが自然です。

　時々、「自分は紙派ですので」と決してデジタルツールを使わないタイプの人がいますが、これは手段にとらわれた思考です。紙のほうが好きだけれども、必要に応じて別の手段を常に視野に入れる柔軟性も重要です。

　プログラミング言語の Perl には "There's more than one way to do it"「やり方は一つではない」という魅力的な設計思想があります。同じ結果を得るためのやり方は一つに限られてはおらず、そのときの状況や気分に合わせて手段のほうを合わせてゆくのでよいとする考えです。逆に言うなら、結果が同じならば、手段は私たちの裁量に任されているのです。

　ライフハックも同じです。たった一つのものを繰り返すのでもよいですし、熟練の職人がさまざまな道具を使いこなして目的を達するように、束で揃えて適用するのでもよいのです。そして何を選ぶかは、与えられた裁量のなかで自由にすることが基本にあります。

原則：ライフハックのやり方は一つではなく、目的と状況に合わせて自分の裁量で柔軟に変化させてよい。逆に、特定のライフハックに固執して目的を見失わないように注意する

　初期のライフハックブームを牽引したマーリン・マン氏は、ライフハックについてこのように語っています。「私たちは高度なプログラミングをしたり、難しい哲学書を書いたり読んだりする程度には頭が良いのに、毎日家のどこかに鍵やスマートフォンをなくす程度には頭が悪い。この、頭の良い部分と悪い部分をつなぐのがライフハックだ」

　この「頭が悪い」という言葉は、私たちがふだんどんなに注意しても乗り越えられない壁と表現してもいいでしょう。そうした壁をあらかじめ把握して、仕組みの力で乗り越えることがライフハックといってもいいのです。

原則：ライフハックは私たちの「頭の良い部分」と「悪い部分」という壁を乗り越える仕組みを作ること。やる気やスキルでは届かない部分に、仕組みで近道を作る

　最後に、ライフハックは使い終わったら捨てても良いという特徴があります。ライフハックは松葉杖のように私たちを支えてくれるものであって、ライフハック自体が人生ではないからです。

　怪我をしている間は松葉杖が必要かもしれません。し

かし怪我が治って普通に歩けるようになったならば、杖は手放します。杖の価値は怪我をしている自分を支えてくれるところにあるのであって、杖そのものに杖以上の価値はありません。

これはライフハックが人生の本質ではないということを意味しています。本質に手を伸ばすことを可能にするための杖がライフハックなのです。

原則：ライフハックは有用なうちは利用して、不要になったらいつでも忘れてよい

ライフハックは何ではないか

ライフハックとは何かを説明した流れで、ここでライフハックが何ではないかを挙げるのも有益でしょう。

まず、ライフハックはスキルアップの手法ではありません。それは身につければスキルが高まり、得をするといったものではなく、実践する人には有用であっても、他の人には無用である可能性もあるのです。

ライフハックは自己啓発でもありません。より高い成功や、より高い人格を目指してライフハックを応用するのは自由ですが、ライフハック自体は日常に小さな変化をもたらす行動にすぎません。自己啓発的な文脈にありがちな、何かの気付きを得ることで人生が変わるといったものではありません。

ライフハックは、一人ひとりが自分に合ったものを適

用し、人生をゆるやかに変えるためのものであって、他人を出し抜くためのものではありません。ましてや、「この情報を知らない人は情弱」といったように他人を貶めるのは、何も理解していないことと同じです。

ライフハックは結論を先に決めていないという特徴もあります。たとえばミニマリストであることや、すべてのSNSを断ち切るデジタルデトックスを勧める人のなかには、「こうあらねばならない」と主張する人もいますが、ライフハックはそのような断定はしません。

ライフハックがミニマリズムを含んでいることはあり得ますが、ライフハックがミニマリズムでなければならないと主張することは本末が転倒してしまいます。この違いに注意してください。

どの方向に人生を変えるか

ライフハックの習慣を利用して、どのように人生を変えればよいのでしょうか？　「人生を変える」とは何を指しているのでしょうか？

良い仕事についたり、キャリアを築いたり、より大きな収入を得ることを「人生が変わった」と表現する人がいます。不安や不幸から逃れて幸せが感じられるようになったことをそう表現する人もいます。それまでの世界の見方が一変して、自分の在り方に意味を見出せるようになったことを、「人生が、世界が変わった」と表現する人もいるでしょう。

人生が変わるという言葉はこのすべてであり、人それ

それで意味が異なりますが、大事なのは最終的な結果ではありません。人生は何か目標の場所に到達したから変わったわけではなく、何かを手に入れてようやく変わったわけでもありません。変化は、到達点に達するずっと手前にすでに始まっています。こちらの方向に行きたいと決め、遠い目標を遠望して最初の一歩を踏み出した時点で、私たちの人生は変わり始めているのです。

ですから、「人生を変える」とは、能動的に行き先を、行動を選択することと言い換えてもいいでしょう。本書では、なんらかの長期的な変化に向けて私たちが行動を起こしている状態のことを、人生が変わっている、変わりつつあると表現しています。

問題は、さまざまにやってくる現実の障害を前にしてその歩みが止まらないように、守れるかどうかです。ライフハックの小さな習慣は、その手助けをしてくれる工夫の集合体と見ることもできます。

本書は、こうした人生を変える行動を起こすために、どのように時間を作るのか、どのようにタスクを整理するのか、どのように情報を選択してアウトプットをするのかといった9つのCHAPTERでこのテーマを掘り下げていきます。

その準備としてPROLOGUEでは、私たちが遠望している目標の方向性を明確にするためのライフハックをまとめています。最初に踏み出す足の方向に間違いがなければ、その歩みを守り続けることが、長期的な変化につながるからです。

ブレインダンプで心配事をすべて書き出す

　1年の目標を立ててみたところ、あまりに漠然としているので、どこから手を付ければいいのかわからなくなったことがないでしょうか。ましてや、いま人生で必要なもの、大きな目標などを考えようとしてみても、霧のなかで手探りをしているように方向感覚を失った状態に陥るかもしれません。

　人は自分で思うほどには、自分のことがわからないものです。他人やメディアの影響で思い込みを強くしている場合もありますが、いざ本当に自分が何を求めているのか、何を動機としているのか、どこに行きたいと思っているのかを自問しても、簡単に答えが出ないほうが普通でしょう。

　そうしたときに、自分の心に向かって質問を繰り返すことで答えを可視化する仕組みとして利用できるのが「ブレインダンプ」です。

　ブレインダンプは「ブレイン（脳）」を「ダンプ（積み下ろしする）」という比喩的な表現で、頭のなかにあるものを、網羅的に、批判を加えることなく書き出す習慣を指しています。

　網羅的であるとは、仕事や家庭といったわかりやすい部分についてだけ書くのではなく、細大漏らさず、ふだんは考えないようにしている心の奥底も含めて書き出すことを意味しています。

　ここで、自分の考えに対して批判を加えないのもポイントです。まずは正直に、頭のなかに曖昧な形で存在している心配事や、本当はこうしたいと願っている希望といったものを箇条書きで書き出していきます。

　こうして書き出されたあなたの頭のなかの思考を整理することで、具体的にどのような方向性に人生を変えたいと思っているのか、あなたの「航路」が見えるようになってきます。

ブレインダンプに用いる質問

　しかし、いきなり「頭のなかを書き出せ」と言われても、なかなかうまくはいきません。そこでブレインダンプを実行する際には、まるで禅の問答をするかのように質問に対する答えを返す形で考えを明らかにしていきます。たとえば、

- いま仕事や家庭で心配していることは何か
- いまの現状で不満な点はないか
- あなたが幸せを感じるのはどんなときか
- ほしいと思っているもの、体験、知識は何か
- ○年後の未来に起こってほしいことは何か

といったようにです。

　こうした問いかけを、仕事の全般について、家庭に関するすべてについて次々に聞いていきます。

　本当は考えたくない未来の不安や恐怖のなかにこそ、

引き出すべき思考は隠れています。この作業は心理的に負担になりますので、ある程度時間がある状況で、ゆっくりと落ち着いて進めるのがよいでしょう。

ブレインダンプを実行するには数枚の紙とペンがあれば十分ですが、既存のノートに、バレットジャーナルと呼ばれる箇条書きの記法で書いてゆく手法も人気があります。

ブレインダンプと目標

初めてブレインダンプを実行すると、まだ自分に対する質問の投げかけ方に曖昧さが残っているため、20行程度書いたところで息切れしてしまう可能性があります。

こうしたときは質問をより詳細に変えながら、100行程度になるまで繰り返しブレインダンプを実行してみます。慣れてくると、仕事、家庭、自分の時間、といった大きなカテゴリの下に、合わせて数百個の項目を書き出せるようになってきます。

その多くは「〜が気になっている」の形をとった心配事や、「〜したい」と希望を表明している項目のはずですので、具体的にどのようなアクションを取ったり、目標を設定したりすればそれを実現に向けて動かせるのかを、箇条書きの項目にぶら下げる形で記入していきます。

やがて、仕事や家庭といった大きなカテゴリで共通項をもった大きな目標や、方向性らしきものが見えてくるようになります。これがあなたの「航路」の原型となるはずです。

　ブレインダンプの手法で長期的な目標を浮き彫りにするのは、外からの影響や思い込みといったものに影響されないメリットもあります。質問に応答する形で自分が感じている不安や焦燥感や目的意識を書き出すと、それだけ正直な結果が得られるからです。

　ブレインダンプを実行すると心の負担が大きく軽減することも知られています。これは、心に巣食っていた曖昧な不安が明確な文章として書き出されることで、どの程度の問題なのかが可視化されるからです。

「なんとなく感じている不安」が、経済的不安なのか、焦燥感なのか、罪悪感なのかといった正体が見えるだけでも、心には対処するための余裕が生まれるのです。

　ブレインダンプは一度で終わらせるものではありません。曖昧な状態になっている頭のなかをクリアにして、どのような変化を加えればいいのかを明確化するために、定期的に実行したい習慣です。

マインドマップで人生の見取り図を作る

　学問分野を「理系」と「文系」に分けるのは単純すぎる捉え方であることが最近では認識されるようになってきました。従来、文系だと考えられていた学問分野のなかにも科学的な考え方や手法を取り入れているものは多いですし、理系の研究分野でも社会的インパクトの追求を目標に含めるものが一般的になったからです。

　同様に、人生を「仕事」と「家庭」の２面だけで捉えるのも単純過ぎるといえるでしょう。家庭とひとことでいっても、配偶者への責任、年齢の違う一人ひとりの子どもに対する責任といったように、それぞれに考えることが膨大で、互いにタイミングの異なる目標をバランスさせなければいけません。仕事についても、自分自身のキャリア、チームへの責任、クライアントへの責任といった課題は互いに絡み合っています。

　私たちはそれらの絡み合った課題をなかなか一度に捉えることはできません。ライフハックの原理から考えると、私たちは人生が複雑であることを認識できる程度には「頭が良い」にもかかわらず、そのすべてを頭のなかに抱えたままバランスさせることが困難である程度には「頭が悪い」といえます。

　こうしたときに便利なのが、トニー・ブザン氏が提唱したマインドマップです。マインドマップは、中心に表現したいと考えている「セントラル・イメージ」を書き、

そこから放射状に分岐して配置したキーワードや絵を使って思考を整理し、発想を広げる記述方法です。

　普通のノートが上から下に向かって一直線に進むのとちがって、どの項目からでも、どの順番でも書き込めるので、一直線ではない「ノンリニア」なメモの手法の一つとして知られています。

　このマインドマップを利用して人生全体を俯瞰する見取り図（人生マップ）を作成し、長期的にみて足りないことや、計画すべきことがないかチェックするわけです。

人生の見取り図を作成する

　人生マップを作成するにはなるべく大きめの紙を用意し、セントラル・イメージとして大きく中央に「自分」という項目を書き出します。

　その周囲に重要な要素を配置しますが、ここで「仕事」「家庭」「趣味」といったように単純に捉えすぎない

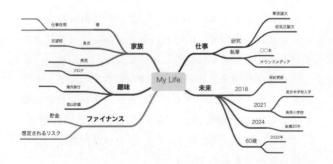

ように注意をします。むしろ「気になっている責任の範囲」を要素として書き出せば、仕事にも外向きのクライアントへの責任と組織内での責任の違いがあり、同じだけの重みをもって心にのしかかっていることが可視化できるかもしれません。

　それぞれの要素の下には、取り組んでいる大きな仕事や計画、あるいは目標といったものを書き出します。たとえば来年の旅行の計画、資格試験に向けた準備、といったようにです。すると、たとえば来年の旅行のためには最低でも何月までに予約をするべきかといった前提条件が見えてきますので、それもどんどんと項目の下に枝分かれさせて加えます。

　時間方向にも意識を向け、なるべく先まで予測を立ててみましょう。次の5年が終わったとき、自分は何歳でしょうか。配偶者や子どもは何歳でしょうか。これも5年後、10年後といった形で枝分かれさせた箇所に漠然としたイメージでよいので、未来予想や目標を書き込んでいきます。

　最終的には、目標が存在する枝から行動可能なアクションを拾い集めて、CHAPTER 2で説明するタスク管理のシステムのなかに格納していきます。

　たとえば仕事の任期がいつまでなのかを把握し、それが子どもたちの年齢やライフステージとどのように前後しているかが把握できたなら、「○年以内に引っ越す」「○年の冬には転職活動をする」といった行動が明確化されるケースもあるでしょう。

人生マップを作ることで、ふだんは目先のことしか考えられない人生を高い視点から俯瞰して、どこがアンバランスになっているかを把握できるようになります。

ブレインダンプとセットで行う

人生を俯瞰するのに箇条書きではなくマインドマップを利用するのは、仕事や家庭や自分自身の目標といった要素間に上下関係や優劣を思い起こす配置をしないためです。

「理系」と「文系」のステレオタイプのように、私たちはどうしてもどこかで「仕事はすべてに優先される」「この責任を果たさない限り自分のことなんて考えられない」といった枠にとらわれて人生を考えがちです。そうした枠は、心のなかの不安の大きさが思い込みとして現れた結果であることも多いといえます。

しかしそれでは、いつまでも自分の喜びを後回しにする、仕事にかまけて家族の存在を頭から追い出すといったアンバランスが生まれます。それは回り回ってあなた自身を苦しめる結果になるでしょう。

そこで、人生マッピングを行うときには前項の HACK 001 で実行したブレインダンプの結果を利用するのがおすすめです。

頭が空になるまで書き出した心の不安や、実現したいと思っている目標を、上下関係も優劣も想定せずに配置してみます。人生マッピングを使って、まずは自分が人生に対して何を求めているのかを可視化するのです。

ブレイクダウン式とボトムアップ式の目標作成

　仕事術や、プロジェクト・マネジメントの本では、大きな目標をより小さな中目標、小目標に分ける手法が頻繁に紹介されます。これは論理的には正しく見えますが、実際にはうまくいかないことがよくあります。

　たとえばあなたが「本を書く」といった大きな目標を持っていたとします。その目標に対する中目標は何でしょう？　「本の企画を考える」や「アイデアをとにかく出す」がそれに相当するかもしれません。

　では「アイデアを出す」に対する小目標は何でしょうか？　「アイデアを出せるようにその分野を学習する」でしょうか？　その分野とは？　なんだか、このあたりで話は次第に曖昧になってきます。

　目標を分解しても、効果のあるアクションにつながらないとき、それは実現不能になるのです。

ブレイクダウンとボトムアップ

　大目標から中目標、小目標へと分解していく方法を、ブレイクダウン方式と呼びます。これは巨大で曖昧な目標を具体的に分解できるときにはとても有効です。しかし、分解しても道筋が曖昧であり続けるようなときには、ボトムアップも取り入れてみるようにします。

　ボトムアップの考え方では、「本を書きたい」といった大目標に対して「今日実践することでそこに近づく行

動は何か」に注目します。

たとえば「興味をもった話題について情報を集めてブログを書く」といった行動は、いますぐとりかかれるうえに、結果が将来につながります。

この「将来につながる行動」がポイントで、そうして毎日の行動を繰り返しているうちに、「この分野に興味がある」「ここならば書けそうだ」といった中目標が次第に明確になってきます。

ブレイクダウンとボトムアップは、相補的な考え方です。何も目標のないところにボトムアップの考え方を取り入れても、毎日の行動は迷走するだけになります。

しかし逆に、毎日の行動が、長期的な目標とアライメント（連携）がとれているならば、次第にボトムアップの行動の方向性が、ブレイクダウンで思い描いたものと重なり合ってゆくのです。

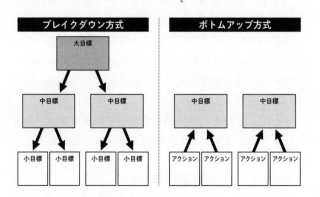

ミッションステートメントを持ち歩く

　企業や個人がどのような価値観や信条で行動するのか、どのような目標に向かって進むつもりなのかを書き出したものを「クレド」、あるいは「ミッションステートメント」などと呼びます。

　ミッションステートメントは安易に書き始めると、「私は勤勉に生きます」「家族を大切にします」といった、大切であることは間違いないものの、どこか空虚で実感のないものになりがちです。その人が深く内在化している価値観を書き出すものですから、そう簡単に実感のあるものを書けないのは当然です。

　しかしすでに紹介したブレインダンプの手法で頭のなかにある不安や目的といったものを書き出し、それを人生マッピングの手法で構造化できた人には、その輪郭がすでに明らかになっているはずです。

　仕事については直近でどのような目標を持っているのか、家族に対してはどのような責任を意識しているのかについて、箇条書きで書いてみるところから始めるのがよいでしょう。

　そして、それぞれの目標についてブレイクダウンあるいはボトムアップの思考で設定したアクションを書き込んでおきます。

　たとえば「自立した研究者となる」というミッションに対して、「１日に１本論文に目を通す」といったアク

ションを対応させるようにします。

　ミッションは大仰で立派なものを書かなければいけないイメージがありますが、必ずしもそういうわけではありません。元旦に抱負を書くのと同じように始めてみて、あとから何度でも修正してもかまわないのです。

ミッションをいつでも持ち歩く

　ここからが大事なポイントですが、ミッションステートメントはいつでもどこにでも持ち歩くようにします。

　カードに印刷して財布のなかに忍ばせるのでもよいですし、スマートフォンの待ち受け画像にしてもいいでしょう。立派に書かれているかどうかよりも、高頻度で目に触れるように持ち歩き、アクションを意識することが大切です。

　高邁な理想を立てたものの、それをどこかに隠して忘れてしまったのでは意味がありません。むしろ不完全なミッションステートメントでいいので常に目に触れる場所におくことで方向性を意識し、その内容に常に改訂を加えるほうが現実的です。そして、そのミッションステートメントに基いて次々に行動を生み出していきます。行動が生み出されないなら、そのミッションステートメントは十分に現実的に書かれていないのです。

　この小さな書き付けがあなたの向かうべき「航路」を指し示します。まだ先の先までは見通せないかもしれませんが、まずはその方向に向けてライフハックの習慣で舵を切ることがすべての始まりです。

時間を生み出す
ライフハック

自由を生み出すための時間管理の考え方

　人生を変えるとは、時間の使い方を変えることです。そして時間の使い方を変えるには、いま何か別の行動で埋めてしまっている毎日の行動を見直して、別の行動に入れ替える必要があります。これが、時間管理の本質といってもいいでしょう。

　よくある時間管理の考え方の誤 謬に、仕事の時間や空き時間を上手にジャグリングできれば、より多くの物事に手を付けて、それだけの成果を挙げられるというものがあります。

　たとえばワークライフバランスの考え方は、「仕事をし過ぎることで家庭や趣味にあてている時間が犠牲になるのを避けるために、仕事と生活を調和させる」ことを目標としています。しかしこれを実現するには就労の仕方自体に大きな変化が必要ですし、時間の使用方法にある程度の裁量がなければバランスは達成できません。

　現実には仕事はいくらやっても果てがありませんし、家族との時間や自分の趣味の時間も、理想をいうならばいくらだって必要でしょう。余裕も裁量もない状態で仕事と家庭をバランスさせようとしても、そのどちらにも不満な状態が生まれる"時間の奪い合い"が日常になってしまいます。

　結局のところ、時間はどのようにしても足りなくなります。足りないのを前提として、私たちは常に何をする

のが最善なのかの選択を迫られているのです。

時間管理の原則

　これを解決するために、どれだけ寝食を惜しんで活動できるかを追求してみたり、無駄な時間や怠惰な時間を一切なくして生産的な時間をどれだけもてるかが重要だと説いたりするのは、安易なライフハックだといえます。

　このように人間離れの活動を自分に強いている状態は、短期的には成果を挙げているようにみえるかもしれませんが、人生を長い目で見て変えることにはつながりません。

　車で旅をするときに、燃費を悪くするほどの荷物が積んであるなら、それを降ろしても旅が続けられないか検討するはずです。目的地への近道があったとしたら、その近道をとった結果見逃すものを秤にかけながら道を選ぶでしょう。すべては、何を選ぶかの選択にかかってきます。

　逆に、仕事や日常で時間の利用方法が混み合いすぎていて、それ以上何もできない、調整ができない状態は交通渋滞に似ています。道の選択はできませんし、いまさら逃れる方法もありません。

　そこで時間管理においては、最初に渋滞の状況を確認するために時間の見積もりを正確にし、次に時間の使い方を選択できる能動的な状態を生み出すことが目的になります。時間管理とは、どれだけ忙しくできるかではなく、与えられた状況のなかでどれだけ自由を生み出せる

かと言い換えてもいいでしょう。

原則：時間管理とはどれだけ忙しくできるかではなく、与えられた状況のなかで能動的な選択の自由をどれだけ生み出せるかのスキルである

　その上で、生み出された裁量の窓を長期的に向かいたいと思っている航路に向けるために、行動を入れ替えていくこと。つまりは、抱いている目標と時間の使い方にアライメントがとれている状態を増やすのが、本質的な時間管理になります。

　マルセル・プルーストは『失われた時を求めて』の作中で「われわれが毎日自由に使える時間は、融通無碍（ゆうずうむげ）である。自分が情熱に燃えているときは膨らみ、他人から情熱を寄せられるときは縮まり、あとは習慣がそれを満たしている」（吉川一義訳、岩波文庫版より抜粋）と、多少突き放した言葉を残しています。

　他人に強いられた「縮んだ」時間と、自分が求めてやまない「膨らんだ」時間、そしてどうしても必要となる日常の時間、それらを正確に把握し、航路を探すこと。これが時間管理の原則です。

時間の過ぎ方の認知には歪みがある

　時間管理に関するもう一つの原則は、私たちが時間に対してもっている認知の歪み（ゆが）から来ています。ある作業にどれだけ時間が必要なのか、どれだけ時間がかかった

のかの認識自体に壁が存在する点です。

　トーマス・マンの『魔の山』で、作者は主人公ハンス・カストルプが従兄弟（いとこ）を見舞うために高原のサナトリウムを訪問した最初の3週間を描写するのに数百ページを費やしたあとで「あとの三週間はあっというまにあとにされ、片付けられてしまうだろう」と驚いてみせます。作中で3週間が過ぎているのは同じなのに、もちろんそこに最初の3週間ほどの重要性がないのは時間の神秘だと、皮肉っぽく書いています。

　私たちの毎日も同じです。毎日忙しく、重要な仕事を片付けているつもりでも、数カ月が過ぎてみると、呆然（ぼうぜん）としている間に過ぎてしまったと感じることは多いでしょう。街なかのクリスマスツリーを見て「もう年末なのか」と焦ったりするのは、日々の時間の過ぎ方と季節の移ろいの過ぎ方の認知にはズレがあり、私たちがそこに期待していた「これだけのことができるはず」といった期待が整合しないからです。

　すべての時間が平等ではない、つまり時間あたりの効率には不均衡が存在するのを認識するには、俗に「80：20の法則」と呼ばれるパレートの法則を知るのが鍵（かぎ）となります。

　イタリアの経済学者ヴィルフレド・パレートは富の再分配の不均衡や農作物の収量の偏在などといったものを研究するうちに、さまざまな現象に独特な偏りがあることに気づきました。たとえば80％の利益は20％の顧客が生み出している、仕事の成果の80％は全体の20％の

47

作業部分から生み出しているといった偏りが、さまざまな状況において成り立っています。

　80：20 は一種の目安で、場合によっては 90：10 になるケースもありますが、その本質は同じです。相対的に数の少ない重要なものが成果やトラブルの大半を占めているのです。この法則を知らずに、すべての作業を同程度に重要なものとして扱っていると、本質的でない部分で時間を浪費することにつながります。

　時間あたりに達成される成果が平等ではないのなら、私たちの行動もそれに合わせて傾斜させなければいけません。しかし何を？　どの程度に？　と考え続けるところに、パレートの法則を知る意義があります。

原則：時間の進み方も、その内容も一様ではない。私たちはやるべきこと、向かうべき方向に向けて時間の使い方を傾斜させるようにしなければいけない。

重要なものに向けて行動を傾斜させる

　たとえば、10 ページの企画書を 10 日間で作っていたとしましょう。こうした書類で最も大事なのは、企画の新規性や独自性をアピールしている 1 ～ 2 ページほどであったりします。

　すると、この 2 ページさえ満足がいくようにできているならば、残りの 8 ページは相対的に時間をかけずともよいのですから、時間の使い方もこれを反映して傾斜させるのがパレートの法則を取り入れるためのヒントです。

　たとえばこの 2 ページのために 5 日間をかけてクオリティを上げておくなら、残りの 8 ページは趣旨説明や資料などといった枝葉ですので、2 〜 3 日で済ませてしまい、全体として短い時間でクオリティの高い成果を生み出せます。

　1 日の時間もパレートの法則を利用するように使うことができます。成果の 80% を生み出す 20% 部分だとわかっている重要なタスクについては朝一番の、最も集中力が高まっている時間を割り当てます。すべての作業が平等に重要ではないという知見と、すべての時間で同じように集中力が高いわけではないという経験則を組み合わせているのです。

　パレートの法則はトラブルを減らしたり、困難を乗り越えたりするのにも重要な考え方です。全体の効率を下げてしまう原因の 80% が 20% の最も面倒な場所から生まれているとわかっているならば、それをあらかじめ想定した計画が可能になります。

　『「週 4 時間」だけ働く。』の著作などで知られ、いまや有名ポッドキャスターのティモシー・フェリス氏は、知らない言語を数カ月で利用可能なところまで学ぶためにパレートの法則を上手に適用しています。

1. 母国語の英語で最も頻度が高く利用されている単語 100 個と、対象としている言語の単語をつきあわせてリストを作成する

2. その外国語を学ぶ目的にあわせて追加の 300 〜 500

個の単語を選び、それだけに集中して学ぶ

　こうした選択をするだけで、彼はたった2カ月の学習で、日本の道場で柔道を学ぶ場面に特化した日本語を、会話に問題のないところまで学ぶことができました。一般的な日常会話や日本語で文章を読めるようになるには、さらに4～5年がかかるはずです。しかし目的がはっきりしているのならば、時間の使い方を集中させることで、短時間に大きな成果を挙げられるのです。

時間を可能性に向けて開いておく

　ここで注意したいのは「重要なことだけを実行する」のは言うほど簡単ではない点です。言語の習得や仕事全般においては、既知の情報や経験から、どこがパレートの法則の80％の価値を生み出している20％なのかを判別できる可能性が高いですが、それ以外の部分では予断は禁物です。

　日本ではよく事業分野における予算やリソースの配分について「選択と集中」が語られます。たとえば科学研究予算をどう配分するかにおいて、今後大きな成果が見込まれる分野に「選択と集中」を行って短期間で大きなリターンを得ようといった具合です。

　この手法は、選択した部分が本当に成長するかどうかにリスクを孕んでいます。成長が見込まれる部分、重要な部分があらかじめわかっているならば選択と集中はうまくいきます。しかし現実には、それは当たりくじだけ

を選んで買えば損をしないと主張するくらいに、あての外れる考え方といっていいでしょう。

　時間管理においても同じことがいえます。人生において最も重要な瞬間は、不意に、思いがけないタイミングでやってきます。

　長女が生まれたばかりの頃、いくら寝かしつけても眠らないので疲れ切ってしまった妻から赤ん坊を預かり、夜が明けるまで自分の書斎で抱いてあやしていたのを私はよく覚えています。仕事を中断し、抱っこする腕が痺れて痛くなるのを意識しながら見た夜明けに、大きな感動を覚えた記憶は私の人生の宝のうちの一つです。

　この出来事において、幼かった娘が眠らず、誰かが面倒をみなければいけないのは選択の余地のない、語弊のある言い方をすると「強いられた」状況です。しかし私も妻も、それを能動的に選択して引き受けています。時間管理の原則からみると、私たちは自由を行使しているといっていいのです。

　その結果として、不意にやってくる幸せな時間は、選択の結果やってきた恩恵といっていいものです。しかしそれは、もし私が「子どもの面倒を強いられるのは嫌だ」と、別の選択肢を選んでいなかったら得られなかったものでもあります。

　人生にはこうした可能性の扉を開く時間が膨大にあります。誰かの誘いに応じて旅行に行く、気になる映画を観る、忙しい時間を縫うようにして本を1冊読む。そうした選択の先に何があるのかは確定的に言えません。

しかしみなさんは、すでになんとなく「この方向に向けて行動を重ねると、自分の人生にとって重要な何かが起こりそう」と感じていると思います。

　時間管理を通して能動的な時間を生み出していくのは、結果の見えない無駄だと思えるものをすべて削ぎ落とし、重要に思えるものだけを選択することではありません。目標に向けた具体的な行動と同程度に、可能性に向けて開かれた時間の使い方を確保するのが重要なのです。

原則：何が重要かはあらかじめ予想できない。そこで、方向性を見誤らないように注意しつつ、時間の使い方は可能性に開かれているように意識する

人生を変えるなら、時間の使い方を極端にする

　時間の使い方のどこに無理があるのかを意識し、能動的に選択ができる状態を増やすこと。時間に対する効率は一様ではないのを理解したうえで、すでに1日の時間を埋めている行動を別の行動に置き換えてゆくこと。これらが時間管理の原則です。

　こうした原則をすぐに適用し、大きな変化を感じ取るためのコツとして、時間の使用方法を極端な方向性に割り振ってしまう手法があります。

　たとえば日本の20〜30代のテレビの視聴時間は平日でも平均80〜90分、ネットの利用は平均115〜166分に達します。必要不可欠な利用もありますし、ながら見をしている可能性もありますが、単純に合計すると毎

日3〜4時間に相当します。時間の長さもさることながら、さまざまな方向に時間の使い方が分散しているのにも注意が必要です。とりわけSNSの利用時間はいま急激に増えており、1日平均78分がInstagramなどの利用に費やされているといった報告もあります。

そこで、このような発想をしてみます。

● テレビの時間をすべて別の、目標とアライメントのとれた行動に切り替えてみたら何が起こるだろうか？
● SNSを閲覧しているだけの時間を限定して、逆にSNSに優良なコンテンツを生み出す活動に切り替えてみたらどうなるだろうか？

あれにもこれにも手を出して平均的な時間の過ごし方をしている人であればあるほど、それを平均からずれた別の状態にもっていけば目覚ましい効果が期待できます。

読書やスキル習得の学習といった「意識の高い」活動に割り当てるのでもいいですが、テレビの時間をすべて「あるジャンルの古今東西の映画の視聴に使う」「あこがれの作家の作品をすべて筆写する」「百科事典を最初から読む」といった、普通ではない行動にあてるのもよいでしょう。

もちろんその時間をすべて睡眠やリラックスにあててしまうのも一つの方法です。現在のSNSやネットはFOMO（Fear of missing outの頭文字をとった造語）、つまり「みんなが見ている何かを見逃してしまうのではない

かという不安」を煽る傾向にあります。それを断ち切るためにあえて眠ってしまえば、FOMOが気にならなくなり、十分な睡眠によって能率が高まるタイプの人もいるはずです。

　強い表現になりますが、平均的な時間の使い方からは平均的な結果しか生まれません。そこで時間の使い方を組み直す際に、レーザーのように何かに集中させるほうが人生に起こる変化を感じやすくなります。

質より量を攻める

　時間の使い方を集中的にするのは、量を攻めることでもあります。それは必ずしも完成された何かを目指したり、作ったりしなければいけないわけではありません。

　作家のジュリア・キャメロンは毎朝３ページ、とりとめもなくただ筆を走らせるだけの文章を書く「モーニング・ページ」という習慣を提唱していますが、そんな一見意味のなさそうな繰り返しも、やがて膨大な蓄積となって、本物のクリエイティビティを生み出すのにつながります。同じように集中的にブログを書いたら何が起きるでしょうか？　絵を練習したら？　運動をしたら？ただ瞑想をしたら？　何が起こるでしょうか。

　時間管理で行動を置き換える際には、同じことの繰り返しでなんとなく時間が過ぎる"ループした状態"を、気づいたら何かが積み上がっていく"蓄積の状態"になるようにする戦略が効果的です。

原則：変化を感じたいなら、より極端な方向に時間の使い方を変えてみる。そのとき、まずは質よりも量に集中して、蓄積が質を生み出すようにする

　時間管理の考え方は、すべてのライフハックの基本にありますので、本書でも繰り返しその考え方が登場します。時間の使い方を極端にする、時間をかけて質を高めるよりも同じ時間で量を目指すといった考えは、後に「情報のインプットやアウトプット」、あるいは「習慣の作り方」を扱う項目でもみることになるでしょう。

時間トラッキングで時間の使い方を可視化する

　忙しすぎる状態から解放されたい人、時間の自由を取り戻したい人は、最初にどこにどれだけの時間を使っているのかを正確に認識する必要があります。そしてその使い方のうち、どれだけが能動的な選択に基づくものなのか、どれだけが状況に強いられていたり、意図しない不本意なものであったりするかを定量的に把握します。これが、時間管理の第一歩といえるでしょう。

　大まかな計算はすぐにできるはずです。みなさんはおよそ何時に目を覚まし、何時に就寝しているのか。いつ食事を取り、それにはどれだけの時間を使っているのか。出勤や通学時間、移動にかかる時間、テレビやネットを見ている時間、特に用事を定めていない時間、平日と週末の時間……。これらを1枚の紙に列挙して、それぞれを、能動的に選択しているものか、日常の必要経費のように使っている時間なのかを2列でまとめます。

　必要ならば、ざっと2週間分の記録をメモしてみましょう。これだけで、みなさんの日常がどのような時間の収支で構成されているのかが可視化されるはずです。

デジタルな時間トラッキングサービスを利用する

　パソコンやスマートフォンで仕事をしている時間が長い人は、どのアプリを使っているか、どのウェブサイトを長く閲覧しているかを把握するのも重要です。

　このとき利用できるのが、RescueTime のような時間トラッキングサービスです。RescueTime はパソコンに小さなプログラムをインストールして、いつどの作業に何分を使い、どのサイトに何分アクセスしたのかを明らかにしてくれます。一定時間以上 YouTube や SNS にアクセスしていたら警告を発するように設定することも可能ですので、無意識に浪費している時間に注意を促すといった利用もできます。

　スマートフォンについては iOS のスクリーンタイム機能を、Android ではデジタルウェルビーイング機能をセットアップすれば、アプリごとの利用時間を把握できますし、必要があればそれに上限を設定して強制的に時間の使い方を変えることもできます。

RescueTime で 1 日の時間の使い方を表示

自分の見積もりとの差を意識する

　このようにして自分の時間の利用の仕方を、2週間程度測定してみると、いわばあなたの時間の使い方の健康状態が見えてきます。そこには、向き合うのがつらい不都合な現実も含まれているはずです。

　毎日読書をしているつもりが、実際にはスマートフォンのゲームの周回やYouTubeの視聴に何倍もの時間を使っているのが可視化されてしまったり、特に目的もなく夜ふかしをしているために昼間の時間に無理が生じていたり、そもそも就業時間が長すぎるのでその部分を再検討しない限りどんな余裕も生まれる余地がないといった現実です。

　自分の想定や理想とずれていた部分は特に注意して、本当にそれが望んだ通りの時間の使い方なのかを問い直します。なにもスマートフォンのゲームをしてはいけないという話ではありませんが、3つのゲームの周回に1日2時間が消費されていることが明らかになった場合には、一つのゲームに集中するか、全体で30分を限度にしようといった具合に考えが変わるかもしれません。

　毎日繰り返されている行動にも注目してください。たとえば通勤時間は、1日に2回どうしても時間の消えてしまう、時間管理の壁になりがちです。たとえば大都市圏での通勤にかかる時間は45分から1時間程度の人が3割近くと最も多い一方で、1時間半から2時間かかる人も少なくないことがさまざまな調査で知られています。

　年間の通勤日数を250日ほどとすると、片道2時間通勤の人が年間で移動にかける時間は約1000時間、41.6日分です。これを片道30分短縮するだけで250時間、10.4日分の時間を解放できます。では、その時間短縮のために何万円までだったら家賃が上がるのを許容できるでしょうか。

　時間トラッキングで時間の使い方を正確に測定したからこそ、こうしたコスト計算が可能になるのです。

時間の使い方を能動的に選択する

　この要領で、仕事時間、移動時間、ウェブサイトやアプリに使っている時間をあなた自身の理想と照らし合わせて判断していきます。

　ただし、重要なのは時間の使い方を能動的に選んでいるかどうかであって、すべての時間を無駄のない生産的な状態にしているかどうかではありません。

　たとえば時間トラッキングを長くマニアックに続けていると、昼食や夕食後に30分の休息を入れてリラックスし、その後に読書を始めると1日に読んでいるページ数が多くなっているといったデータがとれるようになります。それならば、その休息は能動的で重要な時間の使い方といっていいのです。

　時間の可視化は、なんとなく目標をやる気でカバーするのではなく、冷徹にどれだけ時間が足りないかを厳密な数字で把握して、どこを最適化できるかを知るための戦略作りに利用するのが大事です。

日常のルーティン行動を計測する

　さらに細かい、ストップウォッチを使って測定しなければいけない時間もトラッキングしてみましょう。毎日実行するそうしたルーティンの行動には、削ぎ落とせる細かい部分が多く存在します。

　たとえば1通のメールを書くのに何分かかるか、Slackで返信をするのにどれだけ書き直しをしているかなどを、実際にストップウォッチで測ってみます。すると1通のメールに平均3分だと思っていたのが、実際には書き始めてから、誤字脱字や敬語を直すまで含めて10分といったように、想定外に時間がかかっているのを発見できるはずです。こうした想定外も、時間の使い方の認知の歪みの一種です。これらを洗い出し、ライフハックの仕組みで削ぎ落とせないか検討します。

メールにかける時間は1分を基本に

　小さな時間の節約で効果がでる行動の代表例がメールです。メールは1日に何通も処理するだけに、少し工夫するだけで大きなメリットが得られるからです。

　目標は高めに、メールは1通あたり1分を目指してみましょう。これもちょっとした準備を先にしておけば、それほど難しくはありません。

　たとえば、メールに返信する際に1行、多くても3行で返事ができないか試してみます。冗長な前書きや説明

は省いてしまい、ツイッターの1ツイート分ほどの内容に凝縮してみます。

メールを書き出すまでに時間がかかっている人も、この「1分ルール」を適用して、素早く1行の下書きをしてみましょう。これだけで心理的な負担が軽くなり、すぐに書き上げる習慣が生まれてきます。迷いがちな出だしの挨拶も10種類ほどをあらかじめリスト化してコピーすれば、その作業は数秒で済みます。

短いメールを心がけるのには、もう1つメリットがあります。長いメールには長い返事がやってきがちですので、あえて短く返信すれば相手から届くメールも次第に簡潔になります。

同じ要領で、10分でできると思った作業が実際にはどれだけかかったか、机についてから仕事に集中できるまでにどれだけ時間がかかったかなどの想定を正確に見積もり、想定外を少なくしていきます。

時間の解像度を高めて行動する

1分待ってと言った人が、実際に1分で戻ってくるのはまれです。5分で済むと言われた電話が、実際には15分ほどかかるのもよくある話です。私たちは1分とか、5分とか、1時間といった時間の長さに対して一定のイメージをもっていますが、それは現実とずれていることが多いのです。

たとえばみなさんは、「これからちょっと仕事しよう」「ちょっと本を読もう」「ちょっと休息しよう」などと考えるとき、この「ちょっと」の時間の長さをどこまで具体的にイメージしているでしょうか。5分？ 15分？ それとも30分？

この数字を具体化すれば、時間に対する意識をより細かくできます。たとえばなんとなく次の30分ほどはこの作業をしようといった漠然とした把握の仕方ではなく、「これから5分だけこのタスクを行う」「それが終わっていたら、次の5分はこのタスクを行う」といったペースで考えられるわけです。

漠然と時間が過ぎるのにまかせるのではなく、まるで音楽のペースを告げるメトロノームを速めに設定したように、行動の粒度を高めれば時間の解像度を高められるようになります。

予定は1時間単位でなく、30分単位で

　こうした考え方は、多くのスマートフォンのカレンダーアプリで活用できます。アプリでは、新しい予定を作った際にデフォルトで1時間の予定が作成される場合が多いですが、うっかりこの設定のまま使っていると、漫然と予定を1時間単位で作るようになってしまいます。

　そこで、新しい予定の最低時間は15分、あるいは30分に設定しておきます。同様に、カレンダーの表示を紙のカレンダーと同じように1カ月にするのではなく、1週間、あるいは2週間表示にしておけば、直近の予定の解像度を高められます。

　せっかく時間を15分、30分といったように高い解像度で意識できるようになったのですから、それをさまざまな場所で応用してみましょう。

　たとえば他の人と予定を決める際にも、なんとなく「3時から1時間ミーティング」といった決め方をせずに、15分ミーティングといったように短い時間を設定してみます。実際にやってみると、15〜30分短くしてもそれにあわせて準備ができていれば、会議やミーティングの内容の濃さはあまり変わりません。

　これまでなんとなく1時間単位で動いていた予定を、すべて30分単位、あるいは15分単位で把握すれば、同じ時間をもっと細かい行動の集合として意識し、利用できるようになるのです。

24時間テンプレートで時間の整理をする

　時間トラッキングの情報が数週間分たまってくると、就寝時間は何時なのか、出勤退勤時間は、ふだんの時間の使い方はどのように構成されているかといった、平均的な状態が見えてきます。そして、その日常に対する不満や修正したい点もすでに見えているはずです。

　こうして自分の時間の使い方が意識されはじめたなら、次に作りたいのが「24時間のテンプレート」です。すでに把握している時間の使い方をもとにして、新しい状態を設計するのです。

調子よく回せる日常をテンプレートに書き起こす

　24時間テンプレートは一日の時間割のようなものです。ここに、何時に起床し、何時に就寝すると調子が良いのか、そのためには何時までに出勤して、何時までに退勤するのが理想的なのかといった経験を、24時間の枠のなかに当てはめて記述します。

　24時間テンプレートは、その通りに過ごさなくてはいけない厳格なルールではありません。経験から得られた、調子が良いときの時間の使い方をテンプレートに書き起こしたものです。

　ときには飲み会に参加するなどして、このテンプレートの行動から逸脱する場合もあるでしょう。その場合は睡眠が何時間減るのでどこで休息を確保するのか、読書

や余暇の時間が減る分をどこで取り戻すのかといった判断を意識的にできるようになればよいのです。

固定時間と、フローティングの時間

24時間テンプレートを作ると意識できるのが、「固定時間」と、移動可能な「フローティング時間」です。

たとえば起床時間、食事の時間といったものは概ね固定時間なのに対して、余暇の時間、読書の時間などといったものは基本的に移動可能です。

24時間テンプレートを作る際、すべての時間を生産性の高い状態で埋め尽くしたい衝動にかられますが、それは現実的ではありません。時間の使い方に余裕がなくなれば、たとえ生産性が高くても毎日の楽しさは失われます。選び取って実行しているはずの活動が、あなた自身から能動性を奪って縛り付けてしまうのです。これでは本末転倒になってしまいます。

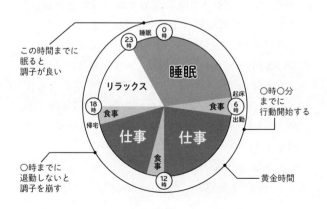

そこで、固定時間を、十分なフローティング時間で挟むことで時間に余裕をもたせておき、自由意志で選べる部分を確保しておくようにします。

　読書や学習などのように繰り返しによって次第に効果が発揮されるものについては、「時間ができたらやる」というフローティング時間にしておくよりも、固定時間にもっていき、それをテレビやゲームといった「自由意志で選べる時間」で挟んでおくといった工夫も有効でしょう。

　このように24時間テンプレートは、1日の時間を習慣化する部分と、その日次第で気ままに使える部分とのバランスを打ち立てるために使うのです。

24時間と目標とのアライメントをとる

　最後に、あなたの24時間がPROLOGUEで書き出した、到達したいと考えている目標（HACK 001〜HACK 003）とアライメントがとれているかどうかをチェックします。長期的な目標は1日では達成できませんが、ブレイクダウンした行動がそこにあてはまるようにすれば、あなたが向かいたい方角の航路に人生を乗せられます。

　たとえばいつか本を書きたいと思っている人ならば、10年でどれだけの書籍を読んで情報を蓄積できるか、実際に手を動かして執筆のクオリティと量を増やせるかが重要です。

　それを毎日の30分から1時間といった行動のなかに落とし込み、24時間テンプレートのなかに反映させれ

ば、目標に向かって少しずつ近づくように日常を設計できます。

理想とのギャップを何度でも描き直す

　24 時間テンプレートは、一度作ってみて終わりとなるようなものではありません。あなたの理想が詰め込まれたテンプレートは、間違いなく現実の壁に阻まれることでしょう。

　退勤時間が予想できない、予想外の仕事が入ったときの不確定性が大きすぎる、そもそも時間に余裕がなさすぎるためにフローティング時間を確保できないといったように、24 時間テンプレートは破綻する運命にあります。

　しかし、そこで諦めてはいけません。なるようにしかならないと、時間の手綱を手放してしまえば、あなたは自分の時間の使い方に対する能動性を失ってしまいます。

　たとえば 24 時間テンプレートをふだんのバージョンと、多少時間が生まれたときのバージョンで 2 種類作り、不意に自由な時間が生まれたときの行動を決めておくといった使い方も良いでしょう。

　すべてを自由にはできないかもしれませんが、少ない自由をどのように使うか、どんな行動を選択するかから、能動的な時間管理を取り戻す戦いが始まるのです。

自分の黄金時間を意識する

　すべての時間は平等ではありません。時間あたりの能率が非常に高い時間帯もあれば、何に手を付けても集中力がもたず中途半端になってしまう時間帯もあります。

　多くの人にとっては、十分な睡眠を取ったあとに目覚めて1～2時間経ったあたりが集中力の最も発揮される時間帯ですが、人によっては午後になってペースが最大になる人もいるでしょう。

　たとえば数時間かけて簡単なプログラミングをしたあとで難しい部分にとりかかると、非常に高度な思考をラクにできる人もいます。こうした、極めて高い集中力が発揮できている時間帯は、カレンダーのなかにそれがいつだったのか、どんな条件下だったのかを記録して、傾向を把握しておきます。それがあなたの成果の大半を生み出す「黄金時間」だからです。

　ある程度条件がわかってきたら、その黄金時間用のタスクを意識して準備します。一番調子が良い時間に、一番難しいタスクを倒してしまうわけです。欧米のライフハッカーにはこれをゲームになぞらえて、難しいタスクを「本日のドラゴン」と呼ぶ人もいます。「今日倒さないといけないドラゴンはこれだ」と把握した上で、自分が最も効率的にそれを倒せる時間を選んで、そこにリソースを集中投下するのです。

　ドラゴンさえ倒せたなら、あとはすべて“雑魚”です

から、1日の成果を気にする必要もなくなるのです。

メールを朝一番に見てはいけない

　逆に、黄金時間にやってはいけないタスクも意識しておきます。メール処理のように、他人からの連絡に対してひたすらリアクションをしなければいけないタイプのタスクは、能動性を発揮できませんので黄金時間にやるのはもったいない時間の使い方です。

　朝、オフィスに到着したとき、あるいはもっとひどい場合には、目が覚めたときにスマートフォンを手にとってメールをチェックしていないでしょうか？　メールを見てしまうと、リアクションを起こさざるを得ない場合が多いはずです。それを1日の最初の、最も集中力が高い貴重な時間帯に行うのはあまりにもったいない時間の使い方です。

　ちょっとズルい考え方ではありますが、メールを見なければ、それはまだあなたにとっては「存在しない」も同然です。オフィスに着いて最初の1〜2時間はメールチェックをせず、重要度の高い能動的な仕事をしてからゆっくりチェックするようにします。周囲が許すようならば「自分は朝10時までメールは見ません」と宣言してもよいでしょう。

　さぼっているのではなく、ポリシーとして一貫性のある運用をしている限り、意外に周囲はそれに合わせてくれます。その結果として、あなたは時間の使い方を能動的に選ぶ自由を手にできるのです。

プランニングの誤謬を意識する

　HACK 005 で、プランニングにおける時間の見積もり
は破綻することが多いことを前提に、締め切りまでの残
り日数や、利用可能な時間が何時間あるのかといった束
縛条件の見積もりだけは正確にすべきという話をしまし
た。

　こうした悲観的な書き方をしたのには理由があります。
未来における時間の見積もりは誰がやっても不正確にな
りがちな、認知の歪みが極めて強く出てくる場面だから
です。

プランニングの誤謬

　心理学者であり行動経済学者のダニエル・カーネマン
氏がエイモス・トベルスキー氏とともに 1979 年に「プ
ランニングの誤謬」として報告した現象があります。

　たとえば学位論文を書くのにどれだけの時間が必要か
を問われた学生たちは平均して 33.9 日、最悪を想定し
ても平均 48.6 日で完成すると答えたのに対して、実際
にかかった時間は平均で 55.5 日と、大きなずれが生じ
ました。未来にどれだけ時間がかかるのかについて想定
するとき、私たちは一貫して楽観的な方向に間違える傾
向があるのです。

　これは仕事の仕方が下手だから、やる気がないから生
じるものではなく、私たちの認知のクセそのものである

ことが重要です。いくら現実的に見積もったつもりでも、私たちのその見積もりは認知のレンズで歪んでしまっているのです。であれば、それを前提にして強制的に見積もりを補正することも可能になります。

たとえば最初の段階で時間の見積もりをできるだけ正確に行ってから、単純にその値を2倍にしてみます。「3時間でできそうだ」と思ったものは6時間に、「1日でできそうだ」と思ったものは2日として時間を割り当てるのです。

また、過去にその仕事がどれだけ想定以上に時間がかかったかのデータがあるなら、それを参考にできます。「作業自体を簡単化して減らさない限り、過去の記録以上に早く完了するのは不可能だ」といった想定が成り立ちますので、それに基づいてプランニングを行うのです。

時間の測定をしつこく行うのも、こうした時間の見積もりの想定外を減らすのに役立ちます。

たとえばプレゼンのスライドを1枚作るたびに時間を計測してみれば、ラップタイムの記録からそれが何分以下にはできないという限界値が見えてくるはずです。

過去の記録からそうした数字が見えたなら、残りの枚数に対して平均時間を掛け算すれば現実的な数字が算出できます。少なくとも、希望的観測に基づいた著しく楽観的な見積もりで失敗するのを避けられるようになるのです。

パーキンソンの法則を逆手にとる

　締め切りを設定して仕事をすると、ちょうどその締め切りの日に仕事が終わる——そんな体験をした人は多いと思います。考えてみればこれは不思議です。なぜ、締め切りの1日前や、2日前ではなく、その日に終わるようになるのでしょう?

　この現象について、歴史学者のシリル・ノースコート・パーキンソンは、イギリス帝国が次第に縮小していた時期の官僚制について研究するうちに、役人の数が増えているにもかかわらず仕事の量は大勢に分担されて減るのではなく、むしろ増えていたという現象を観察して、これを後に「パーキンソンの法則」として知られる格言にまとめました。

<mark>仕事は、それに対して与えられた時間をちょうど埋めるところまで増えてしまう</mark>

　似たような状況は冷蔵庫にも、パソコンのハードディスクにも当てはまります。冷蔵庫のなかの食べ物はそれを満たすまで増えますし、ハードディスクに保存しているデータはそれをちょうど埋めるまで増えたところで均衡するのです。

　プランニングの誤謬と似ていますが、これは私たちが時間の見積もりを間違えてしまうもう一つのクセと言っ

ていいでしょう。

満たす容器を変えて法則を逆手にとる

　締め切りがまだまだ先にあると思うと、私たちは無意識のうちにペースを落としたり、余計な作業を付け加えたりして、ちょうど締め切り日に終わるように調整してしまいます。

　時間があるのでいいだろうと、文章の体裁を良くするのに時間をかけたり、スライドに追加する画像を時間をかけて探したりした経験がある人ならば、理解できるでしょう。

　しかしこの法則を知っていれば、これを逆手に使えます。仕事を満たす容器の大きさ自体を変えてしまうのです。たとえば現実の締め切りよりもずっと前に自分だけの締め切りや、誰かに一度見てもらうための締め切りを設定し、そこに向けて作業をしていきます。

　目安としては、現実の締め切りの半分ほどの期間を設定して、ぜい肉のような装飾的な仕事が入る余地がないようにしておきましょう。

　そうして仮の締め切りまでに仕事に形をつけ、現実の締め切り前まで必要な調整を行えば、短時間でクオリティを下げずに作業を完遂できます。この手法は途中で別の仕事が入ってきたり、仕事の要件が変化したりした場合にバッファとなる時間を作るのにも使えます。

短期間の計画を長期間の計画に埋め込む

　24時間テンプレートを意識するようになると、何時までに仕事を終わらせなければ、ネットを見る時間を何分までに制限しないと睡眠時間が確保できない、といったような、1日スケールの思考が楽になってきます。次に、これを週、月のスケールに拡張していきましょう。

　まるで雪の結晶がその一つの腕のなかにも同じ構造の結晶をもったフラクタル構造をしているように、月の目標は週の目標のなかに、週の目標は1日のなかに埋め込まれていなければいけません。

　そのために、週に一度、次の1週間の行動を見積もって積み上げるための「週次レビュー」のタイミングを作っておきます。これはたとえば金曜の午後のように、週の活動に切れ目を入れられるタイミングで行うようにしましょう。週に一度ですから、24時間テンプレートのフローティング時間のなかに、1日24時間を越える時間スケールに対応するための余裕をとっておく必要があります。

　同様に、1カ月の目標は最後の週の金曜日にプランニングするといったように、週間計画のなかに組み込みます。大きな目標をブレイクダウンしたときと同じように、月の行動目標と、週の行動目標、そして1日毎の行動にアライメントがとれていることを確認していきます。たとえば次のような視点をもっておくとよいでしょう。

　週の計画の場合は、下記のような視点を取り入れます。

● カレンダーに記入し損ねている予定はないか
● 移動時間を含めた前後の予定を計画しているか
● 来週の仕事のために割り当てられる時間はどの程度か
● 1週間で足りなくなった休息や余暇をとりもどすタイ
　ミングはあるか

　また、月の計画には以下の視点を含みます。

● 締め切りまでの日数はどの程度か
● 逆算していまのうちに始めるべき遠い予定はないか
● 予約、調整が必要なスケジュールはないか

　計画通りに行動が実行できるならばとてもよいですが、これまでにも紹介したとおり、プランニングにおける時間の見積もりは破綻しがちなのが現実です。

　むしろここで注目したいのは、締め切りまでの残り日数や、利用可能な時間が何時間あるのかといった見積もりを正確にしておくことです。

　日々を忙しくしていると、明日や明後日といったスケールでの余裕は把握できても、週単位、月単位でどれだけ時間のリソースが残っているかはわかりづらくなります。それを週・月のプランニングで回収しておくのです。

1年の目標を横目に、四半期の目標を繰り返す

1週間、1カ月のスケールのプランニングについて見てきましたので、その上のスケールは1年間と言いたいところですが、そう簡単ではありません。

1年は短いようでいて、目標に向けた取り組みをずっと実践するには長すぎます。途中で新しい目標も増えるでしょうし、目標自体もゆるやかに変化します。1カ月の目標や行動を積み上げることと、1年の目標を達成することの間には見通しづらいギャップがあるのです。

そこでこれを、より時間の短い四半期ほどのプランニングで補完します。

四半期に一度のレビュー

ブロガーのクリス・ギレボー氏は、年末になると毎年「1年のレビュー」を行い、何がうまくいったのか、何がうまくいかなかったのかを1週間かけて客観的に評価するのを恒例にしています。

そのレビューの結果を受けて、次の1年の計画を作成するのですが、彼はそこで「四半期」をベースにした計画表を作ります。

形式は自由ですが、そこには、

● 1年の概ねの目標
● それを実現するための四半期の目標
● 四半期ごとの締め日と調整の日程

　といったように、四半期の目標が1年の目標を作り上げるように作っておきます。要するに1年の目標を4回に分割してしまうのです。

　目標を四半期ごとにすれば、まるで1年に4回年末が来たかのように目標に向かう気持ちをリフレッシュできますし、四半期の締め日に達成度をチェックできます。そして、変化する状況に合わせて次の四半期の目標にも修正を加えていけるのです。途中で必要がなくなった目標もあれば、新しく始めるものがあってもいいでしょう。

　このようにすれば「1年の目標」はむしろビジョンのように抽象度が高くなり、四半期の、3カ月ごとの目標はより具体性を帯びてきます。

　もちろん四半期の時間設定は恣意的です。2カ月ごとの6回に分割するのも、不定期にするのも自由です。

　重要なのは、1日の行動のなかには週の行動がある程度入っており、週の行動には月の行動が入っている、といったように、「より長い時間に達成したい目標に向けたアクション」がとりこまれていることです。

残業時間の損益分岐を把握する

　作業にかかる時間の長さに対する認知の歪みだけではなく、作業のクオリティに対する見積もりの甘さも考慮に入れる必要があります。長い時間作業をしたとしても、その中身が問題となるケースがあるからです。

　たとえば建築の分野では、1日8時間の現場の作業を10時間に引き延ばすと、実際に工期は短くなるのか、その仕上がりは同程度になるのかが研究されています。

　とある研究結果によれば、週40時間の労働を25%増やして50時間にしても、時間あたりの効率は16〜24%低下し、その疲労は次の日に残ってしまうため、労働時間を伸ばしたことで得られたメリットは帳消しになってしまうか、損な場合もあるというものでした。

　この研究は肉体労働に対するもので、知的労働の疲労とは直接比較できない可能性があります。しかし、残業中の時間あたりの能率が低いのは間違いがありません。

残業の悪魔との取引

　これを、次のような悪魔との取引と考えてみるとわかりやすいでしょう。

　悪魔が、「これからn時間、追加の作業時間を与えよう」ともちかけたとします。ただし、

● 1時間ごとに効率は10%ずつ下がる

● そして明日の効率もさらに10％ずつ下がってゆく

　このような条件だったとして、どの時点でこの取引は損になるでしょうか？

　計算してみるとわかりますが、この条件だと前借りしているのは効率の悪い時間ですので、答えは「最初から損」になります。多少の効率低下を受け入れても明日までにやらなくてはいけない仕事でない限り、これは最初から負け戦なのです。

　実際には締め切りと作業量、他人との約束や納期といったさまざまな要素が入るので、ここまで単純ではないかもしれません。しかし「残業は効率の悪い時間の前借り」であることは伝わると思います。

　長時間の残業や過労の背後には、実際に課せられている仕事量だけではなく、仕事環境のプレッシャーといった外的な理由もありますし、自分を追い込まなくては評価してもらえないのではないかといった不安や自信のなさの心理が働いている場合もあります。

「これはやらなくてはいけない」と決めつけて諦める前に、「これは確かにやらなくてはいけないものだが、やり方はこちらで決めてもよい」と、時間の使い方を強いられている思考に切れ目を入れるようにしましょう。

　それが能動的に時間の使い方を選ぶトレーニングになるはずです。

書類やスライドは「不完全」でよしとする

パレートの法則の応用例として、実際に仕事にあてはめるときにわかりやすいのが、書類やプレゼンの作成の例です。

枚数に指定のない書類作成の仕事がやってきて、最初に「これは 10 ページほどになりそうだな」と思ったなら、目安としてそれを半分にして、同じ内容を 5 ページで作れないかというところから始めてみます。

プレゼンのスライドの枚数も、最初に作ったアウトラインが 20 枚なら、それを 10 枚にするか、1 枚あたりの情報を半分にカットできないかを検討してみます。

真面目な人はここで、「でもそれでは不完全なものになってしまう！」という気持ちがわいてくるかもしれません。しかしその「不完全」のイメージは、頭のなかで想定している理想的な出来栄えと比べて生まれているものであることがままあります。理想に対して比べるのではなく、現実的に必要な枚数を考えるようにしましょう。

実際のところ、書類やプレゼンの枚数が半分だからといって、怒る人はめったにいません。

不完全なものを磨く

このようにクオリティに大きく寄与しない細かい部分にあてる時間をカットしてしまうのが、パレートの法則

を意識した作業量の見積もり方です。

仕事の見積もりを最初から半分にすべきもう一つの理由は、作業というものは「あとから減らす」のは難しいうえに無駄になってしまう分があるのに対して、「あとから増やす」のは足りない部分を付け足すだけですから時間コストが低い点です。

10ページのつもりで書いた書類を7ページにするのにかかる作業量は、5ページのつもりで始めたものを7ページにするという作業量よりも大きくなります。また、20枚のスライドを理想の状態に仕上げるよりも、10枚のスライドからスタートさせて必要なところまでスライドを増やすほうが時間コスト的には安上がりとなります。

英語には「完璧を追い求めることは愚か者の所業」という慣用句があります。見積もりの段階で"完璧"を捨て、あえて不完全さを求めることによって、現実的な作業量に仕事を落とし込む習慣は、時間の賢い使い方といえるのです。

リアルタイムは希少資源として扱う

　私たちは 1 日にさまざまな人としゃべったり、メディアと向き合ったりしますが、ここでリアルタイムで対応しなければいけないメディアと、時間差で対応してもよいメディアの 2 種類があることを意識する必要があります。

　たとえば対面で人と話す、電話でしゃべる、カメラやマイクをオンにして Zoom やボイスチャットで会議をするといった活動は、自分も相手もリアルタイムで反応する必要があります。これに対してメールや Slack といったチャットサービスは、突然やってくるところは電話と変わらないものの、すぐに反応せずに時間差で反応することが可能です。

　この 2 つの分類を認識した上で、リアルタイムの注意力をすべて注ぎ込まなくてはいけないタイプのメディアを厳選する考え方が必要になります。

時間差で使えるメディアを意識する

　たとえば突然やってくるうえにリアルタイムでの対応を迫るメディアの最たるものは電話です。電話をすべて断るわけにはいかないでしょうけれども、電話での会話は重要なものに限り、それ以外は時間差でやりとりが可能なメディアを選択すれば、リアルタイムの消費を最小限にするのは可能です。

　最近だと YouTube において生配信が人気の傾向があ
りますし、ゲームも相手がいて互いに時間を拘束するオ
ンラインゲームが主流になっています。ツイッターの
Spaces、Instagram Live、Clubhouse といったようにリ
アルタイムを消費する SNS も増えてきました。

　リアルタイムのやりとりは楽しく魅力的だからこそ、
時間を吸い取る底なしの沼になりがちです。これをたと
えば「時間を拘束するタイプのメディアは1日に一つだ
け」と厳選したり、友人とのやりとりは時間差でできる
チャットツールを主とするといった使い分けを意識する
必要があります。

　リアルタイムは限りなく貴重です。リアルタイムでこ
そ、私たちは友人や家族と過ごし、人間らしい行動をす
るのですから、時間差で使えるメディアを活用しつつ、
リアルタイムを守る行動をふだんから意識するようにし
ましょう。

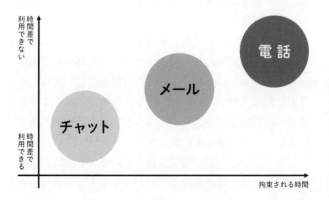

決断するスピードを加速する

　AなのかBなのか、やるかやらないのか、どれを選び、何を諦めるか——私たちの日常はこうした大小の判断や決断にあふれています。

　たとえば昼ごはんを食べるためにレストランを探していて、最初に見つけた場所に入るのか、それとももっと別の店を探すのかという判断があったとします。前者はシステム科学者のハーバート・サイモン氏が「満足化（Satisficing）」と呼ぶプロセスを使って十分と思われるものを選択しているのに対して、後者は結果を最大化するために判断を遅らせています。

　面白いことに、どちらが正解だったのかわからない場合には、前者の「満足化」を行った人のほうが「最大化」のアプローチをした人よりも自分の決断に満足する傾向があることが知られています。

　ここで重要なのは、最初の店に入っても、あとで見つけた店に入ったとしても、昼食をとるという目的に対しては十分な選択肢になっている点です。正解や不正解があるわけではないのです。そうした場合には、どちらを選択したほうがいいのかわからずに判断が遅れるよりも、最初の選択肢をさっさと選ぶほうが自分の行動に納得して進むことができるといえます。

　失敗を避けるために情報を集めて吟味するのは大事ですが、これ以上は決断するだけだというところまでやっ

てきたら、その瞬間に決めてしまうほうがよいのです。

判断に迷ったらコイントスで決める

これを応用した考え方として、判断がつかないような悩ましい状況に陥ったときには、コイントスで決めてしまうというテクニックがあります。

コイントスをしてAと決まった際に、どうも心がざわめいて落ち着かないならば、実は心の奥底ではBにしたいと思っていたのだと判断して、そちらを選びます。コイントス自体は、自分自身の本心を引き出して判断を加速するための儀式だったというわけです。

1分のタイマーをかけて、その時間内に決断するといった方法もありますが原理は同じです。タイマーの残り秒数がゼロに近づくと、AかBかと悩む思考が決断する思考に切り替わります。それを利用して判断を加速させるのです。

決断を速くするには、「同じ判断は２度しない」ことも重要です。たとえば買い物でＡかＢか迷ったあげく、いつもＡになってしまうなら、それはルールとして最初からＡを選ぶというふうにしたほうが決断は速くなりますし、満足度もむしろ増える傾向にあります。

　本を買うかどうかといった悩みも「2000円以下の書籍は自動的に買う」ルールにしておけば、決断に迷うことを減らせます。

　もっと大きな買い物ですが、私の友人には新しく発表されたiPhoneは必ず買い換えるようにしている人もいます。これはiPhoneを使うこと自体が仕事に直結している人ですが、買おうか迷うくらいならば必ず買うというルールにしておいて、それに合わせてふだんの貯金や買い物の調整を行っているのだそうです。

　決断を速くすれば、もっと多くの決断ができるようになります。小さいことでも決断の速度を加速させれば、より大きな判断も素早くできるようになります。

１から10のスケールの７を外す

　どちらが正解かわからず、どちらについてもその判断の結果を見通すための情報が十分にないケースでは、印象や直感を頼りに決断しなければいけない場面もままあります。

　こうしたときに応用できる仕組みが１〜10の数字のスケールで判断する手法です。たとえばある行動をするか迷っている場合に、次のように考えてみます。

1. その行動をとりたいか、1から10のスケールで考え
ます。数字の大きいほうが実行に前向きです
2. ただしこの際、7を選択するのを禁止します

　なぜ7を封印するかというと、その判断に前向きでは
あるものの、確信が持てない場合に選択されがちな数字
だからです。7を封じられた場合、私たちは6か8を選
択せざるを得なくなりますが、8はかなり前向きなので
行動を実行に移し、6は消極的なのでとりやめようと、
納得して判断できます。

　この方法は、コイントスでは偶然性が強すぎて納得が
ついてこない場合に、自分のなかから判断を強制的に引
き出すための工夫といっていいでしょう。

　もちろん、決断を速くするのは、その決断が正しいか
どうかとは必ずしも対応しません。すばやく決断し、そ
の結果が間違っていて残念な気持ちになる場合もあるか
もしれません。

　しかし、時間をかけたからといってより正確な決断が
できるとは限らない場合は、何時間も迷うよりは、たま
に失敗をするのを受け入れて決断の回数を増やすほうが
いいでしょう。

　まったく失敗しないようにするよりも、たまに失敗し
つつ行動を増やすほうが、満足する出来事がより多く
やってくるのです。

秒単位で時間を回収する工夫

　ライフハックのことを、取るに足らない小細工の列挙だと思っている人は大勢います。実際、SNSに投稿されている「ライフハック」には、この意味合いを冗談にするか、揶揄したものが多く見られます。

　しかし一つひとつが取るに足らない、人生を変えるほどの重要性をもちそうにない工夫であったとしても、それを束にして何回も、何百回も適用することで大きな違いが生まれるハックもあります。

　時間を節約するハックについては特にそうで、一つのハックはせいぜい数秒しか節約できなくても、それを何十個も意識しないところまで自然に使いこなせば1日に十数分ずつ時間を取り戻せるようになります。

TextExpander で入力を省力化する

　この哲学を体現しているツールとして私が愛用しているのが、簡単なコマンドでテキスト入力を省力化してくれる TextExpander です。

　TextExpander はユーザーが自分で設定したコマンドを自動的に展開してくれます。たとえば私の場合、「;ah」と入力すれば現住所が、「;bank」と入力すれば銀行の口座情報が、といったように、思い出したり調べたりするのは簡単なものの、TextExpander を使えば1秒で入力できる短縮形が何十個も登録してあります。

　TextExpander はフォームを表示して名前や要件を入力したらあらかじめ用意してあるテンプレートにそれらの情報を挿入する機能もありますので、定形メールを数秒で作るのにも使えます。似たような仕組みは、ふだん使う日本語入力システムの単語登録を応用しても作れます。

時間を秒単位で取り戻す

　コンピュータのショートカットを学んだり、ブラインドタッチや親指シフト入力を覚えたりするのも、秒単位で時間を回収する工夫です。毎日何度も利用するからこそ、秒の違いが長い目でみると大きく効くのです。

　私は、机の上にトラックパッドと、トラックボールと、マウスの３つが常に用意されていますが、これはそのときの作業で１秒でもすばやく操作できるデバイスを瞬時に選んで作業できるようにするためです。

　対応する必要性そのものをなくしてしまう工夫も大切です。たとえばネットショップなどから大量に届くメールはフィルターを設定して自動的に既読をつけて削除するか受信箱に入らないようにできますが、この１通あたり１秒未満の時間の節約が１年を通してみれば何千秒、つまり何時間もの節約につながります。

　小さな工夫をみくびってはいけません。意識しないレベルで繰り返し実行できるならば、それらは長い目でみてあなたの人生を見えないほどの小さな力で楽にしてくれるのです。

新しい技術がもたらす時間の活性化に注目する

　スマートフォンが普及する以前を思い出せるでしょうか。その頃は、電車で揺られている時間は新聞を読んだり、本を読んだり、音楽を聴いたりするのが中心の時間でした。誰もが高機能なスマートフォンを持つようになってからは、それはメールを確認したり、実際に返事をしたり、以前はパソコンがなければ不可能だったウェブサイトや動画を閲覧する時間になっています。

　技術の発展によって、それまで不可能だった行動が可能になると、時間の利用のされ方はそれまでと別の形に活性化されるのです。

　たとえばHACK 051で紹介する音声認識機能もその一例です。高機能な音声認識機能が登場するまでは、原稿やレポートをスマートフォンで書くことは手間の多い非現実的な作業でした。いまでは私は音声認識を使ってお風呂に入りながら原稿を何枚も下書きし、あとからそれを清書することでパソコンの前に座っていなくても思考を止めずに書き続けられるようになっています。

　オーディオブックの登場によって、暗い部屋で目を閉じて読書を楽しめるようになったのも、技術の進歩による時間の活性化の良い例です。

　新しい技術のもたらす時間の活性化はゆるやかに、しかし確実にやってきます。それに敏感になりましょう。

時間を生み出す方向で技術を利用する

　音声 SNS の Clubhouse が生まれたとき、新型コロナウイルスのパンデミックのせいで人とのつながりに飢えていた多くの人がそれにとびつき、久しぶりの団らんに花を咲かせていました。その多くは無駄話でしたので、Clubhouse は時間の浪費にすぎないと言われる向きもありました。

　その一方で、Clubhouse のプライベートルーム機能を使って相談したい相手にすぐに音声で語りかけ、数分で結論を出して切るという使い方をしていた人もいます。いまでは Clubhouse を使った作業部屋を作成して、誰もしゃべらないものの、お互いの存在を感じながら仕事を進めることで能率を高める使い方もあります。

　新しい技術は、便利であることよりも新しい無駄や気晴らしを生み出していることも多くありますので注意が必要ですが、新しい時間の近道を作り出している場合もありますので、これを見逃したくはありません。

　いま私が注目しているのは、Meta（旧 Facebook）のメタバースサービスの一端である Horizon Workrooms といった VR 環境がもたらす時間の活性化や、5G ネットワークの普及にともなう低遅延・大容量データの時代に起こる変化です。

　時間管理の原則に忠実に、本当にそれが価値を生み出しているのかに注意しつつ、新しい技術を選び取っていく必要があります。

行動に結びつく
タスク管理

いま、ここでやるべきことに集中するタスク管理

　ライフハックが登場したとき、とりわけ多くの人が情熱を傾けて議論をしたのがタスク管理の話題です。

　その頃、電子メールはすでに仕事の新しい常識として定着しており、あまりにメールが多くなりすぎたことが問題として取り上げられようになっていました。仕事に関係するデジタルな情報が数年で急に拡大し、それを個人がどのように管理するかが課題となっていました。

　デジタル社会が浸透するにつれて個人の裁量が増え、その結果、それぞれの人の手元で増えてしまった「やるべきこと＝タスク」の管理に対するニーズが高まっていたのです。

　ライフハックと、タスク管理の熱狂的なブームは、こうした土壌のなかで必要に迫られて開花しました。

ライフハックブームに火をつけた GTD の功罪

　ライフハックブームが始まるほんの少し前の 2003 年、当時フリーランスのウェブデザイナーだったマーリン・マン氏は、他の大勢の人と同様に、電子メールで次々にやってくる複数のプロジェクトをどのように管理すればいいのか頭を悩ませていました。そして彼は 2001 年に出版された一冊の本に出会います。

　それが企業コンサルタントのデビッド・アレン氏が執筆した "Getting Things Done: The Art of Stress-Free

Productivity"（邦題『ストレスフリーの整理術』）でした。この本はアメリカ西海岸のシリコンバレー文化に馴染（なじ）んだ若者の多くが魅力を感じる日本の禅の考え方に、エンジニアが親近感をもつ厳格なルールを組み合わせた、個人が生産性を上げるためのフレームワークを提唱する独特な本です。

Getting Things Done（GTD）の考え方は、マーリン・マン氏が当時もっていた悩みにエレガントな解決方法を与えてくれるものでしたので、夢中になった彼はそれをブログで熱心に紹介し、それがライフハックブームに火を付けるきっかけの一つになったのです。

また、マーリン・マン氏は GTD を実践するための Hipster PDA と名付けられたツールを考案したことでも有名になりました。Hipster PDA は情報カードの束をクリップで束ねてポケットで持ち歩くだけのツールで、機能の割には手間が多く複雑だった当時の PDA（Personal Digital Assistant、PalmPilot などの携帯情報端末）を茶化すジョークとして「ヒップな PDA」として名付けられたものの、いつでもどこでもメモを取るシンプルな考え方が多くの人に支持される結果となりました。

こうして大流行した GTD でしたが、急速な成功は新たな問題を生み出すことにつながりました。

もともと GTD の原典の書籍にはそれを実践するための概念的な枠組みが提示されているだけでしたので、どのように GTD を「実装」するのが理想的なのか、紙のノートで実践するべきなのか、デジタルツールを使うべ

きなのかといった議論が
自らの成功の足を引っ張
るようになりました。と
りわけ、特定のタスク管
理アプリが「GTD に準
拠しているか否か」と
いった本質的ではない話
題に多くの時間が費やさ
れる結果となったのです。

Hipster PDA

　しかしそれは、GTD やタスク管理の考え方が学ぶに値
しないということではありません。むしろ細かい実践の
仕方にこだわりすぎることなく、本質を見据えたタスク
管理の原則に立ち返る重要性を示しているともいえます。

タスク管理の原理に立ち返る

　GTD のフレームワークや実践方法の詳細については
原典に譲るとして、ここではその本質的な考え方を紹介
することを通してタスク管理の原理・原則について整理
したいと思います。

　まず、GTD では「やるべきこと」や「気になってい
ること」があるならば、それをすべて頭の外にある信頼
できるシステムに預けて「頭を空にする」のが重要であ
ると説いています。

　預ける先はノートやカードのような紙でもいいですし、
スマートフォンのようなデジタルツールでもかまいませ
ん。本質的には、タスクリストを作ることと同じですが、

GTDではこれをさらに徹底します。

　仕事上のタスクは当然として、心に引っかかっている家庭や個人のタスクについても、すべてをシステムのなかに書き出していったん棚卸しして、頭のなかで思い悩んでいる状態から自分を解放するのです。

　ふだん、私たちは当然のように買い物リストを作っていますが、これはいうまでもなく実際に買い物をする場で忘れ物をしないためです。この「忘れない」という状態をもう少し掘り下げると、次の2つから成り立っていることがわかります。

- 頑張って思い出そうとしても、店ではどうしても見落としが生じてしまうので、必要なものを思いついた時点で書かなければいけない
- 思い出そうと頑張ること自体がストレスであり無駄なので、それを頭の外に追い出して楽をする

　前者はまさに、必要なものを整理できる程度には「頭のよい部分」と、それでも肝心のタイミングでそれを忘れてしまう「頭の悪い部分」をつないでいる手法といえます。

　そして後者は、紙であれデジタルであれ、記録に残したものは捨てない限りなくならないことを利用して忘却に対抗していると表現してもいいでしょう。

　つまりGTDを含むタスク管理は、忘却に対抗するためにやるべきことを頭の外に書き出して管理する技法だ

といえるのです。

原則：やるべきこと、気になることは忘却にさらされる頭のなかで管理せずに、すべて書き出す

いま、ここでできることに集中する

　GTDにはもう一つの強力な考え方があります。複雑な手順が必要な仕事であっても、常に「次のアクション」を探し出して、現時点で実行可能なものに集中するというものです。

　たとえば、いくら気になっているとしても、仕事の現場で家庭のタスクは実行できませんし、逆もしかりです。出先でしか実行できないタスクもあれば、オンラインでないと無理なものもあります。

　GTDではこうした、タスクを実行する場面や状況のことを「コンテキスト＝文脈」と呼びます。端的にいえば、仕事のタスクは仕事のリスト、家庭のタスクは家庭のリストといったように、場面ごとのタスクリストを作っていると理解するので十分です。

　では、仕事の現場で、仕事上のタスクリストがあれば、そのタスクをどれでも実行可能かといえば、そういうわけでもありません。たとえば「納期を確認してから」「発注をする」といったようにタスクが連なっている場合、納期の確認が終わるまでは発注のアクションは起こせません。表現を変えると、納期の確認が終わるまでは、発注について忘れていてもいいのです。

　こうしてタスクを整理すると、「いま」「この場所で」
実行可能なタスクだけに注意すればよいことになります。
現時点でまだ実行できないタスクについては思い悩む必
要がないので、どの仕事をするべきかといった判断にと
もなうストレスを避けることができます。

　GTDのこの考え方は、タスク管理の「管理」の部分
に指針を与えてくれます。タスク管理とは単にタスクを
列挙して見やすくするのが目的ではなく、いま実行すべ
きものだけに集中できる仕組みを作ることなのです。

原則：タスク管理とは、「いま」「ここで」できるタスク
だけに集中し、それ以外はいったん忘れてもかまわない
仕組みを作ること

タスク管理とは、やるべきことを具体化するプロセス

　すべてのタスクが「何日までに書類を提出する」や
「明日までに折り返し電話をする」といった具合に明確
にいつ、どこで、何を実行するのかが明らかになってい
れば楽ですが、現実にはタスクは抽象的で、すぐにわか
らない形で隠れている場合もあります。

　GTDのデビッド・アレン氏にお会いする機会があっ
たときに、興味深い考え方を教えてもらったことがあり
ます。たとえば1冊の本が机の上に出したままになって
いる場合、そこにはもともと本を探して机の上に置いた
理由が隠れているというのです。その本を資料として何
かを調べようとしていた、あるいはそこから引用できる

箇所を探そうとしていたといったように、その本にはタスクが紐付いていたはずです。

　ですから、本棚に本を片付けるだけでは、物理的な本は整理できても、タスクは未整理のまま、もやもやとした不快感を脳裏に残します。これを防ぐためには、1冊の本から「○○のために本を調べる」といったタスクを引き剥がしてタスクリストのなかに回収して、そのうえで本を片付けなければいけません。未処理の曖昧な状態から、やるべきタスクを具体的に意識する手順が必要なのです。

　抽象的な話に聞こえるかもしれませんが、実はこうした思考を私たちは日常的に行っています。

「あの仕事をしておいて」

　このように曖昧な指示があった場合、「あの仕事」はどこからどこまでなのか、「する」とはどのようなアクションを取ることなのか、私たちは与えられた情報を頼りにタスクを具体的な形に解釈して実行します。

　タスク管理とは、現状に対してどのようなアクションを起こせば目的を達成できるのかを具体化するための仕組みでもあるのです。

原則：やるべきことは曖昧で抽象的な場合が多いのに対して、タスクは具体化しない限りアクションを取ることができない

やるべきことを選別する

　よくある誤解に「タスク管理が上手になれば、やりたいことをすべて実行できる」というものがあります。これはもちろん不可能で、タスク管理は仕事を全部片付ける魔法の仕組みではありません。

　GTDを実践している人のなかからも「タスク管理の仕組みを理想的に実装できていない」、「管理に失敗し続けていて嫌になる」といった感想を耳にしますが、これは目的と手段が入れ替わっている状態といっていいのです。

　必要なのは、やるべきタスクに向き合ってアクションをとることであって、どれだけタスク管理を上手に、立派に維持するかではありません。そしてタスク自体も、頭に思い浮かんだすべてを実行できなければいけないのではなく、重要なタスクを選別できていなければ、忙しさに追われるだけになってしまいます。

　逆説的に聞こえるかもしれませんが、タスク管理においてはいかにタスクを増やすかではなく、重要な、本当にやるべきものに減らせるかが肝要なのです。

原則：タスクは本当に向き合うべきものに向けて減らしていかなければ、仕組み全体が崩壊してしまう

アナログなタスク管理の利点と欠点

　多少、抽象的な話が続きましたので、最後に実際にタスク管理を行うためのツールの話をしたいと思います。

頭の外に追い出す、追い出し先についてです。

　タスク管理の仕組みを作るのに、高価な設備やガジェットはいりません。最も簡単に作るのならば、数枚の紙とペンがあれば十分です。それでも気持ちよくタスクを書き出したり、いつでもどこでもそれを閲覧できるようにしたりといったニーズもあって、アナログな紙で実践するのか、スマートフォンなどのデジタルなツールで実践するのかについては議論が絶えません。

　答えはもちろん、「そのときの場面に応じて、好きな方法で」となりますが、紙とデジタルツールを用いたタスク管理のそれぞれの利点と欠点を知っておくと、判断しやすくなるかもしれません。

　紙を用いたタスク管理の利点はいうまでもなく、安価で、バッテリー切れなどの心配がなく、自由に記入できる点です。一口に紙といっても、A4レポート用紙や

ロルバーンでタスクを管理している例

リーガルパッド、ノートブック、付箋、情報カード、切り離しの可能なメモパッド、手帳といったように、用途に合わせてさまざまなツールを選べるのは、多かれ少なかれ似通ってしまうスマートフォンのアプリにはない魅力です。書き込み方も、手書きで自由にタスクを書き込んでから二重線で消したり、矢印で別の場所を指し示したり、イラストを描いたりといったように、考えたイメージをそのまま表現できる強みがあります。

　紙には、断片にして配置が可能という利点もあります。たとえば付箋をパソコンの画面に貼り付けておいたり、カードやメモ帳に書かれたタスクを机の上に広げたりといった形で自由に組み替え、頭のなかにあるタスクの状態をより感覚的に表現できます。これは表示の仕方に厳格な UI が発生するデジタルなツールにはないメリットです。

　一方、紙にはさまざまな欠点もあります。持ち運ぶ必要があるために忘れたり、紛失したりするリスクはその筆頭といえますし、紙に書かれた情報は検索やソートをかけられない点も、仕組みとして大きな制限となります。

デジタルなタスク管理の利点と欠点

　デジタルなツールを利用する最大の利点はリマインダです。タスクにアラームをセットしておけば、あとでそれを忘れていてもアプリからリマインダが飛ぶことで思い出せます。

　高機能なタスク管理アプリの場合、位置情報を登録し

ておけば、職場に到着した、自宅を出発したといったタイミングでタスクの通知を送れます。私たちの「頭の良い部分と悪い部分をつなぐ」仕組みとして、これほど便利なものもないのです。

また、いまでは誰もがデジタルツールを使っていますので、同じツールを使っている人同士でタスクを共有する、チームでタスクに取り組むといった、協力が可能になる点も見逃せません。

その一方で、デジタルツールには欠点もあります。入力できる情報が画一的すぎるために、紙で書くときほどの柔軟性や表現力に欠けているのは、大きな危険をともないます。デジタルなツールに情報としてのタスクを書き込んでいても、どこか上滑りした、実感のこもらないリストにしか見えないときは使用するのをやめたほうが無難です。感覚的な表現になりますが、そこに書き込んだタスクと向き合っている手応えがなければ、頭のなか

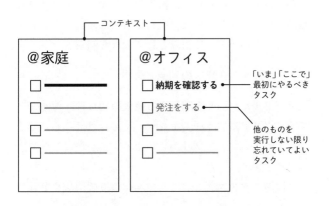

の重要な物事を預ける場所にはなりえないからです。

スマートフォンのようなデバイスでタスクを管理する
ときに、誘惑が多すぎるのも問題です。タスク管理のア
プリを開くつもりだったのに、つい SNS が気になって
寄り道をして時間を失うといったことがたびたび起こる
なら、デジタルなツールはそもそも使わないほうが安全
でしょう。

私自身は、ふだんは情報カードを利用したアナログな
手法を主に使いながら、リマインダが必要となる重要な
タスクについては万全を期すためにデジタルにもコピー
する、複合的な仕組みを作っています。以降では、基本
的なタスクリストの作り方から、タスクを整理して実行
する際に利用できるライフハックについてまとめます。

macOS / iOS にデフォルトでインストールされているリマインダ

仕事を楽にするタスクの書き方

　やるべきことをたくさん抱えていて混乱しそうなとき、1枚の紙に書き出すだけで頭を整理し、気持ちを楽にできます。

　まだ仕事は片付いていないのに、それを書き出しただけでとたんに気持ちがラクになるのは、私たちの脳が複数のタスクを意識のなかだけで管理するのが苦手だからです。気になることを書き出して客観視できるようにするだけで、頭脳にかかっていた負荷が減り、状況を整理する力が増します。

　1枚の紙にただやるべきことを書き出すだけでもタスクリストとしては十分ですが、このリストは未来の自分に向けてボールを投げるのに似ていますので、未来の自分が受け取りやすいように、上手にタスクを投げるためにいくつかの工夫をするとよいでしょう。

① 「やるべきこと」と「できればいい」ものは分ける

　タスクリストに入れるものは必ずやらなくてはいけないことに限定します。「可能ならばやる」「できればいいな」と思っているものは願望ですので、タスクとは別の場所に保存するのが無難です。

② 安易に優先度をつけない

　タスクリストに、特に重要なタスクを赤字で記入して、

優先度を示そうとする場合があります。しかし、これにも注意が必要です。マークをつけたからといって、それを実行する時間がなければタスクは片付きません。優先度をつけて「こんなに重要な仕事があるぞ」と自分にプレッシャーを与え、自分に鞭を入れるように片付けようとするのは、タスクを書き出して楽になるという目的からみて逆効果になります。

③ タスクリストを不安のリストにしない

　おかしいと思われるかもしれませんが、タスクリストにはそのままでは実行できない項目が含まれることがよくあります。たとえば「○○のプロジェクトを進める」「A社の案件を片付ける」といったように、何を言っているのかはわかるのですが「進める」「片付ける」とは何なのか、明確ではない場合です。

　これはタスクリストを、「気がかりになっている不安のリスト」にしてしまっているときに陥る状態です。こうしたときは、むしろその不安を逆手にとって、「○○部分のコーディングを仕上げてプロジェクトを進める」「Aさんに電話をかけて案件をクロージングする」といった具合に書いて、気がかりや心配から解放されるアクションに集中しましょう。

タスクには実行すべき「動詞」を入れる

　タスクの書き方として避けたいのは、見ればわかるだろうとたかをくくって、「メールに対応」「書類」といっ

たように1行だけ、不完全な言葉で書くことです。また、書き方が雑になったり、字も識別不能なくらいに乱れたりするのも、未来の自分にとってストレスなく受け止めやすくするというルールに反します。

これはタスクを書いているようにみせて、実のところは未来の自分に「これをやっておけ」とぞんざいな命令を飛ばしているのにほかならないからです。タスクの書き方、言葉遣いそのものにも注意して取り組みやすくするのは、回り回って自分のためになります。

ここで参考にしたいのが、効果を生み出すタスクの記述方法として1981年にジョージ・T・ドラン氏が提唱したS.M.A.R.T（スマート）方式です。説明する人によって頭文字の当て方はいくつかありますが、私はSpecific（具体的）で、Measurable（測定可能）で、Actionable（アクションをとれる）で、Realistic（現実的）で、Time-Based（期限がある）と説明するようにしてい

S.M.A.R.Tなタスク

S = **Specific**（具体的な）

M = **Measurable**（測定可能な）

A = **Actionable**（アクションをとれる）

R = **Realistic**（現実的な）

T = **Time-Based**（期限がある）

ます。

これは、いつ・何を・どの程度行うのかが明確かどう かということですが、特に重要なのは「アクション」が 書かれているかどうかです。

たとえばタスクリストにただ「ブログ」と書くのでは なく、「○○のネタについて下書きを書く」といったよ うに、具体的にどのように手を動かすのかについて書く ように注意します。

英語で言うと「動詞」が入っているか、日本語だと 「〜する」という形式であるかどうかが、ポイントにな ります。

また、字の美しさもタスクの実行力に影響します。殴 り書きのタスクは、雑にやってもよいという心理的なシ グナルを発してしまいますし、雑に書かれているタスク はたいていS.M.A.R.Tになってはいません。

小さな勝利の感覚を大切にする

明快に書かれたタスクリストの項目を実行して、線を 引いて消すと、気持ちのよい達成感が生まれると思いま す。これが、タスクリストがうまく利用できているとき の感覚です。

この小さな勝利の感覚を忘れないようにしましょう。 大きな仕事の達成は小さなタスクの成功の積み上げに よって生み出されます。苦しみながら作業をした結果、 最後に喜びが来るのではなく、ふだんの小さなアクショ ンにも達成感を覚えつつ未来を摑むことは可能なのです。

アナログなタスクリストの作り方

　1枚の紙があれば十分なタスクリストですが、大きな紙に膨大なタスクを書き込みたい場合、細かいカードにタスクを分割して並べ替えたいといったように、仕事次第で選択できる、いくつかの方法があると便利です。

　タスクの書き方と打ち消し方にもタイプがあります。丸や四角のチェックボックスをつけて箇条書きにし、タスクが終わったらチェックボックスを埋めるやり方や、打ち消し線を入れるやり方があります。

　文字の大きさ、打ち消し線を一重にするか二重にするか、利用するペンなどといった違いはつまらないものにみえますが、そうした小さなクセによって、タスクを完了したときの達成感の違いが生まれますので、ぜひこだわりたいところです。

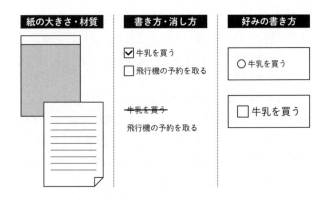

付箋紙のタスク管理は台座を使う

　タスクを一つひとつ付箋に書き込み、机の上やパソコンの画面の周囲に貼り付けておく手法も人気があります。いまやっているタスクは目の前に、直近ではないけれども忘れたくないものは遠めにといったように、直感的に周囲の空間に配置しているわけです。

　付箋は、剝がして再配置できるところが利点で、使い終わったら格納するという使い方もできます。

　たとえば厚紙を使って、タスクが書かれた付箋を貼り付ける台紙を作り、「本日」の台紙、「明日」の台紙、「時間があれば」の台紙といったように交通整理をして、台紙から台紙にタスクを貼り直すこともできます。

　注意したいのは付箋の粘着性です。百均でみかける付箋は接着剤が弱くすぐに剝がれることがあるので、私は

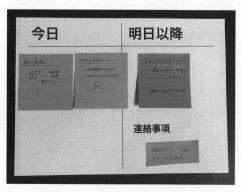

付箋に書いたタスクを管理するために台紙を使用した例

なるべく本家 3M のポスト・イットを使っています。

情報カードでタスクを大量に持ち歩く

　情報カードはフィールドワークの分野や、文献をたくさん扱う研究でよく使用される、情報の構成や発想を促すためのツールです。

　私が愛用しているのはコクヨの B6 版カード「シカ-10」や、Hipster PDA でも使用した「シカ-30」のインデックス・カードと呼ばれる５×３インチサイズのものです。一番上に見出しを書ける部分があるので、そこに作業のタイトルを入れ、タスクはその下に箇条書きで書いて、ひとまとまりの作業単位で管理します。本来の使い方ではないと思いますが、「シカ-10」の裏面には方眼があるので、表面には作業の詳細をメモし、タスクはカードを縦にして裏側に書き込む使い方も便利です。

情報カードに作業ごとのタスクを箇条書きで書いた例

個人用ホワイトボード

　気軽に書いたり消したりしながら考えをまとめるのにおすすめなのが、机の横に立てかけるタイプの個人用ホワイトボードです。

　ブレインストーミングの要領で自由に書き込み、必要がない部分は消して、タスクとして実行したい場所に赤いペンでチェックボックスを書いたりといったように、自由自在に使えます。

　ホワイトボードは個人で1枚持っているのが良いでしょう。ホワイトボードマーカーは太めの字になりますので、ボード自体は想定よりも1段階大きいものを選び、なるべくマグネットを付けられる材質を選ぶのがポイントになります。

ホワイトボードを使った柔軟なタスクリストの例

デジタルなタスク管理アプリの活用

初心者には自由自在に書き込むことができる、柔軟性の高い紙のタスクリストから始めるのをおすすめしますが、仕事がメールや Slack でやってくるので、デジタルで整理するほうが現実的という人もいるでしょう。

デジタルでタスク管理を行う場合、簡単なリマインダアプリでもしつこく一貫性のある使い方をするだけで十分効果を引き出せます。高機能なタスク管理サービスを利用する必要はありません。

いくつかの基本的な機能を活用するだけで、タスク管理を大幅に楽にすることができるのです。

タスク管理に重要な機能

デジタルでタスク管理をするからには、タイムリーな通知機能は欠かせません。

締め切りの何日前の何時に通知を送信するのか設定できるとよいですし、その日のタスクをまとめてリマインドするといった機能があれば、まるで秘書がついているかのように1日のはじめにやることを整理することができます。

リストは1個だけではなく、複数管理できるのが望ましいでしょう。GTD のコンテキストの概念のように、仕事と家庭、仕事でも案件ごとといったように、きめ細かいリストがあって、それらを横断して検索や通知がで

きるとタスクの整理が楽になります。

　必須ではありませんが、あると便利なのが iOS 15 で iPhone のリマインダでも使用可能になったタスクのタグ付け機能です。たとえば電話をするタスクには「電話」、ネットにつながなければ解決しないものには「オンライン」といったように、仕事の性質や役割を SNS のハッシュタグのようにつけておき、特定のタグだけを検索してまとめるといった使い方をします。

　最後に重要なのが、タスクごとのメモ機能です。デジタルのタスクには、URL などの付随情報を書き込みたくなることがよくあります。メモ機能がしっかりしているタスク管理アプリは、使い込みが楽なのです。

タスク管理の専用アプリケーションやサービス

　いまはさまざまな個人向けのタスク管理サービスやアプリケーションが存在しますので、ユーザーは好みや用途に応じて選べます。

　ライフハックブームを受けて開発されたサービスやアプリのうち、いまでも多くのユーザーの支持を受けている macOS/iOS 用のアプリケーションに、OmniFocus と Things があります。OmniFocus は GTD を意識して作られていますので、GTD のプロジェクトを作成する機能や、週次レビューをアプリのなかで実行するといったマニアックな設計をしています。それに対して Things は洗練されたシンプルな UI で多くのユーザーに利用されています。

ブラウザでもスマートフォンでも使えるクラウド上の
タスク管理サービスの代表例としておすすめしたいのが
Todoist です。

　簡単に利用するならば単純なタスクリストのアプリと
しても便利ですが、柔軟性の高いさまざまな機能が盛り
込まれていますので複雑なプロジェクトを表現すること
もできます。Windows、macOS、Android、iOS のすべ
てを横断できるマルチプラットフォームのサービスであ
る点も便利なポイントです。

先進的なタスク管理サービス Todoist

デフォルトのタスク管理アプリを使う

　OS がデフォルトでインストールしているタスク管理
アプリも、十分な機能を持っている場合があります。

　たとえば macOS/iOS のリマインダーアプリは複数リ
スト、タグ、位置情報トリガーも含めた高機能な通知、

条件指定でタスクを絞り込むスマートフィルタ機能に対応し、iCloud 経由で複数端末が同期するので、有料のタスク管理サービスでできるほとんどを網羅します。

クラウドメモサービスをタスク管理に応用する

Evernote、Notion、WorkFlowy といったクラウド上のメモサービスや、アウトラインプロセッサをタスク管理に利用することもできます。

これらのサービスは汎用性の高い使い方が前提ですので、たとえば読んでいる本のメモ書きをしながら、文章のなかに「あとで資料を取り寄せる」といったタスクを挿入するような使い方ができます。

Notion の場合はもともとデータベース的な設計がされていますので、自分のニーズに合わせた柔軟なタスク管理のシステムを作ってもよいでしょう。

ページ数		

◎関連サイト
・イーガンの公式ページ：http://www.gregegan.net/PERMUTATION/Permutation.html
  ☑ イーガンの公式ページの情報を読んでおく

・塵理論についてのFAQ：http://www.gregegan.net/PERMUTATION/FAQ/FAQ.html
・Ross Farnell 氏の書評：Ross farnell -- Attempting Immortality

◯ Ross氏の書評を読んでノートにまとめる

◯ TVC宇宙について解説しているページがないか検索　　　　　　明日が期限　≡

🔔 🔒 タグを追加

Evernote を使ってメモのなかにタスクを埋め込んだ例

Hipster PDA で十分なこともある

Hipster PDA は一種の冗談です。高機能で複雑な端末をタスク管理に使うよりも、情報カードを束ねてクリップで留めただけのメモ帳を持ち歩き、そこになんでも書き込んだほうが、結局はすばやくメモできるし、バッテリーもなくならなくて便利なのではないかと考えたマーリン・マン氏の皮肉が、Hipster PDA が誕生した背景としてあるからです。

しかしときとして冗談は、深い真実に近道を作ってくれます。たしかにスマートフォンをタップして画面をアンロックし、タスク管理アプリを開いて目的の画面に到達する時間を考えると、紙のカードをポケットから取り出すだけのほうが素早く、他のアプリに気を取られて雑念が入る余地がありません。ペンでカードにタスクを書き込む簡単さも、スマートフォンを操作する手間や、設定できる情報の複雑さと無縁です。

タスク管理の仕組みを作るときに、「それって Hipster PDA で十分なのでは？」「そんなに複雑にする必要はあるの？」と考えるのはよい目安になります。1枚の紙以上に複雑な仕組みを作るのであれば、それだけのメリットがなければいけないのです。

タスク管理が楽しくなってくると、多くの人がそれをもっと複雑で便利な仕組みや、アプリを使って実現できないかマニアックな方向に突き進みますが、目的と手段

を取り違えないバランスをとるのに、Hipster PDA をど
こかで心に留めておくとよいでしょう。

Hipster PDA を試してみる

　実際に Hipster PDA を作ってみたい場合は、コクヨ
の情報カードの 5 × 3 インチサイズ版である「シカ-30」
に、一般的なダブルクリップを使うのがよいでしょう。

　しかし大事なのは、どのように作るかではなく、どの
ように使うかです。この紙の束を実際にいつでも持ち歩
き、タスクや思いつきが発生したらペンで書き込んでみ
てください。すると、自分の頭のなかではなく、肌身を
離れない外部のシステムに思考が蓄積して、それをあと
から客観的に見直し、整理できるというスタイルに、開
放感を覚えるようになるはずです。Hipster PDA はタス
ク管理の本質への近道といっていいのです。

Hipster PDA を使って素早く書いたタスクを整理する

いまやることに集中する Doing リスト

　仕事でプリンストン大学にとある研究者を訪問したとき、世界的な有名論文で知られるその人が、キーボード操作は指2本だけでゆっくりとしているのに、1枚の紙を使って着実に作業を進めてゆく様子に驚いたことがあります。

　その紙には、いまからやるべき直近のタスクが数項目書かれているだけです。なにか別の用件が発生したり、気になることが新たにできたりすると、彼はそれをページの右側に書き加えていました。そうして、メインのリストからはけっして脱線しないように、いまやるべきアクションに集中しているのです。この研究者の仕事の仕方を参考にして作ったのが、1枚の紙の真ん中に線を縦に入れただけの「Doing リスト」です。

　この線の左側には、5〜15分で実行可能な、これから実行するアクションを列挙します。すでにあるタスクリストを見つめて、そこからアクションを振り出す感覚で作るのがよいでしょう。

　このリストは寄り道せずに上から順に実行します。もし途中で別のタスクが割り込んできたなら、それは線の右側に書き留めてすぐに復帰します。こうしてリストを一番下まで実行したら、右側にメモしたタスクを取り込み、新しい Doing リストを作ります。

　ちょっと考え事をしたり、スマートフォンに通知がく

るのに気を取られたりするだけで、私たちはいまやっている作業から注意が離れてしまいます。そして「さっきまで何をしていただろうか」と復帰するのには時間と、集中力が必要になります。

Doing リストは、いまやっている作業が明らかになるので仕事の脱線を防げますし、脱線したとしても一瞥するだけで復帰が可能になる工夫なのです。

ただし、すべてのアクションを Doing リストに書き込まなくてはいけないわけではありません。GTD には「2分ルール」といって、2分で実行できるものは書き留める時間コストのほうが大きいのでその場でやってしまうという考え方があります。

小さいアクションはその場で片付けて、Doing リストにはいま目を離したくない、仕事を前に進めるアクションを記入して集中するのです。

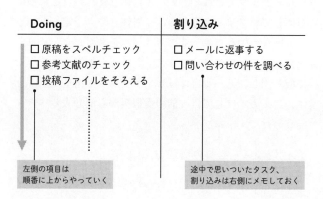

Doing	割り込み
☐ 原稿をスペルチェック	☐ メールに返事する
☐ 参考文献のチェック	☐ 問い合わせの件を調べる
☐ 投稿ファイルをそろえる	
左側の項目は 順番に上からやっていく	途中で思いついたタスク、 割り込みは右側にメモしておく

メールからタスクを剝ぎ取るインボックス・ゼロ法

メールの受信箱をタスクリストの代わりにするのはおすすめできません。メールは次々やってきますので、それを整理しなければ仕事を始められないとしたら、それが余計なハードルになります。また、未読のメールや督促のメールが溜まってくると、対応を先送りしたくなるほどのストレスを生みます。メールはあくまで通信手段であり、タスクはそこから剝ぎ取って別の場所に管理したほうが良いのです。

ブログ 43 Folders のマーリン・マン氏は、GTD に似た「インボックス・ゼロ」というメールの処理方法を提唱し、メールとタスクを区別することの重要性をピーナッツにたとえて説明しています。

ピーナッツでいうと、メール自体は食べられない殻に対応しています。大事なのは「用件」や「予定」といったメールの中身です。そこでメールを読んだら、それらをカレンダーや、タスクリストといった信頼できる場所に取り出し、メール自体はピーナッツの殻を捨てるように、アーカイブして目の前の受信箱から消し去るべきというわけです。

インボックス・ゼロの実践方法

インボックス・ゼロ法は一つひとつのメールについて次のワークフローで対応することで実現します。

- 3分以内に返事できるメールは、その場で返事する
- 予定に関するメールはそれをカレンダーに書き込む
- タスクが入っているものは、タスクリストに入れる
- 返事する必要のあるものは「読みました、あとで返事します」とだけ返信し、「返信を考える」という項目をタスクリストに書き込む
- 対応したメールはすべて削除かアーカイブ

　この流れに従うと、受信箱に残るメールが存在しないことに注意してください。受信箱のメールは、一度見たら上記のいずれかの対応をして、二度と見なくてすむようにこのフローは作られているのです。

　インボックス・ゼロの考え方はメール以外にも、紙の書類や Slack チャンネルの会話といったものでも応用できます。

　書類自体をリマインダとして机の上に置いておくのではなく、書類に紐付いている「この書類を書いて提出しなければいけない」といったタスクを剥ぎ取ってタスクリストのなかに格納するわけです。

　メールや書類という形では曖昧なタスクを具体化して、受信箱や机の上といった、雑然としている状態を見ているだけでストレスが増してしまうような場所から消すことで楽になるという考え方といえます。

クローズ・リストを意識してタスクを増やさない

夕食のために夜遅く店を訪問したところ、すでに閉店の看板が出ていたとします。そんなときに、いくら深刻な空腹状態であっても、店のドアを叩いて入れろと騒ぎたてる人はいません。

しかしタスク管理においては、そうした状況がよく発生します。もうその日は店じまいにしなければいけないのに、どんどんと注文をとってしまうことを無意識にやりがちです。

これを防ぐための考え方が、マーク・フォースター氏の"Do It Tomorrow"（邦題『仕事に追われない仕事術・マニャーナの法則 完全版』）に登場するクローズ・リストです。

この場合の「クローズ」とは、閉店後の店のように、すでに締め切られた、もう受け付けないという意味です。その日の時間と集中力の限度を超えてタスクが増えるのを避けるために、リストにこれ以降は受け付けないと線を引き、クローズ前のタスクだけに向き合うのです。

クローズ後にやってきたタスクは、そこで「明日やること」というリストに切り離し、実行するまでに間を置きます。明日やると決めたものを、今日やってはいけない。そんな哲学がクローズ・リストには込められています。私たちは時間や集中力がある限りタスクをこなすだ

けの、機械のような存在ではない。そんな考えを、ルール化しているのです。

どの程度でリストをクローズするか

　クローズされたリストは1日が進むにつれて確実にタスクが減ります。逆にクローズしていないリストは、電話が鳴るたび、メールが届くたびにタスクが増えていきます。

　リストをクローズしておくのは、頑張っても仕事が減らない負担感から自分を解放し、現実的な時間管理を行う余裕を生み出すことにもつながります。

　どんなタスクリストでもクローズ・リストにすることは可能ですが、どこで線引きをするかについては経験を蓄積する必要があります。

　どの程度の数のタスクならば1日に実行できるのかを、過去のタスクリストの完了させたタスク数からログをとって測っておくのです。

　タスクの大小は多少ありますが、毎日10ほどのタスクをこなしていた人がいきなり明日から20実行するのは不可能です。

　どこでクローズするかの現実的な量を把握するのは、自分の生産性に過大な評価をせず、どの程度ならば無理なく日常を回せるのか現実的な見積もりを可能にしてくれるのです。

やらないことリストでタスクを減らす

　1日の時間と集中力が有限である以上、歯を食いしばって努力しても達成できることには限界があります。むしろ「これはやらない」と、選択肢に含まないものが多ければ多いほど、生産性のスループット（単位時間当たりに処理できる量）は高くなります。つまり、

生産性 ＝ 実行できる作業量 ― 排除できる作業量

　といえるのです。そのためにも、ふだんからルールとして「やらないこと」を決めておくのが重要です。
「やらないこと」には「テレビを見ない」「関係のない会議に参加しない」といったように、排除することで時間を生み出せるものを選びますが、これはストイックに生きるべきだという話ではありません。
　夜の飲み会とテレビの視聴、ゲームと読書、といったように、やりたいことが同時に実行できない場合ならどちらを選ぶのか、あらかじめ優先順位をつけておくことに相当します。
　いかに時間管理とタスク管理に習熟したとしても、やりたいことすべてを実現はできません。それを念頭に、あなたのタスクリストに入るものを能動的に選び取るための方針が「やらないことリスト」なのです。
「やらないことリスト」に入れるものには以下のような

ものがあります。

- ● 発信者が不明の電話に応じない
- ● 午前はメールに応じない
- ● どんな席でも飲酒はしない
- ● 時間のムダと決めたウェブサイトは開かない

タスクをダイエットする

　意識せず惰性や習慣としてとっている行動のなかに、考え方を変えることでかかる時間や手間を大幅に減らせるものもあります。

　たとえば誤解なくメールが伝わるように何十分もかけて文章を推敲（すいこう）しているような場合、ここには「失礼のないメールを書かなくてはいけない」という思い込みや習慣があります。これを、「メールは事実確認にとどめ、誤解しそうなニュアンスは電話で伝える」と考え方を変更できれば、推敲にかかっていた時間を解放しつつ、同じ結果を得られます。

　あまりに思考が自動化しているために意識的にタスクリストに書き出していないようなものにこそ、ダイエットできる無駄がひそんでいます。

　メール処理とはこういうもの、会議とはこういうもの、といった思い込みを問い直し、かかる時間を大幅に減らす余地がないか検討してみましょう。

ショーストッパーとゾンビタスクに注意する

タスクリストのなかには、ときとして他と別の扱いをしなければいけないものが入り込む場合があります。それは、ショーストッパーなタスクと、ゾンビタスクです。

「ショーストッパー」は舞台用語で「ショーを中断するほど素晴らしい」を意味しており、役者の演技が素晴らしすぎるために拍手が鳴り止まず、舞台進行がそこで止まってしまう出来事を指していました。それが転じて、この言葉は「ショーを中断してしまうような致命的なハプニング」というネガティブな意味も持つようになりました。

たとえばプログラミングの世界で、リリース直前になって発見される、出荷できないほどの重大なバグは「ショーストッパー」と言われます。出張に行く際にカバンや服は持っているのに、パソコンや電源アダプタを忘れてしまうといった事態も、ショーストッパーです。

ショーストッパーは絶対に避けなければいけませんが、複雑な仕事を抱えていて極端に時間が差し迫っている場合には起こりがちな事故です。

そこで「この状況のショーストッパーは何だろうか？」と考えることで、その状況で最低限クリアすべき条件が見えてきます。

ショーストッパーを意識すると、「出来はともかく、

この線を守っていれば失敗にはならない」という安心感のもとに作業を進められるメリットがあります。

不安の元凶を明らかにするゾンビタスク

ゾンビタスクは、その名の通り、リストに記載されているのにいつまでも消し去れない、いつまでもゾンビのように生きているタスクです。

ゾンビタスクの周囲には必ず不安や、恐怖が隠れています。たとえば「歯医者に行く」というタスクを決めたにもかかわらずそれができていない場合、歯医者に行った先で起こるはずの不快さなどを見越して、心理的に回避している可能性があります。

こうしたときは、タスクの書き方を変えてみるのが一つの手です。たとえば「歯医者の予約だけをとる」などと表現を変えることで不安を回避してみます。

いつまでも終わらないタスクは、そもそも終了条件が明確ではない可能性もあります。

たとえば「原稿を仕上げる」というタスクは、明確そうに見えますが、どの時点で「仕上げた」といえるかが曖昧な場合は、タスクがいつまでも終わらずにゾンビ化します。こうしたタスクも、「原稿を2000字まで書いて提出可能か判断する」といった具合に、曖昧な不安を具体的なアクションで回避できないか試みるのが良いでしょう。

過去の経験をテンプレート化する

　ひとまとまりの仕事が終わっても、それでおしまいではありません。まとまった仕事は、「名前」をつけて、将来それを再利用できるようにしておきましょう。

　たとえば「2021.10.10 会議資料」といった名前のフォルダに、作った議事録だけではなく、そのときに利用した資料やウェブサイトのリンク、写真やボイスレコーダーのファイルなどすべてを入れて、アーカイブとして封じておきます。

　次に似たような仕事がやってきたときには、このフォルダをもとにして作業を開始すれば、時間と手間の節約になるわけです。気合の入ったスライド、明快な紹介文、複雑なイベントの段取りやガントチャートなど、再利用でメリットが得られるものは多いですが、特に利用価値があるのは、過去になぜその決断をしたかの理由が書かれた書類です。過去の判断は、未来にも繰り返すことがよくあります。その根拠をゼロから辿り直すのではなく、過去に学べるようにしておくのです。

　こうして何度も利用するとわかってきたファイルは、別の「テンプレート・フォルダ」にコピーして、仕事の型として常に再利用できるようにしておきます。

　テンプレートが充実すれば充実するほど、過去の経験をもとに、クオリティの高い状態をスタート地点にして作業を開始できます。

チェックリストでささいな失敗を防止する

　テンプレートと似ていますが、作業に決定的なミスが
ないかのチェック項目を過去の経験からリスト化したの
がチェックリストです。

　外科医で、作家でもあるアトゥール・ガワンデ氏は、
ベストセラーになった"The Checklist Manifesto"（邦
題『アナタはなぜチェックリストを使わないのか？』）にお
いて、高度な訓練を受けた専門家でも、ときとして信じ
られないようなミスをおかす事例を通して、チェックリ
ストの有用性について説いています。

　手術が失敗したり、飛行機が墜落したり、間違った投
資によって損失が発生したりといった出来事は、本来は
防げる小さなミスが幾重にも重なることが引き金になっ
ている場合が非常に多く、それを防ぐためにチェックリ
ストが有用なのです。

　たとえばメールについてチェックリストを作っている
人は少ないと思いますが、送信ボタンを押す前に「添付
ファイルがついているか」「宛先を間違えていないか」
「無関係の人に cc していないか」といったチェック項目
を確認してから送るだけでも、間違いが格段に減ります。

　綱渡りのような複雑な仕事を達成したあとは、どこが
成否を分けるポイントだったかをまとめておきましょう。
その経験をチェックリストにしておくことが、未来の自
分を助けてくれるのです。

マインドマップで大きな仕事を分解する

　たとえば自分がオリンピック開催の責任者になったと想定して、どのような仕事をいつまでに実行するべきか、いつまでに何が準備できていなければいけないのかと想像してみてください。あまりに巨大なプロジェクトだと、どこから手を付けるのか、どの部分でどのようなアクションをとるべきかもすぐには見えてきません。

　タスク管理の仕組みやハックは、目の前の明らかなアクションや、外からやってくる要請を整理するのには向いていますが、こうした大きな仕事を分解して実行可能なアクションに還元するのには別の手段が必要です。

　こうしたときにも HACK 002 でも紹介したマインドマップを使用すれば、曖昧な状況に構造を見出せるようになります。

マインドマップは論理的に描かない

　マインドマップは Mutually Exclusive, Collectively Exhaustive（MECE、ミッシー）、つまりは、重複なく漏れがないように作らなければいけないと誤解されることが多いですが、プランニングの段階ではその考え方はむしろ有害です。最初の段階では各部の矛盾や、依存関係の曖昧さもそのままにマップ化するほうが、取り組んでいる問題の構造を明らかにするのに役立ちます。

　たとえば本の企画をマップにする場合「1章」「2章」

という枝を作るより「これを書きたい」「これを盛り込みたい」といった枝を作ったほうが、その下にアイデアが出しやすくなります。

　そうした枝を描けたなら、それぞれの下に具体的に実行可能なアクションをぶら下げていき、それらをまとめるだけでタスクリストが完成します。

　MindNodeなどのマインドマップの作成を支援するウェブサービスは、ぶら下げた任意の枝をタスクに変換する機能をもっていますので、この作業には最適です。

　原理として、タスクは具体的でなければアクションをとれません。曖昧さから具体化へと、巨大な問題を分解する必要性はたびたび生まれます。マインドマップをはじめとした、思考を分解して具体化するための手段は複数用意しておくとよいでしょう。

アイゼンハワー・マトリクスと点数制

　仕事を緊急度と重要度の2軸で把握する図を見たことがあるでしょうか。「アイゼンハワー・マトリクス」と呼ばれるこの図は、アイゼンハワー元米大統領の言葉とされる「私は2つの問題を抱えている。1つは緊急で、もう片方は重要なものだ。しかし、緊急なものは重要ではなく、重要なものは決して緊急であることがないのだ」の言葉を図案化したものです。

　拮抗している複数のタスクがあるときはこのマトリクスを使って、それらを相対的な緊急度と重要度の尺度に沿ってちりばめれば、どれを優先して実行するか決められます。

　これをわかりやすく実践するために、たとえば非緊急で重要なものは10点、緊急で重要なものは5点、緊急で非重要なものは1点、非緊急で非重要なものは0点といった具合に点数を割り当て、0点の仕事を避けたくなる心理を利用し、タスクを実践する順番を整理できます。

点数制で、重要性を測定可能なものにする

　点数制を使った、似たようなハックに、日常の大きなアクションから小さな雑用のそれぞれに、まるで西部劇のお尋ね者の懸賞金のようにポイントをつけて順序をつける方法もあります。最重要のタスクのポイントは、雑用に比べて何倍も大きくしておき、1週間に何ポイント

稼ぐのを目標とするといったようにして、ペースを制御します。

　この場合は細かい雑用を数多くこなして目標を達成してもいいですし、大きなアクションに取り組んで一気にポイントを稼いでもかまいません。

　いずれにしても、これらの手法は「重要なことをしなければいけない」といった強迫観念を生み出しがちなタスクとの向き合いを、ゲームのような仕組みのなかに吸収しているところが特徴です。

　重要なタスクを把握しても、それらと心理的に向き合う余裕が自動的に生まれるわけではありません。そうした心の弱さを仕組みによってサポートするのが、点数制でタスクの重要度を傾斜する目的です。

　仕事を子どもっぽいゲームに還元しているようにみえるかもしれませんが、それで重要なタスクと向き合う力が湧くのなら、しめたものといえるでしょう。

	緊急	非緊急
重要	実行すべき作業 **5点**	長期的な目標や計画 **10点**
非重要	雑用 **1点**	消すべきタスク **0点**

ファースト・タスクを決めておく

タスク管理は、多忙な状態を緩和して、やるべきことの交通整理を可能にしてくれますが、上手に使えば長期間かかる大きなプロジェクトを小さなパーツに分けて実行するのにも使えます。

英語には「巨大な象を食べるのも一口ずつ」という言い回しがあります。これは象のように大きな仕事や取り組みも、1日ずつ、削り取るようにしていけば達成できることを格言にしたものです。

こうした「一口」を仕組みとして取り入れてみましょう。たとえばタスク管理の仕組みに、朝一番、最も集中力が高まっている時間帯に実行する「ファースト・タスク」を設定するというルールを加えてみます。

本を執筆するために原稿を書いているといった場合は、「原稿に 1000 字書き加える」といったものがファースト・タスクになるかもしれません。たった 1000 字でも、半年あれば 18 万字にも到達します。推敲して減らしたとしても、そこから本 1 冊分に仕上げるには十分な量です。

ファースト・タスクは専門分野の論文や資料を一つ読む、挑戦している洋書を 2 ページだけ読む、といったように、知識や経験を底上げするものに割り当てるのも効果があります。

広汎（こうはん）な知識を一朝一夕で身につけるのは不可能ですが、

ファースト・タスクに仕込むことで、それを毎日の小さな積み上げに変換できるのです。

必ずしも実行しなくてよいタスク

ファースト・タスクの仕組みは、必ずしも毎日実行しなくてもよいところが秀逸です。

たとえば「原稿を1000字書く」タスクをファースト・タスクに入れるのは、すぐには終わらない作業と1000字分向き合う選択肢を、タスク管理の仕組みによって提示することを意味しています。

毎朝スマートフォンに「今日の本を開いてください」、「原稿に手を入れてください」といった指令が届くようにしておくのは、どんなに忙しい場面でも人生の方向性を長期的に決めるタスクを意識することにつながります。

実行できれば、その分だけ毎日の小さな成功が長期的な目的の成功につながりますし、実行できなくても、少なくとも長期的な目的との向き合いが発生するので、毎日をただ忙しく暮らすのではなく、目的感をもって行動することにつながります。

長期的なタスクを毎日のタスク管理システムに入れる仕組みは、ファースト・タスク以外にもさまざまな方法が考えられます。タスク管理を人生のプラットフォームにする考え方として追求する価値があるといえます。

週に一度はタスクを頭の外に追い出す

　GTD には、タスク管理のシステムを維持するための大切な習慣として、およそ 1 週間に一度行う「週次レビュー」の考え方があります。

　頭のなかが空になるまでタスクを書き出したとしても、すぐに新しいタスクや心配事は頭のなかに忍び込んできますので、1 週間に一度を目安として、すべてを書き出すわけです。週次レビューにはタスクリストのなかに入っている項目のうち、すでに必要がなくなったものや放置されているゾンビタスクを整理し、タスク管理のシステムの新鮮さを保つ目的もあります。

　こうしたレビューは週に一度である必要はありません。ただし、タスク管理の仕組みをいじくるばかりで実際の仕事が進まないのでは意味がありませんので、そのバランスがちょうどいいのが 1 週間なのです。

　週次レビューは、それ以上新しい仕事が入ってきにくい金曜日の午後に作業時間を作っておくのが有効です。このときにレビューする順序を質問の形式でチェックリストにしておくのもよいでしょう。

- 仕事で気になっていることはないか？
- 家庭や個人で気になっていることはないか？
- タスクリストのなかに、消せるものはないか？
- メールのなかに、未回収のタスクはないか？

　といった具合にです。

　週次レビューは、本当に週に一度である必要はありません。どうも頭が混乱してきた、このままでいいのか不安が高まってきたときには、１枚の紙を用意してタスクをすべて書き出してみる小さなレビューをしてみます。

　車が問題なく動くのにメンテナンスが必要なのと同じように、タスク管理のシステムもタイミングよく調整を加えていく必要があるのです。

週次レビューを航路修正に使う

　週次レビューは GTD だけでなく、スティーブン・コヴィー氏の「７つの習慣」のフレームワークにも重要な考え方として登場します。

　現状に甘んじて「いまのままでよい」と考えがちな毎日に切れ目を入れ、１週間に一度自分の方向性やタスクを見直すために時間を作る点は、GTD も「７つの習慣」も似ています。

　毎日そうした軌道修正をするのは大変ですが、１カ月ほど放置していると方向性が固定化してしまって、修正するのにエネルギーがかかります。週に一度ほどが、人生や仕事の目標と照らし合わせて航路を修正するのにちょうどいい頻度といえるでしょう。

集中力と
先送り防止

やる気に頼らない集中力の保ち方

　時間管理のテクニックを駆使してある程度の時間を生み出し、タスク管理のテクニックを使って向き合うべきアクションを明確にしても、実際に行動ができなければ元の木阿弥です。時間管理とタスク管理は、それに次ぐ3本目の柱、集中力と先送りの防止に注意して、初めて実行力を生むことができます。

　集中力については、私たちはモチベーション＝やる気があれば集中できるはず、という単純な捉え方をすることがよくあります。これは一見正しそうにみえますが、同じ論理を逆からみて、集中するにはやる気が必要、と表現してみると急に怪しくなりはじめます。

　やる気を生み出すために「うまくいったらこのような報酬を与えます」「うまくいかなかったら罰を与えます」といった外的な動機付けを与えても、なかなか思い通りに集中できなかったり、かえってやる気が失われたりといった経験をしたことがある人は多いでしょう。

　やる気と集中力とは、燃料のように「やる気」をどこからかもってきて燃焼させれば「集中力」が生まれるような関係にはなっていないのです。

　これは、やる気と集中力の基本原理として覚えておきたいポイントです。

原則：やる気を注入すれば、集中力が生まれるわけでは

なく、自分に対して無理を要求すれば、結果はしばしば
逆効果になってしまう

やる気と内在的動機付け

やる気にまつわる心理学の知見として近年注目されて
いるのが、外から与えられる動機ではなく、私たちの内
側から溢れ出る動機です。

人が完全に作業に没頭し、大きな喜びを感じて問題を
解決している状態について長年研究してきた心理学者の
ミハイ・チクセントミハイ氏は、この現象を指して「フ
ロー」あるいは「ゾーンに入っている」と名付けていま
す。フローに入った人は、作業そのものが楽しくやりが
いのあるものだからこそ実行していると捉えられる、い
わば「やる気」を自家発電している状態に達しています
が、これは外的な理由で作業をするのとは逆の、内在的
動機付けに突き動かされている状態と呼ばれています。

こうしたフローの状態に入るにはさまざまな条件が必
要であることが研究でわかっていますが、特に重要なの
が「チャレンジ・スキル・バランス」と呼ばれる、タス
クの難易度と、自分自身のスキルとのバランスです。タ
スクがあまりに難しく、スキルに対して無理なことを要
求されているように感じるとき、人は不安に陥ります。
逆にタスク自体が簡単すぎて、手応えがない場合には退
屈が生まれます。

内在的動機付けが高まっている状態とは、タスクが明
快で、やる意味が明確に感じられ、自分のスキルに対し

て過不足のない、バランスのとれた場所といっていいのです。

　ダニエル・ピンク氏は著書"Drive"のなかでこれらの研究を総括して、私たちがやる気を感じられるのは、

1. 能動的にタスクを選び取り、いつ、どのような手段で実行するのかについて裁量が与えられている
2. タスクそのものに不安や焦燥感を感じるのではなく、成長や達成感が感じられる
3. より大きな目的に寄与している実感がある

の3条件をクリアしているときだと説いています。

　これらの条件は、これまでの CHAPTER で見てきた内容と整合していることに注目してください。ライフハックは、自分の裁量で時間の使い方を選び、長い目でみた目標に基づいてタスクを整理し、目的に合わせてツールを選ぶ能動性を重視しますが、これらは作業に対するやる気を支えるためでもあったのです。

　これに加えて、日常の作業におけるチャレンジ・スキル・バランスが破綻しないことが大切ですが、これを最も脅かすのが、仕事の作業が別の誘惑によって脱線したり、心理的な不安が高まることによって生まれる先送りのせいで時間の余裕が失われた状態です。

　そこで、集中力によって超人のように作業がはかどる状態を目指すのではなく、能率の高い状態が長く持続していて、作業にともなう不安やストレスを可能な限り避

けられている状態が目標となります。

　陸上競技にたとえるならば、全速力で走るのを目指すのではなく、なるべく長い時間スピードを保つことを目指します。そして転倒や怪我の不安を生み出す小石や障害物をトラックから取り除き、フローの状態で走れる環境を作ることが集中力のライフハックなのです。

原則：ピークスピードを無理して上げるのではなく、平均的なペースが向上している状態が長く持続するための仕組みを導入する

原則：不安や焦燥感を生み出す要素を減らすことで、ペースが遅くならない仕組みを考える

自分の集中力を観察する

　なぜ自分は作業に集中できないのか？　なぜ自分は怠けてしまうのか？　このような言葉で自分を責めることに慣れている人は、集中力を実験対象のように客観的に眺め、条件を変えることでどのように反応したのかを記録するところから始めると良いでしょう。

　睡眠時間、作業の難易度、タスクの明快さや長い目でみた目的との整合性、そして何より自分の心がどれだけモチベーションを感じていたか。これらを主観的な言葉でよいので記録にし、日々の状態をみてみます。

　今日うまくいった理由はなんだったのか。条件は同じだったのに、昨日ほど集中できなかったのはなぜか。過

去の経験からみて、明日はどのような準備をすると成功率が高まるのか。

　どのようにすれば安定して生み出せるかわからない「やる気」に頼らずに、心の状態をモニターしつつ、作業の環境や手段をあの手この手と変えるのです。

　ここで特に注目したいのが、仕事の中身は変わっていないのに、その手法だけが変わっているような工夫です。

　たとえば5000字の原稿を真っ白な画面に向かっていきなり書き出すのは難しいですが、それを140字のツイートの集合体だと捉えると、全体は30～35ツイート程度となります。このように仕事の捉え方を変えたうえで最初の数ツイート分だけを書き出してみると、作業の負担感が急に減ってきます。

　作業の捉え方や、取り組むときの仕組みがチャレンジ・スキル・バランスに影響するのです。

　作業の捉え方は環境によっても変わります。画面をダークモードに変えてみる、スタンディングデスクを使って違った姿勢で作業をしてみる、音楽をかけてみる、食事のあとに重要な仕事をしないといったように、私たちの集中力を変化させるパラメータは無数にあります。

　あなた自身の集中力を支えているパラメータの勘所がどこにあるのかを、観察と実験を通して見つけていきましょう。

原則：やる気が出ることに頼らない。やる気が結果的に生まれる環境や条件を追求する

脱線や先送りを生み出す心の反応

こうした条件を追求してゆくと、必然的に自分自身の心の状態をモニターすることにつながります。

新型コロナウイルスのパンデミックが始まった直後の、まだまだ先行きが不透明だった頃に、世界中の人がネット上の情報に釘付(くぎづ)けになり、いつまでもスマートフォンの画面をスクロールしている時期がありました。情報を追うことで不安がさらに高まるにもかかわらず、目を離せないこの状態は"Doom Scrolling"「絶望のスクロール」と呼ばれるようになりました。矛盾しているようにみえますが、これは逃れることのできない不安を紛らわせるための行動で、放っておくと際限なく大きくなるストレスを緩和するための自然な反応であることが知られています。

このように、作業の脱線を生み出す心のなかのトリガーは例外なく「痛み」や「不安」から来ています。

ストレスから少しだけ解放されたい、次に何をすればいいのかわからない不安から逃れたい。それならばちょうど用事もあったことだし、少しだけメールをチェックしてみよう、1分ほどSNSを見たからといって問題にはならないだろう――そういった心の動きが作業の脱線を生み出しているのです。

やるべき作業になかなか手をつけられず、何度も先送りしてしまう心理も同様の不安や恐怖からきています。

作家のスティーブン・プレスフィールド氏は、創作の

秘密について解説している"The War of Art"で、重要な仕事であればあるほどそれを先送りして回避したくなる気持ちをレジスタンス＝心理的抵抗感と名付け、その破壊的な影響について警鐘を鳴らしています。

この心理的抵抗感は、1日の初めに机について仕事を始めようとするときには「まずはメールを見てみたらどうだ」とそそのかし、調子がよいときにも「ちょっとSNSを見るくらいは害がないだろう」と誘惑し、向き合うべき大事な作業を始めようとすれば「こちらの雑用も片付けないといけない仕事だったよね」と方向性を曲げようとする、執拗な敵です。

"The Now Habit"の著者のネイル・フィオーレ氏は、先送りは不確定な未来に対する恐怖やストレスに対する対抗手段として自分たちで生み出す心の防御姿勢であると指摘しています。

先送りは心が弱く、怠惰な人間だから起こるのではなく、Doom Scrollingと同じように、タスクを達成できるかわからない、誰かに批判されるのではないかと不安だ、作業をやってみてあとで無駄になってしまったら嫌だといった、不確実さに対する自然な反応なのです。

原則：作業の先送りは怠惰だから発生しているのではなく、作業の先行きに対する不安や、不確実さに対する恐怖から目を逸らしたくなる反応なので、不安に対処する仕組みで回避する

先送りを仕組みで回避する

　ネイル・フィオーレ氏は、先送りを回避するための方法を高所作業で身を守るセーフティーネットにたとえて説明しています。

　地面に置かれた鉄骨を歩いて渡るのは造作もないことですが、同じ鉄骨が高所に設置されれば、当然のことながら恐怖が生まれます。この恐怖は、「もし落ちたら」という結果の不確実さから生まれています。

　そこで、この高所の鉄骨の下にセーフティーネットを設置して、もし落ちたとしても大丈夫だと安心させることができるなら、私たちはまたそれを渡れるようになります。鉄骨を渡るタスクそのものは変化がないのに、それを実行できるようになったのは心理的抵抗感に対抗する仕組みを作ったからです。このセーフティーネットに相当するものが、先送りを防止するためのライフハックだといえます。

先送りを生み出す不安も観察する

　作業の先送りは心の不安が生み出している見えない壁のようなものですから、安心を与えてあげることでその力を削ぎ落とすことができます。

　ここでも、そうした心の不安を観察対象にして、どういった条件や作業の状態で先送りが生まれているのかをログにとることが、安心を生み出すための基礎データになります。

先送りをしたくなる衝動を意識したら、そのときに感じている恐れや不安を隠さずに具体的に言葉にして書き出してみましょう。そうすると、恐れの多くは「失敗するのが怖い」「批判されるかもしれないのが怖い」といったように、よくよく考えると理不尽な思い込みが多いことが見えてきます。

　こうした理不尽な心の状態を放置し、不安を感じること自体がいけないのだと自己否定を続けていると、仕事の先送りはたまらなく魅力的な選択肢に見えてきます。

　そこで、自分自身への語り方を変更することでこの心の状態を変えられないか試してみます。言葉で、心のセーフティーネットを作ってみるのです。

● 失敗するかもしれないので怖い
　→失敗するのは怖いが、まだ失敗すると決まったわけ
　　ではない。失敗するにしても、より良い失敗の形を
　　自分で選び取れるように、最初の部分だけでいいの
　　で手を付けてみよう
● 完璧にできないかもしれないので怖い
　→最初から完璧にできないのは当然なので、最初の部
　　分だけ形にして、決定的に方向性が間違っていない
　　かチェックしてみよう
● 他人に批判されるのが怖い
　→他人に批判されるとは限らないし、批判されたとし
　　てもそれが正しいとも限らない。ひとまず最初の部
　　分に手をつけてみて、フィードバックをもらえる人

に見てもらって方向性を確認してみよう

　先送りを生み出している心の壁は、自分で自分に対してかけている呪いのようなものです。先送りが生まれたときの心理を観察することを通して呪いに気づけば、それを解除するための言葉の選び方も見えてくるのです。

　集中力を保つための環境づくり、作業の脱線を防ぐための予防策、そして先送りを生み出してしまう心の不安へのセーフティーネット。

　この３つをライフハックの習慣として日常のなかに取り入れれば、なんとなく調子のいい日が、調子の悪い日よりも増えていくのです。

ダッシュ法とポモドーロテクニック

　どんなに精神力がある人でも、1日に使える集中力は有限です。短距離走を走るように一時的に集中力を高めて作業をすることは可能ですが、それをいつまでも持続させるのは無理です。

　必要なのは短時間で消耗して燃え尽きるような集中力ではなく、マラソンを走るように長い時間維持できるペースです。そのためには逆説的ですが、集中している時間にメスを入れ、あえて休息時間を設けるのが有効です。それが作業の時間分割法です。

48：12 時間分割法とダッシュ法

　48：12 時間分割法は1時間の作業時間を 48 分の集中時間と、12 分の休息時間に分けるという手法です。

1. 48 分の集中時間に取り組む目標を定める

　この集中時間に取り組む作業を一つだけ明確にし、付箋(ふせん)に書き込んで目の前に貼ります。電話や電子メールなどといった割り込みが入らないように意識し、タイマーを設定して作業にとりかかります。

2. 必ず 12 分の休息をとる

　集中時間が終了したら 12 分間の休息をとります。この時間を使ってさきほどの集中時間の進捗(しんちょく)を確認し、そのまま同じ作業を続けるのか、別の作業をするのか検討

します。また、集中時間の作業がパソコンを使用したならば書類の整理にあてる、座っている作業なら一度立ち上がるといったように、思考を別の状態にして休みます。

このとき、「調子がいい」といった理由で休息をとらずに作業を継続するといった逸脱をしてはいけません。無理をすれば集中力はすぐに尽きてしまい、結果的に大きなロスが発生するからです。時間に区切りを入れて意識を別の状態におくことで、作業を定期的に整理し、次の1時間のサイクルに必要な集中力が復活します。

48分：12分の分割の長さは恣意的です。集中力を高めている時間と休んでいる時間のバランスは人によっても、その日の疲れ方によっても違いますので、最適なペースをその都度50分：10分、30分：10分といったように調整します。

プログラマーのように複雑な論理的作業を高頻度で繰

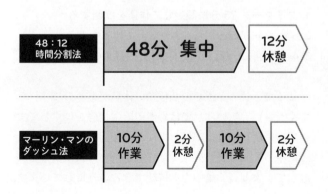

り返す仕事の場合は、もっと細かく時間を分割するダッシュ法が有効です。ライフハックを初期に広めたマーリン・マン氏によって提唱されたこの手法は、時間を10分の作業と2分の休息に分割し、これを1時間に5回繰り返します。2分は短いですが、「この行のコードを実装しよう」「このバグを調べよう」といった細かい粒度の仕事を確認しながら集中を持続させるのに向いています。

ポモドーロテクニック

　ペースを生み出して集中力を持続させる仕事のしかたを、1日全体に拡張することもできます。フランチェスコ・シリロ氏によって提唱され、氏がトマト型のタイマーを使用していたとされるために「ポモドーロ（イタリア語でトマトの意）テクニック」と呼ばれている手法です。その基本はさきほどの時間分割法と変わりませんが、休息にもペースが組み込まれています。

1. タイマーを25分に設定して作業を開始する
2. タイマーが鳴ったら、3〜5分の休息をとる
3. 4〜5回に一度は、15〜30分の長めの休息をとる

　ここで、長めと短めの2種類の休息があるのに注目してください。短い休息では思考の緊張状態をほぐして次の集中時間に向けて準備しますが、数回の集中時間のあとにやってくる長い休息では作業からいったん自分を解放して、より長く集中力を持続できるようにしています。

　たとえば難しいプレゼン資料を作成する際に、1回の
ポモドーロ（25分）の間に2～3枚のスライドを作る
ペースを持続し、4～5回のサイクルに一度は、作業自
体から思考を解放して休息します。散歩するのもいいで
すし、別の作業の準備をするのもいいでしょう。短い集
中時間のペースづくりと、より長い時間作業するための
ペースづくりの2種類を意識するのが、ポモドーロテク
ニックの妙味なのです。

　ポモドーロテクニックに慣れると、1日の作業量を何
回の集中時間＝ポモドーロを実行できたかで計測できる
ようになります。1日8時間の作業はだいたい12ポモ
ドーロに相当しますが、午後に集中力の低下を意識した
なら1回の集中時間を短く15分に調整することもでき
ます。それぞれの集中時間での作業内容を1行で書き留
めれば、それは立派な作業日報にもなるのです。

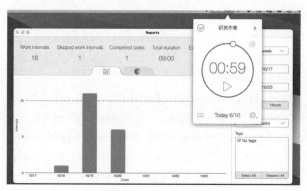

ポモドーロテクニックを管理できるアプリ Be Focused

時間を捉えやすくするガジェットを利用する

　ダッシュ法やポモドーロテクニックを実践するのにアプリを使うのもいいですが、スマートフォンをそもそも使いたくない人もいるでしょう。また、私のようにデジタルなタイマーではなく、もっと体感的な方法で時間のペースを知るほうが作業のペースが乱されない人もいると思います。そうしたときに活用できるのが、Apple Watch のワークアウト用のインターバルタイマーです。

　たとえば Intervals Pro は、運動だけでなくさまざまな用途でインターバルのタイマーを設定し、それを Apple Watch の側にバイブレーションで知らせることができます。プログラミングといった作業を5分といった短いペースで刻みたい場合に、5分のタイマーを10サイクル、一回あたりに1分の休息を入れるといった形で設定し、そのタイミングを手首へ小さな振動で伝えられます。

　アナログ時計の見やすさをタイマーに応用して、残り時間を分かりやすくしているのが、世界的に人気を集めている TimeTimer です。

　TimeTimer は中央のノブを回すだけで最長60分のタイマーを設定できますが、このとき残り時間が目に鮮やかな赤い領域として表示されます。正確な数字よりも、「30分ほど残っている」といったおおよその目安がわかりやすいため、タイマーを設定して横目で見ながら作業をするのに向いています。

　TimeTimer は秒針のチクタク音がしませんので気が散りませんし、アラーム音も無音にも設定できますので純粋に作業のペースを測るのに便利です。

いまは「何の時間」なのかを明快にする

　見た目や感覚に訴えるタイマーは、時間を頭のなかで管理することや、注意力を保つことが苦手な人に特に効果的です。

　たとえば掃除をしなければと意志の力で集中力を保つのではなく、TimeTimer の上に「掃除」と書かれたカードを貼り付けて５分といった短い時間でタイマーを設定します。注意が逸れてしまったなら、タイマーの上に書かれているカードの指示に従って脱線状態から復帰し、５分のタイマーが完了したらもう５分といったように、集中できる時間を仕組みで少しずつ伸ばしてゆくのです。

残り時間をわかりやすく表示できる TimeTimer

集中力を高める「音」を用意しておく

　静かなオフィスよりも、騒がしいカフェのなかのほうが集中できる経験をした人は多いと思います。音は大きく騒がしいのに、周囲の人の話し声が溶け合っているほうが、かえって自分自身の考え事に集中できるのです。

　こうしたことが起こる理由に、脳の認知のクセがあります。私たちは、静かな環境では小さな音や気配であってもすぐに注意がそちらに向いてしまう傾向があります。しかし、ある程度音があふれている空間ではこうしたことが起こりません。周囲に注意を向けなくてもよくなるために、かえって自分の考えに没頭できるのです。

　これを応用して、環境音を使って集中力を高めることができます。なかでも特に有効なのがホワイトノイズと呼ばれる、特定の高さや低さのむらのない、サーッという雑音を使う方法です。

　こうしたホワイトノイズや、風や川の環境音を作成できるサイトでおすすめなのが Noisli です。

　Noisli にはホワイトノイズ以外にも、周波数帯の違いによってピンク、ブラウンと名付けられているノイズがありますし、雨音、薪の焼ける音、雷鳴なども揃っています。また、タイマーによって集中時間を設定する機能や好みの組み合わせを登録し、あとからスマートフォンアプリで呼び出せます。

作業用 YouTube チャンネルを利用する

近年、世界中で作業用 BGM として人気なのがローファイ・ヒップホップを 24 時間ライブ配信している Lofi Girl などの YouTube チャンネルです。

ローファイ・ヒップホップは、「癒やし」あるいは「落ち着いた」といった意味合いのあるチルな曲調で、大きく感情をゆさぶったり、急かしたりする要素がありません。リラックスした時間を過ごしているときに背景に自然に流れているような音楽ですので、作業のあいだにいくら聞いていても飽きないのが特徴です。

実際、本書の原稿を執筆中、ほとんどの時間、私は LoFi Girl にかかる、ゆったりとした音楽のペースのなかで作業をしていました。

これがプログラミングの作業になると、もう少しアップテンポな、EDM のほうが能率が上がる場合もあるでしょう。このように自分の作業中のペースを整えてくれる音楽を Spotify などといった音楽配信サービスのプレイリストで複数揃えておくとよいでしょう。

視聴環境も重要です。私の場合、長時間はめていても耳が痛くならず、ノイズキャンセリングの機能があるソニーの WH-1000XM4 ヘッドホンを利用しています。周囲の雑音をカットし、何時間でも連続して使用可能かを重視した選択です。

10 ～ 20 分のパワー・ナップで活力を補充する

　集中力の原則は「気力で乗り切るのではなく、効率の高い状態をなるべく長く維持する」ことです。それには、そもそも一日中活動できるだけのエネルギーを毎日の休息と睡眠で回復していることが前提となります。

　しかし現実にはなかなかそうはうまくいきません。忙しさのために 7 ～ 9 時間の理想的な睡眠時間がとれていない場合、午前中はあふれていた活力が午後になるにしたがって次第に枯渇し、複雑な判断や記憶力を要求する仕事がしにくくなるのは、多くの人が体験していると思います。

　そこで、Power Nap（パワー・ナップ）と呼ばれる短時間の昼の睡眠をとって午後のエネルギーを充填（じゅうてん）するのが有効です。昼寝というと怠惰な響きがありますが、日中にシエスタと呼ばれる午睡（ごすい）をとる文化は古くから広く存在しますし、就業の一部分としてパワー・ナップを取り入れている現場も多くなっています。

　必要な昼寝の時間は、その人の疲れ方などにもよりますが、研究によれば 6 分といった短時間であっても記憶力や判断力といった面で向上がみられることが知られています。最適な時間は 10 ～ 20 分程度で、逆にこの時間が 30 分ほどになってしまうと、より深い眠りに入る直前に目を覚ましてしまうために、体が睡眠状態から目覚めるまでにしばらくかかる可能性があります。

パワー・ナップのとりかた

パワー・ナップは本格的な睡眠ではありませんので、リラックスし、光の刺激を受けにくい環境であればどこでも実践可能です。

1. 照明の光量を低くするか、アイマスクなどで目への刺激を減らし、リラックスできる体勢をとります
2. タイマーを 10 ～ 20 分に設定し、夜の睡眠を取るときと同様にリラックスします。このとき仕事の思考などをいったん中断するように注意します

最初は慣れないために寝つけないかもしれませんが、そうした場合でも目を閉じて、目から入力される情報を減らすだけでも効果があります。

カフェイン・ナップでブーストをかける

パワー・ナップの前に、カフェイン飲料をとって、目覚めたあとの認知力や記憶力をさらに高める「カフェイン・ナップ」という手法も知られています。カフェインを飲むと眠れなくなる印象がありますが、その効果は飲んでから 15 ～ 30 分ほどたって現れますので、覚醒後に睡眠とカフェインの効果が二重に効くのです。

ただしパワー・ナップも、カフェイン・ナップも、慢性的な睡眠不足を緩和する効能があるだけで、睡眠それ自体の代替になるわけではないことは注意してください。

仕事に割り込むすべてを遮断する

調子よく集中して仕事しているときに、電話やインターホン、メールの受信通知やスマートフォンの通知が、それを台無しにしてしまうことがあります。

割り込みは、たとえ短時間であったとしても作業に戻ってから集中していた元の能率に戻るまで平均で約23分かかると推定している研究もあります。

パソコンやスマートフォンがさまざまな便利な通知を無数に送るようになりましたが、作業中の集中力を守るためにはこれらをすべてカットする方法が必要です。

たとえばiOSには、仕事中、運転中といった場面に合わせて誰が電話をかけられるか、どのアプリの通知を許可するのかを設定できる「集中モード」機能があります。

こうした機能を設定するのが面倒ならば、就寝用のマナーモードを利用して、たとえば集中している午前中は通知がいっさい届かないようにしておくといった方法を利用するのもよいでしょう。

パソコン上では、必ずメールやSlackの受信通知音は切るようにしておきます。他の人からの連絡が避けられない仕事でも「午前中は集中したいので緊急な用件でない限り午後に連絡してほしい」と周囲の人にお願いしつつ、緊急のときに連絡がつくホットラインを同時に用意しておくことで、割り込みをある程度制御できます。

電話とインターネットを引き抜いて作業する

どうしても集中した時間を作りたいときには、強硬策として電話線を引き抜き、ネット回線を切断して作業に没頭するのも一つの方法です。連絡がつかないために怒ったり心配したりする人がいるかもしれませんが、時間を1時間に区切るなどすれば、意外に誰も気づかないものです。

完全にネットを遮断できない事情があるなら、アプリ単位でネットへの接続をスケジュールやタイマーに従って制御してくれるサービス「Freedom」や、ブラウザから接続できるサイトや時間帯を制限できる「BlockSite」を使用します。

仕事に関係しているサイト以外は接続不能にし、仕事の脱線を先回りして防止する仕組みを作るのです。

接続できるサイトや時間を制限できる BlockSite

シングルタスクを心がける

いかに自分がマルチタスクで仕事をしているかを自慢する人がたまにいます。電話をとりつつ手元ではメールを書き、プレゼンを聞きながら別の作業を進めて他人に矢継ぎ早に命令を繰り出して、といったようにです。

曲芸のジャグリングのように複数の作業を同時に進めることをマルチタスクといいますが、これができていると豪語する人は嘘をついているのでなければ、本人はできているつもりでも、実際には能率が低い状態に甘んじているといえます。

原理的に、私たちは2つの仕事やタスクを同時にこなせません。1つのことが気がかりになったままもう1つの作業はできても、2つの物事を同時に考えたり、作業したりするのは不可能です。

「同時」に最も近づいた状態でも、結局は短い時間にタスクを切り替えながら仕事をしているにすぎません。そして、こうしたタスクとタスクの切り替えの際には、必ず「さきほどまで何をしていたのだっけ」「これから何をすればいいのか」と思い出すためのオーバーヘッドが生じ、その分だけ損をします。

アメリカ心理学会のとある研究によれば、2つの作業をマルチタスクのつもりで切り替えながら行うのと、シングルタスクに集中して1つが終わってからもう片方を行うのでは、どうしてもマルチタスクのほうが遅くなり、

その正確さが犠牲になったという報告もあります。その時間的なロスは、シングルタスクに比べておよそ40%に達すると言われています。

忙しいときに、複数のタスクを同時に進めるとどこか無敵になったような高揚感が生まれますが、それは偽りのピーク性能です。むしろ一つひとつのタスクを明確化して、シングルタスクで進めるほうが「平均のペース」を高められるのです。

記憶のセーブデータを残す

CHAPTER 2でみたDoingリストの考え方は、どのシングルタスクに集中しているのかを可視化する仕組みです。こうした手法を取り入れて、「一度に行う仕事は、常に1つだけ」というシングルタスクのルールを徹底すれば、半日や1日の時間のスケールでみて能率を高い状態に維持できます。

しかしときとして、誰かからの電話を待っているといったように、1つの作業を気にしたままの状態で別の作業を進めなければいけない場合もあります。これは心理的なマルチタスク状態と表現してもいいでしょう。

そうしたときは、タスクを切り替えるときが最も負担がかかるということを念頭に作業を切り替えます。たとえば、

● 折り返しの電話で話す用件を付箋に書きとめておき、電話がかかってきたらそれをそのまま読み上げる

● 電話に出るタイミングを一瞬遅らせて、いまやっている作業を付箋に書き留めて、復帰したときの開始ポイントにしておく

といったように、タスクからタスクが切り替わるときに何の仕事をホールドしているのか、どの作業の途中だったかを、ゲームのセーブデータのように記憶の欠片（かけら）として残しておくわけです。

バッチ処理で似た作業をまとめる

レストランの厨房（ちゅうぼう）でも工場のラインでも、作業を効率化するためにどこでも行われているのが、「持ち場を決めて、担当者は1つの作業しかしない」という方式です。

たとえば車を作っている工場のラインでも、1人の作業員はある部品のとりつけを、他の作業員は別のボルトの締め具合をチェックといった具合に、自分の担当をしっかりとこなすことによって全体のクオリティを保証しています。

私たちの仕事の作業は、なかなかこのようにはいきません。電話を取り、書類を作り、印刷をして、メールに返事をしてといったように、私たちの作業は内容もツールも切り替わり、その都度、どのように進めるかといった判断がともないます。こうした作業同士の切り替えも、一種のマルチタスクのように能率を下げてしまいます。

これに対抗するのが似たような作業を「バッチ処理」で行う手法です。

　バッチ処理とは、初期のコンピュータ用語でプログラムをカード式のバッチ＝束で入力することを指していましたが、その後、意味が次第に広がって「同様の作業を１カ所に集める」方式を指す言葉になりました。

　たとえば、書類を作成してはメールの返事をして……といった具合に反復横跳びをしているかのように作業をしていると、そのたびに頭や、使っているアプリケーションも切り替えないといけません。それよりは、比較的似た作業を連続して行う意識で、メールを５通返事したら電話を２件こなし……といった具合に、作業を集めたほうが能率は上がります。

　シングルタスクも、バッチ処理も、同じ作業をどの順番で行うのかの仕組みに過ぎません。そういった手順や仕組みなど考えずに、ストイックに上から仕事をするのが尊いと主張する人もなかにはいるでしょう。

　そうした考え方は、あまり負荷のかからない、自転車でいうなら平地を走行している間は正しいかもしれません。しかし、急な坂道がやってきたら誰もが自転車のギアを落とすのと同じように、仕事の流れそのものを変えたほうが楽に進められます。

　長い目でみれば、こうした仕組みを作ったほうが日々のなかに小さな余力と近道を生み出せるのです。

「ロード時間」と「セーブ時間」を意識する

　シングルタスクを徹底し、似たような作業をバッチにするのは作業時間中の仕組みとして有効ですが、1日の作業を終わらせて次の日に備えるときにも同じ考え方を仕組みとして取り入れられます。

　ゲームを始める際に、"Now loading" とデータを読み込む画面が表示されるのはおなじみだと思いますが、1日の初めにも同じように、スケジュールやタスクをロードする時間が必要だと考えるのです。

　たとえば「明日、朝の時間に集中して作業できるようにするために必要な準備は何か」といった質問を1日の終わりに必ずタスク管理システムのなかで浮上させるようにしてみたとします。

　すると、「今日中に仕様について電話して確認しておかなければ、明日の朝に情報不足で手が止まってしまう」といった、仕事のペースを阻害する要素をあらかじめ想定できるようになります。

　出先でミーティングがあるなら、その移動時間は確保できているでしょうか？　タスクを実行するにあたって、成立していない前提条件はないでしょうか？

　こうした情報をすべてタスク管理のシステムやカレンダー、あるいはメモのなかに「セーブ」して、1日の作業を終わりにします。

　こうした作業を「明日までなら、頭で覚えているから

いいや」と、おろそかにしてはいけません。頭の外に出して、信頼できる場所に記入することでリラックスして休めるからです。

　次の日は、この「セーブ」された情報やメモを使って昨日の作業の状態を頭の中に「ロード」するところから始めます。

作業を「下り坂」でパーキングする

　毎日の作業をあえて中途半端なところで切り上げ、次の日にその続きからスムーズに始められるようにする工夫もあります。

　これは車を下り坂に駐車した場合、ブレーキを外せば自然に動き出すのに似ています。「続き」から始めるなら、作業を開始するための努力をする必要がなくなるのを利用するわけです。

　たとえば書き始めた文章を途中で止めておいたり、書き上げたメールをあえて送信だけせずに保存しておくといった工夫は、下り坂で作業を止める例です。

　これは将棋の「封じ手」のように、1日の終わりに次の日の最初のアクションを保存するのに似ています。
「下り坂」で作業をパーキングする習慣は、ムダな残業を減らす効果もあります。切りのよい場所を探さず、終了と決めた時間でスパッと作業を終わらせるように習慣づけると、その時間が近づくにつれてちょうどいい「駐車」場所を探すようになる思考が生まれるようになります。

ダブルバインドとリベンジ先送りを回避する

先送りが最も生じやすい状況の一つとして、複数のやるべきことが同時に発生して、片方を進めるともう片方が進まなくなり、どのように物事を進めればいいのかわからなくなる二重拘束の状態があります。

この状況は、1956年に心理学者のグレゴリー・ベイトソンが統合失調症を説明するための理論として提示した「ダブルバインド」に似ています。ある人が2つの矛盾するメッセージを与えられると、その人は応答することも拒絶することもできなくなり、コミュニケーションに齟齬が生じるか、対話そのものから逃避するようになってしまうという状況です。

タスクのダブルバインド状態もそれに似ています。片方を実行すればもう片方を積極的に遅らせる結果になりますので、決断ができずに思考がフリーズしてしまうのです。複数の仕事だけでなく、仕事と家庭の間でもダブルバインド状態は生まれます。仕事が進まなくてイライラする、それによって家庭にかける時間が少なくなり罪悪感が生まれる悪循環です。

ダブルバインドはどちらを先に実行すればいいのかわからない決断の問題であるとともに、そうした衝突が生じている状況から生じる心理的ストレスの問題でもあるのです。

リベンジ先送りに注意する

　ダブルバインド状態を解消するには、まずそうしたストレスの高い状態に陥っているのを認識することが重要です。そのうえで、たとえば片方のタスクを午前に、もう片方のタスクを午後に割り当てるといったように"国境線"を引いたり、どちらか片方のタスクを15分だけ始めてみたりといった形で少しずつ2つが混ざらないように対処していきます。

　最も危険なのは「リベンジ先送り（revenge procrastination）」と呼ばれる状態です。

　たとえば眠らなければいけないのに夜明け近くまでYouTube動画を見てしまう、SNSを見てしまうといった形で時間を浪費した経験はないでしょうか。

　これは忙しさのせいで自分のために時間を使えなかった不満な気持ちを解消するために、まるで復讐を果たすようにさらに時間を浪費する、ストレスを解消するための逃避行動といえます。仕事のダブルバインドはストレスが高いため、容易にリベンジ先送りを生み出してしまうのです。

　こうした停滞を避けるには、時間を浪費しないでストレスを発散する方法を使って気持ちを切り替えます。ペースの速い音楽で手元の作業を止めない、余計なことを考えさせないのはその代表例といっていいでしょう。

　その隙に一刻も早く、タスクのダブルバインド状態を解消してストレスを下げなければいけません。

アンスケジュール法で自由な時間を確保する

　多くの人は、仕事に従事している時間を一種の苦行のように考え、逆に読書や外出などといった楽しみのための時間は余暇の活動と捉えて、2つを残り時間に対する引き算方式で管理しています。

　すなわち、1日24時間あるなかから仕事を引き、必要な移動時間を引き、食事などといった必要時間を引いて、残った時間を睡眠時間と天秤にかけて、余りがあるなら遊んでもいいという管理方法です。

　この方法は、どうしても自分の時間や、楽しみのための活動を後回しにするのにつながります。急いで片付けなければいけない仕事があるならまだしも、この状態が常態化するのは望ましくありません。

　いつまでたっても「余暇」の時間がやってこない状況は強いストレスを生み出し、物事が思い通りにならない焦燥感は仕事の先送りを生み出す原因になります。仕事に手を付けなければいけないのに、自分のための時間がまったくないストレスのせいでどうしても手が止まってしまう、悪循環に陥ってしまいます。

　時間の使い方が互いに競争関係に陥るのは避けられないものの、仕事と自分の時間との間に優劣が存在するという考え方は仕組みによって修正できます。まるで仕事の約束をするのと同じように、自分の時間もカレンダーのなかで予定を組むのです。

　それが、ネイル・フィオーレ氏が著書 "The Now Habit" で紹介している「アンスケジュール法」です。

アンスケジュール法で自分の聖域時間を作る

　カレンダーに仕事の予定しか入っておらず、それ以外の部分を空欄として管理していると、次々と入ってくる仕事や雑用がそのスペースを埋めてしまいます。

　そこで、仕事などに埋められるよりも先に、カレンダー上に余暇や楽しみの時間を最初から入力して「ここは聖域である」と決めるようにします。新しい仕事はそうした余暇の制限を避けた時間内で管理しますので、引き算の方向が逆になるわけです。

　この思考方法に慣れていないうちは、「そうはいっても何か遊びの予定があるわけではない」と、楽しみの時間を作るのに躊躇しがちですが、それならば中身を決定せずに「自分の時間」と割り当てたり、何を観に行くのかは決めないまま「映画」と割り当てたりするのもいいでしょう。

　それまで仕事に時間を優先して割り当てていたせいで映画を観に行く時間がまったくないと思っていた人は、そこに急に選択肢が生まれて戸惑うかもしれません。これは仕事の予定が必ず優先だという思い込みによって、CHAPTER 1 の時間管理の原理・原則で言うところの「時間の使い方の能動的な選択」をしていない状態であったことをカレンダーが可視化してくれたともいえます。

　アンスケジュール法に慣れてくると「この日の夕方は

映画を観る」「この日は何もしない夜を過ごす」といった、自分の日常を楽しく力づけてくれる予定を先に割り当てておき、残りの時間も上手に管理できるようになります。聖域時間を完璧に守ることは難しいですが、少なくとも一方的な引き算だけで自分の時間が残らない考え方に修正を加えるきっかけは得られるのです。

複数のカレンダーを組み合わせる

　Googleカレンダーや、スマートフォン内のカレンダーアプリはたいてい一つ以上のカレンダーを設定する機能をもっています。これをアンスケジュールの管理のために利用するのがよいでしょう。

　たとえば仕事については、「他人との約束」のように動かせない予定と、「自分で決めた作業時間」といった、裁量で動かせる予定のカレンダーを別に管理します。

　家庭の時間、読書の時間、独学の時間といったように、自分のなかでバランスさせたいと思っているもの一つひとつに別のカレンダーを作って重ね合わせられます。まずは自分の理想的な時間の使い方を設定してから、バッティングしている部分を調整するわけです。

　たとえば私は以下のようなカレンダーを作って、それぞれの総時間数を積算するようにしています。

● 仕事（動かせない）：会議、約束など
● 仕事（動かせる）：自分の作業時間、コアタイム
● 家庭・個人（動かせない）：約束、お迎え

● 家庭・個人（動かせる）：外出予定など
● 雑用：郵便局、銀行などといった雑用
● 移動時間：予定の前後の移動時間の管理
● 記念日：誕生日、結婚記念日、命日など
● 余暇：遊び、読書などの時間割当
● 成長：学習時間
● テンプレート：起床、就寝、食事時間などのテンプレート

　すべてのカレンダーの予定にそれぞれ色を割り当てて重ね合わせれば、たとえば仕事がどれだけ余暇を圧迫しているか、十分に休息や読書時間が取れているかといった可視化が可能です。

　そしてそれぞれのカレンダーに入っている予定を積算した数字を見て、「読書時間が足りていない」「最近映画に行っていないのでは」と意識的にアンスケジュールを設定してゆくのです。

　よく忙しすぎる人を労（いたわ）るために、「自分を大切にしなければ」と言葉をかけますが、具体的に何をどうすれば大切にしたことになるのかはあまり語られません。

　これに対して、アンスケジュール法は積極的に自分を大切にするアクションを設定する仕組みといえます。曖（あい）昧（まい）な言葉でごまかさずに、アクションとして自分を大切にする時間を予定として埋めていく発想なのです。

自分の「脱線パターン」を意識しておく

集中力が途切れてしまったり、作業の手が止まったりしてしまう状況にはある程度のパターンがあります。

たとえば、ちょっとメールが来ていないか気になったのでチェックしたら、ブラウザの別のタブでニュースサイトを見に行ってしまい、気づけば SNS で終わりのない情報の流れを追っているうちに数時間が経ってしまったといった経験をした人は多いと思います。

こうした状況は必ずしも私たちが怠惰だから生まれるのではなく、届いたメールを開く、新しい情報を目にするといった状態が私たちの脳にとって快楽だから繰り返される、一種のクセです。

こうした「脱線」は、人によっていくつかパターンがあります。たまに失敗するのはしかたがありませんが、自分を責めるよりも、これは「パターンに陥っているのだ」と意識し、未然に防ぐ方策を考えるほうが前向きです。

脱線ログをとっておく

作業の脱線状態に陥ったら、自分を責めるのではなく状況の検証をまず行います。

「作業中にウェブで調べなければいけない情報が出てきて、ブラウザに切り替えて調べ物が終わったら無意識にツイッターを開いてしまっていた」

　といった、脱線に陥った流れを振り返り、ログとしてメモしておきます。「無意識にツイッターを開いた」パターンが多いようならば、StayFocusd や BlockSite といった拡張機能を使って、特定の時間帯や一定時間後にツイッターにアクセスできないようにしておけば、そのルートを塞げます。

　スマートフォンに届く通知が脱線の原因なら、スマートフォンはマナーモードにして引き出しに入れておくといった単純な方法も効果的です。意識している脱線のパターンが増えれば増えるほど、自分の特徴に合わせた対策がとれるのです。

　逆に、成功パターンのログもとれます。
「今日はとても集中していたな」と感じた日にはどこに成功のポイントがあったのかやはりログにしておきましょう。

　作業の内容、開始時間、前日の睡眠量といった基本的な部分に成功の理由がある場合もあれば、意外なところに自分のクセが隠れている場合もあります。

　たとえば私は作業開始時に十分な水分をとっていない、軽い脱水状態にあるときに高確率で集中力が発揮できませんが、これも何度も失敗したときに集めた情報から浮かび上がった共通点です。

　失敗から学べば、次第に同じパターンでの脱線を防ぎ、成功パターンを増やすことができるのです。

気の進まない仕事は「選択」に置き換える

　やるべきことに対するレジスタンス＝心理的抵抗感が強まると、頭のなかでは「どうしても気分が乗らない」「やる気が出てこない」といった状況から発展して、次のような「〜ならない」の思考が繰り返されるようになります。

「この仕事はしなければならない」

「これに手を付けないといけない。さもなくば……」

　時と状況によって脳裏に浮かぶ言葉はさまざまですが、このような強迫観念が湧いているときには要注意です。無意識に繰り返される脳裏の言葉は、たとえそれが自分にとって重要な仕事であっても、まるで誰かに追い込まれてやらされているような被害妄想を生むからです。

　こうしたモチベーションの低下は、その作業を「選択」に置き換えることで、もう一度能動的な状態にもっていけます。

「私はこの作業をすることを選択する」と自分に言い聞かせるわけです。

　うまくいくかわからないために不安で手が止まっている作業については、失敗の可能性がない部分にまで作業を分解してみます。たとえば「メールにすべて返事をしなければ」が強迫観念になっているなら、「最初のメールにだけ返信する」ことを選択するといったように、失敗の可能性がない小さな一歩を選ぶのがコツです。

　レジスタンスが強すぎるときには、「仕事のためのアプリを立ち上げた」「最初の１行を書いてみた」でもいいでしょう。まずは自分の選択によって小さな一歩が踏み出せるように仕組んだあとで、実際に「私はこれを選択する」と声に出してから実行します。

　こうした選択を行えば、無意識のうちに「やらされている」状態になっていたマインドを、もう一度「私は」の主体的な状態に戻せるようになります。

　小さい一歩であっても、自分の選択肢をコントロールできている感覚が、「やらされている」と感じる心理的抵抗感を次第に打ち消してくれるのです。

選択ができた自分に暗示をかける

　どんなに小さな行動であっても、主体的な選択で行動ができたら、自分を褒めることで一種の暗示をかけてみましょう。失敗しないように仕組んでおいて自分を褒めるのは可笑しく思えるかもしれませんが、そこは都合よく解釈するので良いのです。

　「アプリを立ち上げられた。すごい！」「最初の１行がかけた。すごい！」「では次は……」

　このように、「やる気」を出そうと無理をせず、元から自分にはやる気があったのだというフリをして行動を生み出していきます。

ほんの少しだけ始める手段を複数用意しておく

先送り防止の原理・原則（PRINCIPLE 3）として挙げたように、あてにならない「やる気」に頼って作業を牽引（けんいん）するのは危険です。特に、難しい作業を始めるときに生まれる心理的抵抗感について「やる気があれば始められるはず」と自分の心に向かって語るのは、失敗するための準備をしているようなものです。

大事な仕事に手が付かない、先送りしたくなるという心理は誰もが直面します。ですから、対処の方法も一つきりではなく、たくさんもっておくのがよいでしょう。

たとえば芸術家のレジスタンス＝心理的抵抗感について説いた作家のスティーブン・プレスフィールドは、毎日の執筆開始にあたって独自の儀式を持つようにしていると著書で紹介しています。

同じ時間に席につき、同じ手順でファイルを開き、机のうえのお守りに向かって今日も執筆ができるようにと祈りを捧げ（ささげ）……といった具合に、過去の経験で集中するゾーンに入れた手順を踏むのです。

ブライアン・トレイシー氏は "Eat That Frog!" において最重要のタスクにいきなり最初の 30 分で取り組むことを「カエルを食べる」ルールと名付けて提案しています。

「カエルを食べるのが仕事ならば、朝一番にそれをすま

せれば１日にそれ以上にひどいことは起こらないだろう。そして２匹を食べなくてはならないなら、大きいほうから片付けるべきだ」

　マーク・トウェインの言葉と誤って伝えられているこの警句を、そのまま仕組みとして取り入れたわけです。

　準備をしてから、ペースが上がってきたらといった言い訳なしに、いきなり最重要なタスクにとりかかることで、心が不安を感じる前に主導権を握ってしまうやり方といってもいいでしょう。

　どれだけの作業量や負担がまっているのかわからなくて不安なときには、逆に５分だけ試しに作業を開始してみる方法もあります。

　５分だけ始めてみたら、意外に15分、30分と作業ができてしまう場合もありますが、しかし、ここで調子にのらずに「まだ自分は入り口を調べているだけだ」「まずは全体像をつかんで退却しよう」といった具合に、ゲームでダンジョンを探索するときにいつでも脱出できるルートを確保して進むように、先送りの気持ちが消えるところまで、小さく作業を始める手法です。

　どんな方法であれ、不安に思っている作業に手を付けられたならしめたものです。そして失敗したなら、自分を責めずにちょっと休んでから別の手段を試すのです。

ツールと人生の
仕組み化

時間を生み出すツールと仕組み化

　ライフハックは IT 時代の仕事術と呼ばれるように、IT 技術をマニアックに使いこなし、新しい仕組みを大胆に取り入れて作業を効率化する考え方です。

　与えられた裁量の範囲内で最も効率のよいツールを選び取って問題を解決していくこと。面倒な問題を回避するための仕組みを作って日々の能率を向上させること。こうした日々の改善は、ライフハックの一番楽しい側面だといってもいいでしょう。

　ときとして、その愛情があまりに深すぎるためにツールや仕組みを改善するのに時間を使いすぎてしまうこともありますが、そうしたユーザーの熱意やこだわりが開発者側を動かしたおかげで、いまの洗練されたアプリの誕生につながったケースも少なくありません。

　その一例が、GTD をなるべく原点に忠実な形で実践するために生まれたさまざまなツールです。

　GTD が人気となった当初、タスクリストをまとめるためのアプリはある程度存在しましたが、複数のコンテキストや、現時点で実行できるアクションだけを表示する機能や、GTD のプロジェクトを上手に管理できるものはありませんでした。

　そこで多くのライフハックファンが、Excel やアウトラインプロセッサといった既存のツールを応用してGTD の仕組みを実現できないか試みました。

　そうした GTD ファンの一人、イーサン・シューノーヴァー氏はアウトラインプロセッサの OmniOutliner に追加スクリプトを導入することで Kinkless GTD（kGTD）と呼ばれる仕組みを開発し、多くのユーザーの支持を集めました。マニアックで、便利というには程遠い仕組みでしたが、ユーザーの熱意を受け止めて発展する、楽しいプロジェクトでした。

　こうしたユーザーの動きに反応した Omni Group がイーサンと、ブロガーのマーリン・マン氏をチームに加えて開発したのが OmniFocus です。OmniFocus は時代に合わせて緩やかに変化しながらも、いまも macOS と iPhone/iPad で利用できる最も先進的なタスク管理アプリといえます。

　やり方は一つではない、もっといい方法があるはずだと使い方を追求してきたライフハックファンの熱意が、ツールを進化させてきたわけです。

　与えられた機能で満足せずに、問題に合わせて使い込み方を追求していくのは、ライフハックを実践する楽しみの一つなのです。

ツールを追求するときの目安

　とはいえ、ツールの使い方を究めることに時間を使いすぎてしまい、実際の仕事が進まない状況は手段と目的を取り違えていますので避けたいところです。

　与えられた問題に対して、①ぴたりと解決方法がはまり、②習熟に時間がかからず、③しかも高機能という 3

つの条件を同時に満たすツールはなかなか存在しません。

　UIが美しく、多機能で、あらゆる問題を総合的に解決するツールを試してみたものの、その機能の一部分しか理解できなかったり、自分の問題に適用できなかったりしたために、結局はもっと簡単なツールを愚直に利用したほうが時間を節約できたというパターンはよくみかけます。

　完璧なツールよりは問題に対して最適なツールを選ぶバランス感覚が大切ですが、それを知るためのわかりやすい判断材料は、そのツールを使うことで時間や手間を節約できているかを測ることです。

原則：あらゆる状況に対応できる完璧なツールは存在しない。ツールはまず、時間や手間をどれだけ節約できるかで選ぶ

原則：良いツールは難しい問題を簡単にし、それまで不可能だった問題を手の届くところまで引き寄せてくれる

新しいツールがよいとは限らない

　新しいツールが、あなたにとってより良いツールであるとは限らないことにも注意が必要です。新しいものに飛びつくたびに、ツールに合わせて手間が増えているだけで、あまり問題が解決していないという場合もあり得るのです。

　たとえば、クラウド上のメモ管理サービスである

Evernote は全世界で2億人以上のユーザーが存在します
が、歴史が長くなってくるにしたがって競合サービス
も増えてきました。そのため、マイクロソフト社の
OneNote のほうがよい、Notion のほうがよいといった
議論が絶えませんが、そこには一般的に正しい答えはあ
りません。

その人が解決しようとしている問題が新しいツールで
なければ不可能ならば、もちろん移行したほうが得です。
しかし、問題解決のしかたがそれほど変わっていないの
に、新しいツールに移行することが目的になってしまっ
ている場合は要注意です。

移行にかかる手間も含めて考えた場合、ツールから
ツールに飛び回るよりも、同じツールを愚直に使い回す
ほうが効果を生む場合も多いのです。

一つのツールを長い期間使ってみる

一つのツールを長く使い続けることで、そのツールの
習熟度はほかの誰よりも高くなり、一貫性のある情報が
そこに蓄積するようになります。長い目でみると、この
効果はとても大きいものになります。

ライフハックという言葉が誕生したダニー・オブライ
エン氏の講演でも、「生産性の高いプログラマーはすべ
ての問題を同じツールで解決しようと試みる」と冗談め
いた指摘がされています。その具体例が、UNIX/Linux
の世界で多くのユーザーの支持を集めているテキストエ
ディタの Emacs です。

Emacsは文章を編集するテキストエディタというだけではなく、そのなかでソフトウェアを開発できたり、アウトラインプロセッサやタスク管理の仕組みさえ実現できる org-mode と呼ばれるモードもあったりといった、複雑ではあるものの、柔軟性の高いツールとして知られています。

　現在標準的に利用されている GNU/Emacs は35年以上の開発の歴史がありますので、古くからこの分野で活躍しているプログラマーは深い思い入れをもっているだけでなく、馴染みのない人には魔術のようにしかみえないテクニックをもっていたり、独自の追加スクリプトで日常作業をこなしたりしています。長い時間をかけて一貫した使い方をしている人にとって、Emacs は他に替えがたい最高のツールなのです。

　いまテキストエディタを探している初心者に私があえて Emacs をおすすめすることはしませんが、それは Emacs が古いツールだからではありません。

「これから長い時間をかけて経験と資産を蓄積するならば、マイクロソフトの Visual Studio Code だろうか、それとも Atom がいいだろうか」といったように、未来についても考える必要があるからです。

原則：自分の問題に適したツールをなるべく長く、一貫性のある形で使い続けることで、ツールに対する深い知識が生まれ、応用範囲が広くなる

問題をいっきょに解決する仕組み化に注目する

　日常の問題を解決するための仕組みを編み出すのもライフハックの楽しみの一つです。

　たとえばライフハックが誕生した頃はクラウド技術が進んでいませんでしたので、仕事のファイルを家に持ち帰る際に USB ドライブにどのように入れて、どのように「同期」をとるのかといった議論が盛んに行われていました。

　たとえば職場のパソコン上で、家に持ち帰るファイルをまるで図書館の本が貸し出されているのと同じように「チェックアウト」というフォルダに入れてから USB ドライブにコピーし、次の日に家から持ち帰ったファイルをその内容と差分をとるといったような、なるべく簡単で、間違いが起こりにくい手続きをそれぞれのユーザーが考案していたわけです。

　こうした状況は、クラウドファイル共有サービスの Dropbox や SugarSync が登場したことによって一気に解決しました。ファイルの同期の必要性がなくなったわけではなく、常に同期されているクラウドのファイルストレージが誕生したおかげで、ユーザーがファイルの同期を意識する必要がなくなったのです。

　このように、ふだんから作業上の課題を解決するための仕組み化に注目していると、新しいタイプのツールが登場したときにそれが問題の解決に役立つのか、それとも関係がないのかといった嗅覚が身についてきます。

自動化に対する時間投資

　本 CHAPTER のコア・ハックでも紹介しますが、作業をコンピュータによって自動化するのは、私たちの時間を生み出す、最も利用価値の高い仕組みです。

　コンピュータに向かっている作業には単調で繰り返しの多いものが多数含まれます。それらを自動化することによって、自分が端末の前に座っておらず別のことをしていても、たとえ眠っていたとしても、作業が進むようにすることは、自分の分身を生み出しているような効果をもちます。

　私は本業でさまざまな科学データ（気候）の解析を行うためのスクリプトを毎日書いていますが、ちょっとずつ内容の違う作業を何度も繰り返すことがよくあります。

　そこで多少の時間をかけて、冬のデータしか扱えないスクリプトを夏にも対応させたり、気温しか扱えないスクリプトを他のデータでも利用可能に拡張したりして、さらにその上に「ラッパー＝wrapper（包み込むもの、の意）」のスクリプトを書くことで、似たような作業をまとめて実行できるように時間を投資します。

　同じ作業を2度するくらいなら、それを自動化できる方法がないか検討してみるのです。

原則：作業の自動化は大きな時間を生み出すので、いつでもそのチャンスを狙っておく。ただし、自動化にかかる手間が節約できる時間を超えないように注意する

機械との対話に習熟する

　コンピュータは便利な道具ですが、人間ほど融通がきかない、厳格なルールに基づいて動作しています。自動化の仕組みを取り入れることは、ある程度は人間の側が機械に読み取りやすい対話の仕方を学ぶということでもあるのです。

　たとえば、数や文字が列になって並んでいるデータをExcelで扱うことは多いですが、それが手軽で簡単なのは情報がせいぜい数千行に収まっている場合です。

　もっと巨大な情報を扱うならば、Excelのように特定のアプリでしか開けないフォーマットではなく、どんなツールでも扱えるテキスト形式のほうが楽なケースが多くなります。

　とある共同研究をした際、国立国会図書館のデータベースの情報を精査するために8億行のXML形式で書かれたファイルを扱う必要が生じたことがあります。アプリに読み込ませるといった方法ではこのデータを扱うことはほとんど不可能でしたが、ファイルはテキスト形式で書かれていましたので、半日ほどで覚えたPythonのスクリプトを使って、数分で処理することが可能となりました。

　似たような話は文書の世界にもあります。この部分は太字、この部分は箇条書きといったように、Wordで編集した文書を、ウェブページに掲載する際にはHTMLに変換しなければいけないといった手間は無駄が多いも

のです。

　そこでいまでは Markdown（マークダウン）と呼ばれる、人間にとって可読性が高いテキストファイルで文章を執筆し、必要に応じてそれを Word、PDF、HTML といった形に変換する考え方が浸透してきました。

　近年では行政文書も Markdown 形式を利用することで省庁を横断した情報のやりとりを省力化できないかといったことが議論されているほどです。

「テキストファイルのほうが高い汎用性をもっているので、"Future-proof" ＝互換性が未来にわたって維持される」「Markdown 形式にしておけば、あとで文章の再利用が可能になる」「ちょっと複雑なデータでも JSON（JavaScript Object Notation）形式にしておけばどんなプログラミング言語でも読み込める」――こうした知識は少しだけ踏み込んだ IT 技術の知識が必要になりますが、それを学ぶことで得られるメリットは膨大です。

　自分の実現したいことを IT 技術で円滑に実現するために、機械との対話方法を学んでおくことは非常に有益なのです。

原則：積極的に IT 技術をつかうためには、機械と対話するためのデータ形式や手段を学ぶ投資が有効

ツールの変化にゆるやかに対応する

　Word ファイルや Excel ファイルをメールに添付し、キャッチボールのようにファイルを少しずつ変更しなが

らやりとりをして仕事を進めるのが普通の時代がかつてありました。

いまでは、Google ドキュメントやスプレッドシートといったクラウド上の情報をメンバー同士で共有し、リアルタイムに相談しながら編集するのが当たり前となっています。

文章を編集し、表計算を扱うという部分は同じでも、どのように作業を進めるかのコミュニケーションの部分は大きく変化したのです

技術の変化は今後も緩やかに私たちの仕事の仕方に変化を与えていきます。そのたびにライフハックを実践している私たちは、こうしたツールとの付き合い方を問い直さなければいけません。

いまのツールをこれからも一貫して使うほうがいいのか、それとも新しい時代に向けて新しいツールや仕組みを取り入れたほうが長い目でみてメリットがあるのか。答えは常に一つとは限りません。

ライフハックを実践する人と、ツールとの付き合いはこうしてずっと続いてゆくのです。

自動化できるものはすべて自動化する

　ライフハックは当初、生産性の高いプログラマーが日常的に利用している小さなスクリプトや自動化の手段を指す言葉として紹介されました。

　どれだけ効率化をしたとしても、1人の人間が1日に達成できることには限度がありますので、IT技術を利用して自動化できることについては徹底して自動化することがどこかで必ず必要になります。

　ライフハックの考え方では、これを極端に、マニアックな部分にまで適用していきます。

ガジェットによって自動化する

　わかりやすいところでいうと、食洗機やロボット型掃除機や自動調理鍋といった設備は、初期投資はそれなりにかかるものの、長期間使った際に節約できる時間が膨大で、時間コストを考えるなら投資に見合っていますので積極的に利用するという考え方をします。

　登録したスマートフォンをもっていると自動解錠する玄関のスマートロックも、便利というだけでなく、鍵を取り出したり探したりする手間や、鍵をかけ忘れた際の対応を自動化してくれますので時間を生み出す機器だと捉えてよいでしょう。スマートスピーカーから操作できる照明や、ネット越しに操作できるエアコンや洗濯機も、同じ理由で利用する価値があります。

　もっとマニアックな使い方を追求するために利用したいのが、スマートフォンや後述する IFTTT を経由して家のコンセントの電源のオン・オフを切り替えられるスマートプラグや、スイッチを操作できる SwitchBot などのガジェットです。特に SwitchBot は既存のスイッチに貼り付け、Wi-Fi 経由で物理的にスイッチを押すという力技のソリューションですが、インターネット化していない機器もある程度遠隔で操作できるようになります。

　たとえば離れた場所から家電や PC の電源の操作をしたり、人やペットの通過とともに機器を起動したりといったように、人が手間をかけて実行していた作業を機械任せにできるようになります。

　こうした自動化は時間の節約や手間の節約になるだけでなく、機械だからこそちゃんと設定してあれば人間が忘れていても確実に動作するというメリットもあります。

ネット経由で物理的にスイッチを押せる SwitchBot（公式 YouTube より抜粋）

ウェブ上の作業を自動化する

　家計簿をつけることや料金の支払いといったように、自分の手を動かさないとできないと考えがちな領域にも、自動化を可能にしてくれるサービスが多数あります。

　たとえばマネーフォーワードや freee のようなウェブサービスを使えば、銀行の出納記録から交通カードの利用記録などを自動的に集計して家計簿を自動化することも可能ですし、請求書の送付も半自動的にサービス内で完結して行うことができます。

　PFU 社のドキュメントスキャナー ScanSnap と連携したサービスである ScanSnap Cloud を利用すれば、レシートをスキャンしたら家計簿サービスに仕分けも含めて自動的にデータを登録し、名刺をスキャンしたら自動的に名刺管理サービス Eight にそれを送信するといった仕組みも作れます。

　この仕組を使って銀行口座の連携とレシートのスキャンだけを注意すれば、確定申告に必要な作業もほとんどは会計サービス側で済みますので、大幅な時間節約になるのです。

自動化とズルさ

　こうして自動化を追求していると、ときとして周囲の人から「それはズルい」という反応をもらうことがあります。仕事や家事は、努力して解決するからこそ尊いのであって、それを心の通っていない機器や、コンピュー

ター上の仕組みで避けるのはどこか真剣さが足りないというわけです。こうした反応は自動化に限らず、新しいガジェットやツールを使う際にも繰り返し見られる傾向があります。

しかし、洗濯機や食洗機を使うことを「ズルい」という人がもはやいないように、新しい手段で日常に時間を生み出すことは未来の先取りといっていいことです。

自動化によって生み出された時間を本当に大切なことのために使うことに注意している限り問題はありませんので、むしろこれまでの常識から考えて「それでいいのか？」と思うような機器やツールを積極的に利用する方向性に賭けてみましょう。

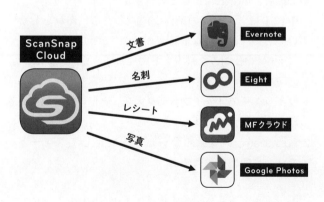

自動化サービスとプログラミングに習熟する

ツイッター上で「ライフハック大全」という言葉がつぶやかれると、私のスマートフォンには数分以内に、誰がどんな形でそれをつぶやいたのかをまとめた通知が自動的に送信されるようになっています。そうしたツイートへの私の反応が速すぎるので、プログラムされたボットだと思われたこともあるほどです。

このような仕組みを実現するためにツイッターやDropboxなど複数のウェブサービスをつないで利用できるのが、IFTTT（If-This-Then-That、発音は「イフト」）やZapier、Integromatなどの自動化サービスです。

IFTTTは「もしこの条件が成立したら、あれをしなさい」という、単純なトリガー（きっかけ）とレスポンス（反応）の仕組みを基本としています。冒頭の例は、

1. ツイッターで「ライフハック大全」という文字列が検索された場合（トリガー）
2. Pushoverという通知サービスを利用してスマートフォンに連絡を送信せよ

という組み合わせで作られています。同様に、対応したWi-Fi体重計に乗ったらその数値を自動的に指定したEvernoteのノートに追記するといった仕組みや、スマートフォンが特定の位置に出入りするとGoogleカレン

ダーにそれを登録して出勤簿をつくるといったことができます。

Zapier や Integromat は複数ステップの自動化や、より複雑な条件分岐といった動作に対応しており、まるでプログラミングをしているようにウェブサービスの情報を操ることができます。

また、iOS 上で似たような複数ステップの自動化を行う「ショートカット」というアプリも利用できます。

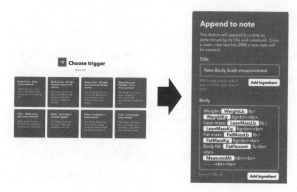

Wi-Fi 体重計で計測があったら Evernote に追記するレシピ

面倒なことは Python やスクリプトで処理する

もっとマニアックな自動化を実現するには、本格的なプログラミング言語や、OS で利用できるスクリプト言語を学ぶことになります。

macOS は Unix 系 OS がベースとなっていますので、ターミナルから bash/zsh といった処理系を扱うことが

できますし、Windows 10 も Windows Subsystem for Linux（WSL）が利用できますので、システムのかゆいところまでコマンドとスクリプトで触れることができます。

　たとえば私の場合、自分の執筆した書籍が Amazon でセールになっていないかをチェックするために、指定された時間に自動的にウェブサイトの情報を収集し、定価の部分をチェックして異変があるならばスマートフォンに通知を送るとった仕組みがあります。こうしたスクリプトが何十種類も動いていますので、ふだんはその存在を忘れているほどです。

　最近は簡単な構文で強力な拡張性をもっている Python 言語にも人気が集まっています。Excel のデータを Python で操作するといったことも、最近では解説書籍が登場するほど一般的になっています。

　プログラミングを学ぶためには、膨大な時間と忍耐が必要ですが、なにも万能のプログラマーになる必要はありません。当面自動化したい作業を実現する程度でしたら、数時間から数十時間、ウェブで情報を検索しながらでも目的を達成できるはずです。

自動化するかどうかは利用回数で決める

　自動化はうまくゆくと楽しいので、自動化をすること自体が目的になってしまうことがしばしばです。

　このようになんでも自動化してしまうエンジニアの習性を皮肉る表を、科学やギークな話題で有名な棒人間コミックブログ xkcd が紹介したことがあります。

「1日に何回その手順を行うか」を横軸に、「自動化に
よって節約できる時間」を縦軸で見た場合、自動化に割
り当てるのに妥当な時間を表示したものです。

たとえば、毎日行う作業を5分間節約できるならば、
そうした自動化の仕組みを作るために投資してもよい時
間はおよそ6日間となります。まるごと1週間をそれに
あてても、5年で見るならば得だということになります。
もし節約できるのが5秒程度だったとしても、それが1
日に5回繰り返すような頻度の高い作業なら、その仕組
みをつくるのに12時間をあてることは損ではないとい
う計算になります。

この表は冗談の側面もありますが、自動化するために
どれだけの努力を費やしてよいのかを考える時に、鍵と
なるのは利用回数だということがわかります。

毎日複数回行う作業ならば、その仕組みを数日かけて
自動化しても、長い目でみて損ではないのです。

		その作業を行う回数（5年間にわたると仮定）		
		50回／日	5回／日	毎日
節約する時間	5秒	5日間	12時間	2時間
	30秒	4週間	3日	12時間
	1分	8週間	6日	1日

Google の高度な検索演算子を使う

呼吸をするのと同じくらい自然に、私たちは探したい情報を Google で検索するようになりました。

しかし近年は、検索結果のなかに質の低いサイトの量が増える傾向にあり、キーワードを数個入力するだけでは結果が広がりすぎて絞りきれないこともあります。

そこで、最初から特定の情報を除外する、あるキーワードとキーワードの交点を調べるといったように、対象としている情報の母集団を意識して検索するほうが、検索結果のクオリティは向上します。

このとき利用できるのが、「Google 検索オプション」と、高度な検索演算子です。「Google 検索オプション」は、検索に含むキーワードと、含めないキーワード、言語、更新時期、ファイル形式といった範囲をフォームから指定して、きめ細かい検索を実行することができるものです。

同様の指定を検索窓からコマンドの形で実行するのが検索演算子です。

Google 検索は特に指定しなければ AND 結合で「A かつ B」という探し方をしますので、括弧と OR 演算子を使って「(テスラ OR エジソン)」といった形で複数キーワードの可能性を考慮にいれて検索するのが一歩進んだ使い方です。

正規表現を学ぶ

　任意の文字が入ってよい場所に「*」記号を使う、数字の範囲を「..」と表現する、などといった書き方は、プログラミング言語で文字列をマッチさせる際のパターンを記述した「正規表現」から来ています。

　正規表現にはさまざまな種類がありますが、基本的な書式や使い方は踏襲され、アプリやウェブサービス上で利用可能になっています。似たような演算子をGmailの検索でも、ツイッターのタイムラインの検索でも利用可能ですし、一部の辞書アプリでも正規表現による絞り込みに対応しています。

　正規表現で検索をする習慣は、情報を絞り込む練習になりますので、高度な機能だと切り捨てずに習得してみてください。

"ライフハック"	二重引用符で完全一致
-ハッカー	先頭にマイナスで除外
Mac OR PC	ORで「もしくは」
（高 OR 低）気圧	ORで分けたものを（ ）で結合
100 .. 200	100〜200の数字にマッチ
"Rock * roll"	* で任意のワードにマッチ
site:URL	特定のサイト内を検索
intitle:"ライフハック"	記事タイトルで検索
intext:"ライフハック"	記事本文で検索
filetype:PDF	PDFファイルだけを検索

DeepL と Grammarly で英語の生産性を向上させる

いま学術研究の世界に大きな変化をもたらしているのが、機械学習を利用した翻訳サービスの DeepL と、自動校正サービスの Grammarly です。

DeepL は日本語を含む 24 の言語と、552 の言語ペア間での翻訳に対応しており、5000 文字以内の翻訳は無料で利用することができます。それまで業界トップと言われていた Google 翻訳と比べても専門用語の翻訳や微妙なニュアンスを伝えることを得意としており、日常的な新聞記事といったものはもちろん、研究論文のような専門性の高い英語も高い精度で翻訳できます。

Grammarly は、入力した英文に対して文法的な間違いを検出して指摘するだけでなく、フォーマルなトーン、くだけた日常的なトーンといった雰囲気を指定して表現の言い換えや、単語の候補を提案してくれます。

この 2 つを組み合わせることによって、英語の知識が必要な分野の生産性が大きく向上しているのです。

たとえば、以前ならば英語の論文は辞書を引きつつ、その分野の慣用表現を学び苦労して読む必要がありましたが、DeepL を使えば論文をまるごと翻訳して日本語で読み、意味が不明瞭なところだけ原文にあたるといった近道を作ることができます。

論文を執筆する際にも、日本語で書いた下書きを DeepL で翻訳したものを草稿にして、それを Grammarly

で校正して投稿できます。

英語の経験の少ない学生でも、ある程度のクオリティが担保された論文を比較的簡単に執筆し、発表できるようになったのです。学問の世界で知識の伝達には不可避となっていた言語の壁に、突然穴が空いたのです。

桁違いの英語情報に触れてみる

DeepL の翻訳も、Grammarly の校正も完璧ではないことには注意が必要です。たとえば DeepL は曖昧な表現が混じっている場合に、論理的に逆の意味の文章を作成してしまうこともしばしばありますので、人間が最終的なチェックをする必要があります。

しかし、誰がやっても同じ部分に関しては 100％に近い精度をもっていますので、英語の読み書きの生産性を大きく向上することにつながります。

たとえば、これまで日本語の翻訳記事ばかりを読んでいた人は、こうしたサービスを使うことで原文記事を大量に読むことが可能になります。海外の人に質問をしたり、返事をしたりといったアクションも、ストレスなく気軽に実行できるわけです。

機械学習を利用して人間の知的活動をサポートするサービスは今後大きく発展することが期待されています。そうしたサービスを一つ学ぶたびに、いままで阻まれていた未来への扉が一つ開くのです。

デスクトップのファイルを自動的に整理する

　パソコンのデスクトップやダウンロードフォルダには、作業のためにちょっと保存したファイルが次第に増えていきますが、これを意識することなく自動的に整理できると、大きな時間節約になります。

　それを可能にするのが、macOS のアプリ、Hazel です。Hazel はフォルダごとに設定したルールを自動的に適用して、ファイルを自在に整理してくれます。たとえば、

● デスクトップに置かれた圧縮ファイルは 3 日経ったら赤い色のタグをつけ、もう 3 日経ったら削除する
● 画像は毎日 23 時に別フォルダに格納し、それも 30 日後に消す
● 特定のフォルダに移動されたファイルは、年月日とタイトルから構成されるファイル名に変更して、月ごとの子フォルダに整理する

　といったようにです。このすべてが自動で行われますので、手を動かして対応するのは例外的な一部のファイルに限定できます。

　Windows の場合は DropIt という同様の動作をするアプリケーションがありますし、スクリプトを書くことができる人なら、こうしたルールを適用するプログラムを書くことも可能です。

RPA ツールで個人的な自動化の仕組みを作る

近年、定型業務を自動化する RPA（Robotic Process Automation）が注目されたこともあり、従来有償だった Microsoft Power Automate Desktop といったツールが無料で利用可能となっています。macOS の場合は Automator や AppleScript などといった仕組みが同様の機能を提供しています。

ウェブページを開いて情報を抽出し、一定のフォーマットに整形してファイルに書き出しておく作業や、特定のアプリを起動して操作を繰り返すなどの作業を登録すれば、何度でも自動的に繰り返すことができます。

学ぶのに多少の時間はかかりますが、それを上回る時間を回収できるのですから実践しない手はありません。

Hazel でファイルを自動的に整理

時間差でアクションを生み出すツールを活用する

エクストリームなライフハックを紹介することで有名で、その後ポッドキャスターに転身したティモシー・フェリス氏は、著書『「週4時間」だけ働く。』のなかで、自分が眠っている間にも単純作業をインドなどの人件費が相対的に安い地域のリモートワーカーに依頼して、24時間作業が止まらない手法について紹介しています。

地理的アービトラージと呼ばれるこの手法は経済的な利ざやのとり方が主に注目されますが、時間差が生み出しているメリットも見逃せません。

たとえばSNSへの情報発信を精力的に行っている人でも、1日に6～8時間は眠らなければいけませんし、一日中パソコンやスマートフォンに食いついて仕事をするわけにもいきません。

そこで、情報を収集し、投稿を作成する時間帯と、実際にそれを投稿する時間帯をずらすことによって、他の人からは一日中情報発信をしているように見えるものの、実際の作業時間を少なくすることが可能です。

たとえばソーシャルメディアへの投稿を自動化するサービスBufferは、あらかじめ設定した時間のスロットに向けて、作成した原稿を順次自動的に投稿していきます。似たような機能は、ツイッターが提供しているTweetDeckなどのツールにも存在します。

これらを上手に使えば、夜の数時間の作業で日中の

SNS 投稿の作業をすべて時間差で生み出すことができますので、時間を生み出しているのに等しくなります。

メールも時間差で送る

同様に、メールも時間差で送ることで作業時間を自分の都合に合わせて調整することができます。

メールは送信すると高い確率で返信が返ってきます。そこで金曜日の夜はメールを作成するところまでにしておき、実際の送信を月曜日の早朝に設定しておくことで、作業時間と送信後の対応とを切り離すことができます。

Gmail を含む多くのメールサービスはこうした送信時間設定機能をすでに持っていますので、これを戦略的に利用しましょう。

こうした機能がないものについては、IFTTT や RPA ツールなどを使用し、特定の時間にアプリを起動して作業を実行するといった形の時間差対応を自分でプログラミングすることもできます。

ツールで時間差を生み出せるようになると、午後 4 時に送信するメールを午前のうちに書いて忘れておくといったように、裁量の範囲内で自分に都合よく作業時間を整理できるようになります。時間や集中力を節約するために、何種類かこうした手段をもっておくのが良いでしょう。

音声入力で、歩いている時間も書類が書ける

近年、入力方式として精度が高くなり、どこでも利用可能になったのが音声入力＝ディクテーション機能です。

スマートフォンには早い段階からこの機能がありましたが、いまでは OS の基本機能としても提供されていますし、Google ドキュメントや Word などといったアプリでも日本語が利用可能になりました。

また、Rimo Voice や Notta といったように、録音されたファイルや動画などから文字起こしができるサービスも増えましたので、会議の議事録づくりや YouTube 動画のテロップ作成でも活躍するようになっています。

時間を別の形に活性化する

便利になったとはいえ、音声入力を使うことで一言一句間違いのない、完璧な原稿を作ることはほとんど不可能です。漢字の間違いや句読点の不足、言い間違いや言い淀みといったノイズが混入しますので、ある程度の清書が必要となります。

それでも音声入力を利用する価値があるのは、HACK 018 でも紹介したように、歩いているときや、運転しているときといったように、本来なら文章の作成に使うことができなかった時間を活性化できる点です。

私はすでに、本の原稿やブログの記事など、かなりの分量の文章を音声入力で書くようにしています。

音声入力をあてにすることができると、以前ならば、「5000字の原稿ならば、4時間ほど机に座っている必要がある」といった見積もりをしていた作業でも、「どこかで15分ほど音声入力で下書きをして、それを別の場所で清書しよう」といった具合に作業の流れを変えることができます。

私の場合、1分程度の音声入力がだいたい400字に相当することが過去の経験からわかっていますので、たとえば車で移動する際に、赤信号で止まるたびに数十秒ずつ考え事を音声入力し、それが帰宅する頃には2000字程度の下書きになっているといった見積もりが可能になるのです。

音声入力のコツ

音声入力機能はOSやアプリによって、句読点を「まる」「てん」といった形で明示的に入れられるか、それとも自動なのかといった違いがありますし、得意な分野や不得意な分野がありますので、いろいろと実験してみましょう。

しかし全般的には、人に話すのよりもずっとゆっくりと、一定のペースで入力するほうが精度は高まりますし、誤変換にともなうゴミが混じっていることが少なくなるために清書が楽になります。

慣れるまでは一度にしゃべろうとせず、考えをまとめては30秒程度入力するといった形で、思考を文章に置き換える練習をしてみましょう。

生活の手間をなくすための投資

何度も実行するもの、忘れないように努力しなければ
いけないもの、できれば目にしたくないものなどといっ
た、生活の雑音になるものは仕組みで解決するか、多少
お金がかかってもいいので回避するほうが時間を節約で
きたり、ストレスがかからなくなったりします。

たとえば以下のようなサービスの使い方やお金の使い
方で、1日の手間がどれだけ減るか、そしてそれは投資
に見合うのかは検討しておきたいところです。

パスワードマネージャー

パスワードは1日に何度も入力するものですし、すべ
てを異なった複雑なものにしなければいけないうえに、
忘れると非常に手間がかかるものです。これをアプリに
まかせないのはとても大きなハンデを背負うことに等し
いといえます。

いまでは主要ブラウザの多くがパスワードを保存する
機能を持っていますが、私はウェブサイトのパスワード
だけではなく、ソフトウェアのアクティベーションコー
ドや、クレジットカードの情報などといった秘匿情報の
すべてを管理したいので 1Password や LastPass といっ
たパスワードマネージャーを利用しています。

これらのサービスはスマートフォンとの同期はもちろ
ん、家族とのパスワードの共有も可能ですので、万が一

のときのための保険と考えれば、サブスクリプションで多少お金がかかることも必要投資だと考えられます。

Amazon などの定期便サービス

常に利用する消耗品がなくなってから慌てて買い足したり、いつまでも交換を忘れてしまうようなことを避けるために、定期便サービスを利用するのも時間節約になります。

私の場合、大量に消費するリーガルパッドのような紙製品、ペン、掃除用のスポンジ、炭酸水といったものは定期便にすることでそれぞれについていちいち考える時間を節約するようにしています。

Amazon の場合、品物によっては定期便の周期を細かく設定できますので、多少早いタイミングで届いても都度調整することで対応が可能になったのも、この方法を使うようになった理由です。

YouTube プレミアム

繰り返し広告を見ないために投資をするのも、場合によっては正しい選択になります。

たとえば集中力を維持するために YouTube の音楽配信チャンネルを利用することが多い私にとって、広告は雑音でしかありません。YouTube の広告には見るだけでもストレスな、品質が悪いものも多いことを考えると、YouTube プレミアムで広告をすべて非表示にするのはコストに見合った行動なのです。

作業のバックアップを無意識に行う

　パソコンのバックアップはふだんあまり意識していないので、「もうちょっとハードディスクを整理してからやろう」と先送りしたり、機器に不調がおきてから慌てたりすることが多くあります。

　手間がかかり、時間がかかるバックアップ作業こそ、自動化することで無意識のうちに終わっているようにするほうが得です。

　そうしたときに、安全なバックアップを作るための目安になるのが、「3-2-1ルール」です。それは、

1. 3カ所にバックアップをとる
2. 少なくとも2種類の方法でとる
3. 少なくとも1つのバックアップはオフサイトにする

　というものです。3カ所にバックアップを取るのは、バックアップをとったつもりのファイルが破損していたといった場合のために、独立なバックアップをローテーションさせる指針です。

　2種類の方法というのは、同じディスクのなかにバックアップを作成しても機械ごと破損した場合には両方とも使用不能になりますし、同じ種類のバックアップは同じ理由で使用不能になることを警戒しています。そしてオフサイトのバックアップは火災や水害や盗難といった

非常事態を想定してのものです。

　私の場合、自宅でも RAID を運用するとともに、Backblaze といった、パソコンの処理の合間に自動的にサーバー上にデータを送信してくれるサービスを使うことによって「2 種類のバックアップ」と「オフサイトのバックアップ」を同時にクリアするようにしています。

　そこに macOS で提供されている Time Machine 機能などを組み合わせれば、3 カ所のバックアップを 24 時間連続して無意識のうちに取り続けることができます。

クラウド上に作業も無意識に保存する

　この仕組みは「無意識にできる」という部分が重要です。たとえば Dropbox や OneDrive といったクラウドサービスにはファイル履歴を保存する機能がありますが、ふだんの作業場所をこれらのドライブにするだけで、作業のバックアップと履歴を無意識のうちに取り続けることができます。

　最近はプログラマーではない人でも、書いた原稿を保存する、作業のスナップショットをとっておく、といった目的でソフトウェア開発プラットフォームの Github を利用するケースが多くなっています。

　故障や事故で作業データを失ったり、ある程度作業が進んでから過去の履歴を使って新しい作業を分岐させたいと考えるとき、ふだんからこうしたサービスを学び、使っていることが大きな時間の節約になるのです。

スマートスピーカーと AI アシスタントに慣れておく

Amazon の Amazon Echo、Google の Google Home、Apple の HomePod といったスマートスピーカーは IT に積極的な人を中心にすっかりと定着しました。これらのデバイスを駆動している AI アシスタントの Amazon Alexa、Apple の Siri、Microsoft の Cortana といった技術を使ったことがあるという人も多いでしょう。

その一方で、こうした技術が思ったほど便利ではなく、質問をしてもいつも見当違いの答えばかりが返ってくることに失望した人もいるかもしれません。

しかしゆっくりと、着実に進歩が進んでいるこの技術を諦めて放り出すのには、まだ早いといえます。

AI アシスタントの分野はゆっくりと進歩する

人間がしゃべっている内容を機械がニュアンスも含めて正確に認識し、適切に対応するのが難しいのは間違いありません。しかも変化はゆっくりと AI アシスタントの裏側で起こっていますので、ある日急に精度が高くなったという実感が得にくいのです。

しかし変化がないわけではありません。たとえば Alexa はすでに連続した質問の文脈を理解して応答を調整する機能をもっていますので、「アメリカの大統領は誰ですか」などと質問し、その答えが返ってきた流れで「その人の年齢はいくつですか」と質問すると、「その

人」が前の質問の答えであることを認識した上で返事を調整するといったことがすでにできます。

　いずれ、実際の人間のアシスタントと会話するのと同じような高度なやりとりを機械もできる日がやってくることは確実です。ですから、いま理想的なレベルで便利ではないからといって放り出すのは、将来への投資を惜しむことでもあります。

　知らないうちに対応している質問の仕方も多くなっていますので、これまで「天気はどうですか」といった単純な質問しかしてみたことがないという方は、「いま雨が近づいていますか」といったように変化球の聞き方も試すようにしてみましょう。多くのAIアシスタントは質問の意味を理解し、それが降水確率を聞いているのだと解釈した上で、適切な文章で返事をするはずです。

　私はすでに、台所でSiriを相手に「生姜焼きのよいレシピを紹介して」から始まり、タイマーの設定から音楽の選定まで、機械を相手に会話するスタイルを楽しんでいます。こうした定番のパターンが、今後増えてゆくものと予想されます。

　今後5年ほどは、AIアシスタントがそうした「不便の谷」を抜け出す準備期間だと考えて、機械と会話をする練習をしておきましょう。

　未来がそこにつながっていることが明らかな場合には、多少不便な時代からでも投資を惜しむべきではないのです。

スマートフォンとの距離感に注意する

ライフハックが誕生したのが 2004 年、スマートフォンを広めた iPhone が誕生したのが 2007 年です。

その後、サードパーティーの開発者がさまざまなアプリを App Store に向けて開発することでアップル自身が何事についても "There's an app for that"「それを解決するアプリがあるよ」とマーケティングするほどに、何もかもがアプリ化される時代がやってきました。

それとともに Evernote が人気になったり、膨大な数のタスク管理アプリが開発されたり、といったように、ライフハックは App Store の仕事効率化のカテゴリとともに発展してきました。

IT 時代の仕事術であるライフハックは、スマートフォンの発展、そしてそれにともなうアプリの広がりと切っても切り離せないのです。

いまや、スマートフォンと関係しないものが存在しないほど、IT 化はスマートフォンと不可分になっています。電話も、電子メールも、SNS も、すべてのコミュニケーション手段がスマートフォンに集約されていますし、YouTube、Netflix、Apple TV+ といったテレビの覇権を脅かす映像ストリーミングサービスもすべてスマートフォンがなければビジネスモデルが成り立ちません。本をすべて電子書籍の形で購入して Kindle アプリなどで読んでいる人もいるでしょうし、撮影する写真や動画がすべ

てスマートフォンのなかにあるという人も多いはずです。

すべての情報がスマートフォンのなかに集約されることによって、スマートフォンは私たちの生活そのものを担うようになりました。楽しいことや有益なことも多いですが、無益で害のあるものもすべてそこに集まるようになったのです。

放っておけば水が低いところに流れるように偏ったコンテンツをおすすめに表示する動画サイトや、時間もお金も溶かしてしまう中毒性の高いソーシャルゲームといったように、限度を超えて利用してしまいかねない誘惑もスマートフォンには数多く存在します。

極端な表現をすると、私たちがスマートフォンを利用しているのではなく、スマートフォンのほうが実体で、私たちはそれに利用されているような錯覚を感じるほどに、スマートフォンと私たちの生活は密着しているのです。

ここまでくると、これまでのように無邪気にスマートフォンの技術的発展や新しいアプリに目を奪われているわけにはいきません。そのような態度は、能動的に小さなアクションを選択するという、ライフハックの原理から離れてしまうのです。

スマートフォンとともに発展してきたライフハックですが、いまやその使い方が私たちの人生の写し鏡であることを意識して、その付き合い方を意識的に設計しなければいけない時代になったのです。

ホーム画面は私たちのもう一つの生活空間

　平均的なユーザーは1日に約150回スマートフォンをアンロックすることが知られています。そうしたユーザーが最初に目にするのが、アプリの並んでいるホーム画面です。

　ホーム画面は利用頻度の高い、最も向き合っているアプリが整理されている場所ですので、これを自分の部屋や机の上と同じように、もう一つの生活空間とみなして整理しておく必要があります。利用したいアプリは前面に置き、避けたいアプリは削除するか背後に隠しておき、目にする回数に差を生み出すのです。

　私の場合、ホーム画面の一番下の列は空欄にしておくことで表示されるアプリの数を減らすとともに、iOSのAppライブラリ機能を利用してほとんどのアプリは検索しなければ見つからないよう

私のiPhoneのホーム画面。
アプリはできる限り減らしてある

にしてあります。ホーム画面をアプリだらけにしないことによって、目移りする選択肢をわざと少なくしています。

iOS のスクリーンタイム機能や、Android のデジタルウェルビーイング機能を使えば、仕事や SNS やエンターテイメントといったジャンル別に、アプリを毎日何時間利用しているのかを可視化できます。

ちょっとしか触っていないつもりでも、ツイッターを1日あたり2時間利用していた、ブラウザを1時間利用していたといった数字がわかると、どこに偏りがあるのかがわかります。その数字が極端に多いなら、子供用に使うペアレンタルコントロール機能などを使ってアプリの利用の制限を検討してもいいでしょう。

これはまったく恥ずかしいことではなく、意志を介在せずに、日常の利用を変えるのに有効な手段なのです。

スマートフォンとの距離感を意識する時代

一部には、スマートフォンの存在自体が害悪なので、あえてガラケー・ガラホ（4GLTE 携帯電話）を利用するという人もいます。

これを否定するつもりはありませんが、手のひらから膨大な情報に常にアクセスできる時代の流れはもう元には戻りません。ライフハックとスマートフォンの蜜月の時代は終わりを告げ、私たちはどの情報を見るのか、どのアプリと向き合うのかという、距離感を意識的に設計する時代に入っているのです。

技術のアーリーアダプターになる

　新型コロナウイルスのパンデミックの影響でリモートワークが広まった際、多くの人がオンラインのテレビ会議サービス「Zoom」を利用して、仕事の連絡が途切れないようにしました。

　このとき、ウェブカメラやマイクを扱ったことがなかった人が大いに苦労する一方で、すでにYouTubeの動画配信の経験やポッドキャストの収録といった経験をもっていた人は、カメラの扱い方やライティングの注意点、あるいは雑音に強い指向性の高いマイクといった知識を利用してすぐにテレビ会議の環境に順応して、周囲にその経験を伝えることができました。

　技術の革新による大きな変化がいつ起こるかは予想がつかないものの、必ずやってくることはわかっています。そして、変化はまったく新しい分野からやってくるよりも、既存の技術が新しい形で見直されるパターンのほうが多いことは、過去の大きな変化からみても明らかです。

　そこで、積極的に技術のアーリーアダプターになることは、新しい時代がやってきたときにいち早くそれを活用できる自分への先行投資ということができます。

技術は7〜10年で一巡りする

　ITの世界を長く見ていると、技術は少しずつ進歩しながら、一定期間を経て似たような場所に戻ってくるこ

とがあります。情報発信の手段としてのブログの使われ方や、ウェブデザインの潮流、特定のプログラミング言語の流行り廃りといったものに、一定期間で繰り返すパターンがあるのです。個人的な印象では、このサイクルはおよそ7年から10年の周期をもっています。

そこで、技術の先行投資も同じくらいの時間のスパンで考えるようにします。

たとえばMetaが仮想空間「メタバース」に大きく投資をすることが報じられ、同社の仮想会議システムHorizon Workroomsに注目が集まりましたが、これも2006年頃のセカンド・ライフブームや、2012年のOculus Rift登場の流れを追っている人には「いよいよ来たか」と瞬時に反応できる話題となります。

アーリーアダプターであることは、多少のリスクをとりつつ、自分から未来を摑みにいく習慣といえるのです。

Horizon Workrooms の会議の様子

読書と
情報整理

情報の選び方を通して人生を変えてゆく

　人生を変えるには環境を変えなければいけない、付き合っている人を変えなければいけない、などとよく言われます。環境が変われば目にするものが変わりますし、交わる人が変われば異なる視点を身近に感じるようになるからです。それは抽象化するならば、目に触れる情報を変えるということでもあります。

　私たちの考え方は、与えられている情報によって大きく変わる程度には脆弱です。生まれた場所、与えられた教育、出会った友人もそうですし、私たちが選んで見るニュースや本から得た情報も、ゆるやかに私たちを変えていきます。

　生まれ落ちた環境は変えられませんが、どのような本を読み、どのような情報を重視するかといった、情報の選択は自分で舵取りできます。情報の取捨選択は人生の向かう方向を、能動的に選ぶことでもあるのです。

　そこで CHAPTER 5 と CHAPTER 6 では、情報を選び、整理し、アウトプットの行動につなげるためのライフハックに注目して解説していきます。

原則：人生を変えるには、触れる情報を変えてゆく。情報の選択が、最終的には人生の小さな行動を変えることにつながってゆく

情報ダイエットを心がける

　私の友人のコグレマサトさんが運営しているブログ「ネタフル」は、テック系の話題から、グルメ、芸能、耳寄りなセール情報まで、さまざまなネタを扱っている雑記ブログです。

　しかしネタフルが取り上げないタイプの話題もあります。悲しい事件や怒りがこみ上げてくるネガティブな話題については、まったく扱わないか、とても注意深い触れ方しかしないというポリシーが徹底されています。愛読する私にとって、ネタフルは目にしたくない情報を排除するフィルターのように機能しています。

　情報を選び取る際の最初の原理は、そもそも目にしたくない情報を排除することです。これは当たり前のように聞こえるかもしれませんが、意外に徹底することが難しい考え方です。

　どの新聞サイトやニュースサイトでもいいので、適当にページを開いてトップニュースを見るとわかることがあります。ほとんどのニュースは最近起こった悪い出来事についての記事でなければ、興味を引き付けはするものの明日には忘れていても害のない話題に過ぎないという点です。重要と言われる情報は他の誰かにとって重要なもので、必ずしもあなたに重要ではないのです。

　災害、犯罪、政治経済の変化といったような、重大な関心を誘う情報もありますが、すべてを丹念に追っている時間はありません。ましてや、耳目を集め、読者の側

に強い感情を引き起こすのが目的であることが明らかな記事をクリックして得することもありません。

そこで、こうした時事的なニュースや、反応を迫るタイプの情報を自分から追い求めるのは最初からやめてしまうことで、もっと有益な情報に割り当てる時間を確保できるようになります。私はこうした習慣を「情報ダイエット」と呼んでいます。

これは、時事問題に目をつぶるということではありません。それほどに世間を賑わせている事件ならば、伝聞やSNSといった形で、放っておいてもいずれ耳に入ります。誰かがあなたにその情報を伝えるまでの時間は時間差として許容範囲内ですし、そもそも届かなかったならば、それはそこまで重要ではなかったのだというふるい分けにも使えます。

情報ダイエットは、可能な限り大胆に行うほうが効果を期待できます。私の場合、多少世間知らずと言われてもいいので芸能・スポーツの話題は一切追いません。芸能人の顔はほとんど判別がつきませんが、そのかわりに別の分野でマニアックさを発揮できるようになります。

原則：触れることができる情報は有限なので、見ないと選んだものは大胆にダイエットする

情報はフローで処理する

こうして情報を大幅にダイエットできても、まだまだ扱いきれないほどの情報が毎日流れてきます。

　私の専門分野でも、関係している雑誌を選別して情報を絞ったつもりでも、追いきれないほどの論文が毎日のように発表されていますが、そのすべてを同じ程度に読みこなすことは不可能です。

　そこで、情報の流れは扱いやすくなるところまで細かく分流させて、それぞれの小さな流れに対して扱いを変えることが有効な手段になります。最も重要な情報は念入りに精読しますが、それ以外の周辺領域の情報については表題と概要だけを摑めればよいといったように、対応方法に傾斜をつけるわけです。

　たとえば私の場合、注視しなければいけない研究者やキーワード、自分が継続して追いかけたいブログのネタといったものは、厳選すればそこまで多くはありません。それらについては入念に検索を行い、新しい出版物や情報があるなら、すぐに通知が届くように自動化の仕組みを作っています。そこが私にとって最も関心の高い情報

の小川だからです。

しかしそれ以外の周辺情報については、もう少し遅い
タイミングで気づいても問題がないように、仕組みを調
整します。すべての情報に同じだけの注意と時間は割け
ないからです。

原則：情報の流れは扱いやすい流量になるまで分流させ
て対応する。分流させたそれぞれの流れは、関心の度合
いに応じて時間のかけ方を変える

こうして扱いやすくした情報の流れでさえも、網羅的
に読んだり、整理したりしようとするのは禁物です。

大切な情報を前にすると、まるで図書館に整然と並ん
でいる本のように、分類し、保存し、あるべき場所に置
きたいという誘惑が湧いてきます。これは、重要な情報
を忘れてしまうのではないかという恐怖に由来する誘惑
だといえるでしょう。

しかし、悲しいことに現代の情報量ではそれは現実的
ではありません。情報はすぐに鮮度を失いますし、次に
入ってきた新しい情報に対してもっている意味合いが変
化していきます。

カテゴリを設定して情報を分類しようとしても、カテ
ゴリ自体が変化して分類の意味を失ってしまいます。た
とえばツイッターが登場したときには、それは「ミニブ
ログ」の一種として説明されていましたが、いまではこ
の言葉を使う人はいなくなってしまったように。

　そこで、情報は整理せず、流しながら処理する仕組み
を作るほうが現実的ですし、あとで検索するのも楽にな
ります。このジャンルの、このテーマなら誰にも負けた
くないという分野を選び、「自分はその情報を濾し取る
フィルターなのだ」というイメージで世の中の情報を選
んでゆくわけです。

**原則：情報は整理しない。流れのなかから自分にとって
重要なものだけを濾し取るフィルターになったつもりで、
流しながら拾い集めてゆくようにする**

　ここでも、客観的にみて重要な情報だけを読もうとし
ていると、すべての情報が重要に見えてしまって選別が
破綻する傾向があります。情報のフィルターが細かすぎ
るので目詰まりを起こしている状態です。

　そこで、さらに情報をダイエットするために、その情
報が自分自身にとって興味のある、重要なものであるか
という指標を適用します。他の誰かに自慢をしたり、よ
い印象を与えたりするためではなく、あなた自身の情熱
を刺激する情報であるかを、フィルターにします。

　最近の言葉で表現するなら、「推し」の情報であるか
を指標に使うといってもいいでしょう。あなたが推して
いる、譲ることのできないこだわりを情報の選別に利用
するのです。

原則：あなたがもっている情熱やこだわりを情報のフィ

ルターとして利用する。「推し」の情報ならば選択し、そうでないものは容赦なくダイエットする

　こうした削除と選別を繰り返していると、ごく狭い、限られた領域にしか興味を示さない人間になってしまいそうに思えるかもしれませんが、そこまで心配する必要はありません。

　たとえば科学ではどの分野でも世界に同じテーマの研究をしている人が数人しかいないくらいに専門化が進んでいますが、そうして研ぎ澄ました専門的知識を身につけると、その周辺領域にも「鼻が利く」ようになってきます。というのも、自分の専門領域を深めるためには、その周辺の情報も欠かせないからです。

情報のインボックス＝受信箱を作る

　ここまでで解説した情報の分流と、自分自身の価値観を使ったフィルターを作る手法は、さまざまな場所で応用できる考え方です。

　たとえばメールの受信箱にこれを適用するならば、ほとんどのプロモーション関係のメールはダイエットしてしまい、本当に関わりのある数人や、メーリングリストだけが受信箱に入るようにメールのフィルターを調整することになるでしょう。ふだんのネットでの情報収集に適用するなら、SNSで漫然と情報を眺めている時間を大幅に減らし、限られた情報源とリストに流れてくるツイートに注目するほうが有益な情報をすばやく入手でき

る場合があるかもしれません。

　いずれにせよ、こうして減らした情報は、最終的に一つの「受信箱」に蓄積するようにします。

　その情報がウェブの記事ならば Evernote にそれをクリップするのでもよいですし、本ならば感想を数枚のカードにするといった場合もあります。

　これまでの情報ダイエットの考え方を適用していると、この受信箱は単に面白い情報が溜まっているだけの場所ではなくなります。そこには、あなたがこれまでに興味をいだいたり、感動したりした経験のすべてがキャッチされているようになるのです。

　しかしこの受信箱においても、情報を図書館のように分類して整理するのは注意したほうがいいでしょう。

　過去の自分の興味は、いまの自分の興味とは少しずつずれてきます。去年まで推していた情報は、今年推しているものとは違うかもしれません。

　そこで、自分の関心のゆるやかな変化を受け止めるために、情報の受信箱は過去から現在まで情報が時系列で降り積もるようにしておきます。

　もう一つ重要なポイントとして、こうした受信箱に保存される情報については、どこに興味や関心を感じたのかを1行でよいのでメモしておくことです。

　たとえば本についてメモをする際にも、「世間でこのように評価されていた」は記録として弱くなります。むしろ、あなた自身にとってその本がどのような意味をもっているのかを記録として残します。

本の情報それ自体は誰にとっても同じですが、それを読むことであなた自身に対して与えた感動や興味は、あなただけのものです。それこそが、保存するべき情報なのです。

原則：あなた自身がフィルターとなって選別した情報は一つの受信箱に時系列順に降り積もらせる

原則：受信箱に入れる情報には、必ずなぜあなたの心の琴線に触れたのかをメモする

情報は交点で検索する

　最終的にこの受信箱には、あなた自身がこれまで読んできたウェブページや、本や、その他の情報と、それに対する反応のすべてが降り積もるようになります。

　1冊につき1枚のカードであったとしても、その習慣を継続すれば、それはこれまでに読んだすべての本と、それについての感想が時系列順に並んでいる場所になります。過去からいまに至るまでの、あなたの成長や変化も含めたすべてがそこに集積するのです。

　こうして作った情報の受信箱は、簡単な検索によって絞り込むことができます。

　情報自体を分類する必要はありませんが、保存した情報やメモについては「作成日」「変更日」「キーワード」といった若干のメタデータ、つまり情報についての情報を付け加えておくようにします。

　そうすると、検索はそうしたメタデータの交点で行うことができるようになります。

　人間は「去年のできごと」「半年前」といった時系列方向の記憶は強い傾向がありますので、「半年前に作成したこのキーワードの記事」といった時間とキーワードの交点を調べるだけで、候補を格段に減らすことができます。

原則：情報には必ず作成日、キーワードといったメタデータをつけるようにする

原則：インボックスの検索は時間とキーワードといった2軸の交点で行うとすばやく絞り込むことができる

　こうして情報ダイエットを軸とした情報整理の方法をみていると、興味深いことに気づくと思います。情報をダイエットし、インボックスのなかに自分の価値観や興味に基づいた情報を蓄積することは、究極的には自分自身を発見することに他ならないという点です。

　外にあるデータはGoogleで調べることができます。しかし私たち自身が何に興味があり、何に情熱を感じているのかを検索サービスで調べることはできません。

　情報ダイエットでどの情報を選び取るのかを通して、私たちは自分自身を知り、情報を通して自分をゆるやかに変えていくことができるのです。

フロー情報は3種類に分流して処理する

受信箱に溜まるメール、読みかけのニュースやブログ記事、見たいと思っているNetflixの番組といったように、次から次へとやってくる情報に対してすべて同じだけの時間を与え、網羅的に消費することは不可能です。

情報整理の原理・原則でもみたとおり、フローでやってくる情報は整理を考えずに、扱いやすい流量になるまで分流させて処理します。

そこで、私がおすすめするのは目安として次のような3つの流れを考えて情報の流れを作る習慣です。

1. 必須情報：最も気になる、興味に合致した情報を提供してくれている情報ソースだけが集まっている場所。ここに流れてくる情報はすべてチェックしたいので、数にして3〜4カ所程度に厳選するようにします

2. スキャン情報：興味のある情報が低い頻度で扱われるので記事タイトルを目でスキャンするなどして、読みたいものがあったら熟読する場所。数にして必須情報ソースの倍程度を登録するかわりに、割り当てる時間はその半分ほどに制限します

3. スキップ情報：めったに読むべきものがないものの、念のために目を通す情報ソース。割り当てる時間はさらに短く、記事タイトル一つあたりに1秒以下しか与えません。9割以上は飛ばして、相当興味がわかない

限り、読むことはしません

この3種類の情報の流れは、あとになるほど「数は多いのに、割り当てている時間は減ってゆく」という具合に、割り当てる時間と集中力に傾斜を加えているところがポイントです。

これをたとえばメールアプリならば、重要なメールだけが集められているフォルダと、プロモーションのメールが多いフォルダといったように分類して処理します。

Feedly のような RSS 管理サービスや、ツイッターのリストといったものでも、この3つの流れを作ることが可能です。

たとえば私は IT 関連ニュースについて国内と国外に分けてそれぞれ3つに分けたフォルダを持っていますし、ツイッターには国内外の IT ジャーナリスト、企業サイト、公式アカウントに分類したリストを作ってチェック

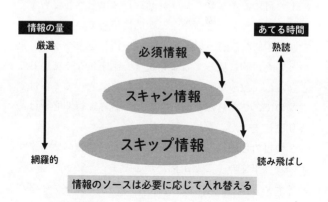

情報の量 | あてる時間
厳選 | 熟読
必須情報
スキャン情報
スキップ情報
網羅的 | 読み飛ばし

情報のソースは必要に応じて入れ替える

しています。

　しばらくこうした運用をしていると、次第に「必須」と思っていたサイトで有用なものがなくなってきたことに気づくこともあります。そうしたときにはその情報ソースを「必須」から「スキャン」に格下げするなどといったように、常に入れ替えながら運用します。

ニュースアプリに注意する

　ここ数年で大きく発展してきたのが、SmartNews やGoogle ニュース、Apple News などといった、情報をキュレーションするサービスです。

　これらのサービスは私たちが登録した興味のカテゴリや、実際の閲覧傾向をアルゴリズムで分析して、ユーザーの嗜好にカスタマイズされた情報を提供してくれるとうたっています。しかし、私は２つの理由があってこれらのサービスをあまり使用しないようにしています。

　１つ目に、キュレーションサービスはどうしてもすでに話題になっている情報を二次的に集めている場所なので、話題になる前から自分の嗅覚で情報をキャッチしたいという目的に反してしまいます。話題になっていることならば、放っておいてもいずれは耳に入ってくるはずですので、こちらから時間を使って読みに行く必要はあまり感じません。

　２つ目の理由は、この嗜好にあわせた情報のカスタマイズがうまくいくことが稀だからです。

　メディアには情報を届けたいというインセンティブが

あり、私たちの側にはそれを重要なものだけに減らしたいという対立した目的があります。重要なニュースが多い日はどの記事を読むべきか自明ですが、少ない日にはアルゴリズムがその空虚を埋めようとして興味のない記事をおすすめする傾向があります。

　ニュースアプリが届ける二次的な情報の流れよりも、自分の好みに分流させた情報の流れのほうがあてになるのです。

情報に向こうから来てもらう

　アルゴリズムに情報を選んでもらうよりも、特定のキーワードが含まれた情報が自動で届くようにするほうが偶然の出会いは多くなります。

　たとえば興味のあるキーワードで Google アラートを登録しておくことや、ツイッターのトピック機能を利用することで、自分がフォローしている観測範囲の外側から情報が流入するようになりますので、これをスキップ情報の流れとしてチェックするようにします。

　情報を源のところで分流させれば、その日の忙しさに合わせて情報に目を通す量を変えつつも、重要なソースはすべてチェックしている状態を維持できます。

RSS とツイッターのリストを活用する

　毎日更新情報を読みたいウェブサイトやブログが数多くなってくると、いちいち巡回しているのは手間になります。むしろ、更新された情報だけを1カ所に集めてチェックするほうが効率的です。それを可能にするのが、多くのウェブメディアやブログで採用されている RSS（Real Simple Syndication）という仕組みです。

　RSS は SNS で情報が拡散されるようになってからは下火になった技術でしたが、近年 SNS 上の情報の表示回数がアルゴリズムの影響で操作されるようになった状況への対抗策として再評価の声が高まっています。

　RSS を最も簡単に扱うには、Feedly、Feedbin といった RSS リーダーサービスを利用するのがいいでしょう。こうしたサービスに読みたいサイトの URL を追加すれば、自動的に発行されている RSS フィードが登録されて更新を確認することができます。

　RSS を使えば、自分が選んだサイトだけから1カ所で網羅的に情報を集めることが可能なのです。

ツイッターのトピックとリストを活用する

　話題が乱雑に並んでいるようにみえるツイッターのタイムラインから、RSS のフィードを作り出すような感覚で一部のツイートを抜き出す方法もあります。

　その一つが、ツイッターが自動的に分類を行っている

トピック機能です。

　トピックは本や映画といった大きなカテゴリから、一つひとつのゲームタイトルに至るまで膨大な選択肢が提供されていますので、トピックをフォローすることで、ツイッターが自動判別している話題そのものを追うことができるようになります。

　もう一つの機能が、手動で編集するリストです。特定の話題について投稿することの多いユーザーをリストの形でフォローすることでタイムラインの流れを小川のように変えることができます。

　RSSもツイッターのトピックやリスト機能も、自分の意思で情報の流れを設計する機能として理解できます。

　情報の流れに翻弄（ほんろう）されるのではなく、こちらから流れを絞り込むことで、情報のS/N比（シグナル／ノイズ比）、つまりは「当たり」の可能性を高めているのです。

ツイッターで細かく分類されたトピックをフォローする

スマートフォルダを使い倒す

　情報は図書館のように整理するのではなく、メタデータを交点で検索するという原則をわかりやすく体験できる機能が、メールアプリや情報整理ツールに実装されていることが多い「スマートフォルダ」の考え方です。

　たとえば Outlook では「検索フォルダ」という名前でこの機能が提供されていますが、送り主や件名の文字列といった条件をここに保存しておくと、特定の条件のメールだけがここに表示されるようになります。検索フォルダは、膨大なメールを絞り込むフィルターとして機能しているのです。

　特定の件名がついているメールだけを抽出したいならば、HACK 047 でみた正規表現に基づいて件名を検索し、さらに添付ファイルの有無、重要度、フラグといったメタデータの交点で検索フォルダを作れば、自在にメールを絞り込んで対応することができます。

　似たような機能は Gmail でも「フィルタ」として提供されています。Gmail のフィルタでは該当するメールを既読にし、色ラベルをつけるといったアクションもとれます。私の場合、常に数十個のフィルタが膨大なメールを仕分けして、初めから既読にして受信箱から除外すべきもの、特定のラベルを付与して整理しておくものといった処理を行っています。

目に触れる情報を減らす

　スマートフォルダの機能は macOS の Finder ではそのまま「スマートフォルダ」の名称で提供されていますし、Evernote では「検索条件の保存」、Todoist では「フィルター」、OmniFocus では「パースペクティブ」と、さまざまな名前で呼ばれています。

　しかしそれらが意味するところは同じです。膨大な情報を特定の条件の交点で絞り込み、ユーザーが目にする情報を減らすことができるのです。

　膨大なファイルや情報を、何度も同じ条件で検索しているならば、その条件に対してスマートフォルダを設定できないか調べてみましょう。

　目にする情報を減らすことで、はるかに効率的に情報を探すことができるようになるはずです。

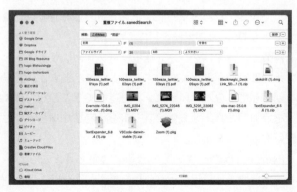

macOS の Finder でスマートフォルダを設定した例

情報の受信箱を作っておく

　情報をフローで処理する仕組みを作ったら、気になったものを保存するための情報の受信箱を作りましょう。あなたが何らかの興味を示して、あとで取り出したいと思う情報がゆっくりと沈殿する場所です。

　この目的を実現するためのツールとして便利なのが、クラウド上のメモツール Evernote です。

　いまでこそ数多くの競合サービスが生まれている Evernote ですが、ウェブで見つけた情報を蓄積し、メタデータの交点で検索するというシンプルな目的を実現するのならば、並ぶものがありません。

　Evernote から提供されているブラウザ用の Web クリッパーをインストールしておけば、ボタン一つでウェブページの全体か、記事部分だけを選択して取り込むことができますし、スマートフォンで撮影した名刺や書類の文字も OCR 処理で検索可能になります。

　蓄積した情報はクラウド経由でパソコンにもスマートフォンにも同期させて閲覧することができますし、情報を編集して自分だけのコメントを追加することも、タスクを追加したり、メモにアラームを設定したりといった使い方もできます。

　Evernote はクラウド上の情報の倉庫と考えるとわかりやすいです。最近流行りの目を奪うような機能はないものの、黙々と膨大なデータを蓄積して検索可能にする

サービスとして、これほど心強いものもないのです。

Evernote を使いこなすための考え方

しかし、情報をなんの仕組みも考えずに取り込むままにしていると、Evernote のなかも、どこに何があるのかわからない、ノイズの多い場所になってしまいます。

保存したときには重要だと思っていても、次第に情報の鮮度や興味が失われることもあれば、その場限りのメモを混ぜて忘れてしまうことを繰り返すうちに、Evernote 内にノイズが増えてしまうこともあります。

そこで、Evernote 上で2種類のノートブックを作り、情報がそこに降り積もるようにします。

①インボックス・ノートブック

このノートブックは、メモを取ったりする場合のデ

Evernote でインボックスと資料のノートブックを作った例

フォルトのノートブックです。ここに入るものは即興的で、その時点では興味があるかもしれませんが、まだ評価が定まっていない鮮度の高い情報の置き場です。インボックスに入るノートは、より長期的な価値があるなら他のノートブックに定期的に移動しますが、そうでないならば躊躇（ちゅうちょ）なく消します。

② 資料のノートブック

　ここは、できる限りノイズが混じらないように、入るノートを極力管理すべきノートブックです。「文学」「スポーツ」といったような漠然とした題名よりも、いま読んでいる本に関係したノートブックといったように、「なぜその資料を集めているのか」が明示されているようにしましょう。ある程度ノートが集まったら、凍結してアーカイブのスタックに入れてしまうのもよいでしょう。

　インボックスのノートブックが、新しいものから古いものへと情報が流れる場所なのに対して、資料のノートブックはテーマに基づいて情報が保管される場所です。鮮度とテーマの2軸で管理することで、Evernoteのなかのノイズを極力減らすようにしているのです。

Notion / Pocket

　Evernote以外にもクラウド上のメモサービスはあり、その代表例が現在人気の高まっているNotionです。

　NotionはEvernoteに比べるとデータベースの性格が強いサービスで、入力した情報を並べ替えたり、異なる

ビューで閲覧したりといった操作を得意としています。

　Evernote と同様に利用できるクリッパーが提供されていますので似た運用はできるものの、Evernote ほど膨大な情報を入力すると管理が難しくなる傾向があるのと、検索機能がまだ発展途上である点は注意が必要です。

　ウェブ上で見つけたリンクを蓄積する場所としておすすめなのは、Firefox ブラウザの開発で有名なモジラ・コーポレーションに買収された Pocket です。

　Pocket はブラウザの拡張機能を利用するか、スマートフォンでリンクをアプリ内にコピー＆ペーストするだけで、あとで読みたいリンクを一覧で保存してくれます。

　情報の流れを追うときには、それを Evernote や Pocket の受信箱に入れるのか、それともスルーするのかを判断しながら行います。こうして情報の流れのなかから、砂金のように、自分に役立つものを集めてゆくのです。

Notion でデータベースを作成して情報を整理している例

情報を集めるタイミングと読む時間をずらす

CHAPTER 3 の HACK 038 でも紹介しましたが、作業は似たもので集めてしまう「バッチ処理」をしたほうが能率的になります。

それは情報収集でも同じで、記事の一覧から興味のあるものを一つひとつ時間のある限り読むのではなく、ざっと情報を集めるタイミングと、それを実際に読んでメモをとるタイミングとをずらしたほうが結果的に全体の時間は少なく済みます。

仕組みとしては、たとえばニュースサイトの記事を上から読んでゆくのではなく、

1. 興味がわいたものをあとで読むために保存しておく
2. 保存された記事を、最も面白そうなものから読む

という 2 ステップにします。これは釣りをする際に、釣れたそばから順に魚をさばくのではなく、1 日分の釣果が揃ってから大きい順に選ぶのに似ています。

あとで読むサービスとブラウザのリーディングリスト

こうした一時保存場所として利用できるのが、前項でも紹介した Pocket や Instapaper に代表される、ウェブページをあとで読むために保存するサービスです。

両者とも、ブラウザに拡張機能をインストールするこ

とで、ボタン一つでページを保存し、読みやすいように装飾を減らしたフォーマットに整形してくれます。

　保存した内容はスマートフォン用のアプリに同期させて持ち出すことも可能ですので、パソコンで集めた記事をあとで移動中にチェックするといったような時間節約にも使えます。また、Pocket には英語の記事ならばアプリ内で文章を読み上げる機能もありますので、さらに時間の省略に利用することができます。

　Chrome や Safari といったブラウザに最近追加されたリーディングリスト機能も、こうした一時置き場に利用できます。リーディングリストは既読・未読を管理する簡単な機能だけが提供されていますので、タグ付けやメモを追加できる Pocket や Instapaper に比べると機能は限られていますが、ブラウザから離れる必要がないためこれで十分という人も多いでしょう。

Pocket なら集めた情報をあとでまとめて読める

読書の戦略を立てておく

すべての本を読むことはできません。だから、読める本を選ぶことが、私たちの一生の問題になります。

拙著『知的生活の設計』で、私は毎日の知的な積み上げが長い時間をかけて蓄積する例として、読書の量を設計する考え方について紹介しました。

たとえば、1日に60ページの読書を10年間持続することが可能なら、その総ページ数は21万9000ページ、書籍のページ数を平均300ページと考えるなら、730冊分に相当します。

これは1日に60ページ読むことが良いという話でも、それを速読で倍にしようという話でもありません。

毎日例外なく60ページの読書時間が作れたとしても、10年で到達できる場所は730冊程であって、「10年あれば1000冊ほど読めるだろうか」といった甘い見通しは、物理的な壁に阻まれることを意味しています。

楽しみのために読む本をいちいち数えたりすることはないかもしれませんが、ときには短い一生で何をどこまで読めるのだろうかと思いを馳せ、長い目でみた読書の戦略を立てるのも無駄ではありません。

読書目標とペースを計算してみる

たとえば本棚から平均的な本を取り出して、そのページ数を調べてみてください。あるいはその本を読むのに

必要な時間を経験から思い出すのでもかまいません。

　そして自分はこうした本を年間何冊読めたなら満足なのか、目標を達成できたといえるのか、イメージしてみます。あとは本のページ数を冊数でかけ算し、365日で割れば、1日に達成すべき読書の積み上げ分量がわかります。

　同じように、1カ月に無理なく何冊を読めるのか。そのためにはどの程度の頻度で本を探さなければいけないのか、イメージしてみましょう。

　繰り返しになりますが、これは読書に数値目標を立ててクリアするためというよりも、自分は月に5冊を読む人なのか、それとも10冊のペースなのか、現実的な情報をもとに、手を出すべき本、出さずにスルーする本を選べるようにするためです。

　あとは毎日の読書量を計測し、目標に無理がないかといった調整を加えます。毎日の読書ペースは目分量で記録をつけてもいいですが、iOSとAndroidで提供されている読書支援アプリBooklyを使うのが便利です。

　Booklyは本のページ数と、読書の開始時と終了時の到達ページ数を入力することで1ページあたりのペース、あと何時間で読了できるか、週に何度読書をしているかといったデータを表示してくれます。いわば、読書のフィットネストラッカーといってもよい機能が揃っています。

　このアプリを継続して使うようになると、自分の平均的な読書ペースを正確に把握できるようになります。い

つものペースに比べて遅いときは難易度が高い本なので慌てずに類書を参照しようといった選択や、1週間の読書ペースをみて週末に時間を作るべきだといったペースを、客観的データとして知ることができるのです。

積読と類読で立てる読書の戦略

　本を読まずに積むことも、一つの戦略です。

　読みきれない本を机の上に、本棚に、ときには床の上にも積んでゆく「積読」という日本語がBBCで話題になったことがありますが、そのときの記事は積読を"The art of buying books and never reading them"「本を買って、それを読まない技法」としたうえで、日本ではそれがスティグマ（悪い偏見、蔑視）をともなう言葉ではないことを紹介していました。

　本を買うタイミングは、心が動いた瞬間に、すぐに買ってしまうことがおすすめです。もう一度、同じように心が動く瞬間は

読書の進捗を管理できるアプリ Bookly

来ないかもしれませんし、来たとしてもその時点で本が手に入らない可能性もあります。

　そして、ある程度は本が積まれ、「積読」状態になることは熟成期間であると受け入れる必要があります。

　まだ読んでいない本も、私たちが感じたあこがれや、向かいたいと思っている方向性について思い出させてくれる栞になります。ですから、本は罪悪感なく積む必要があるのです。

　積読と関係しますが、調べたいと思っているテーマについて類書をすべて買い集めて星座のように並べる「類読」も学びを加速する習慣になります。

　天動説と地動説をテーマとしたとある漫画を読んでいたときに、本当の歴史的な流れはどうだったか、異端審問は時代によってどう行われていたのか興味が湧いたことがあります。そこで15世紀前後の科学史、異端の歴史、ケプラーやコペルニクスの伝記、当時を舞台とした小説といったものまで、新書から専門書、国際郵便で取り寄せる必要のあった洋書の古書までを一気に揃えてしまい、自分なりの興味の「星座」を組み立てました。

　1冊の漫画を読むのには大げさかもしれませんが、他の誰も実践していなさそうな本のパターンで話題を追うことで、独自の情報のフィルターを作っているわけです。

　いまも、それらの本をすべて読むことはできていません。しかしそこに参照できる情報の星座があるだけで、自分だけの個性的な読みが生まれるのです。

読書ジャーナルで読書体験を保存する

　読書の記録をつける際に「読み終えてから感想を書く」のでは遅すぎる場合があります。

　1冊の本には議論が多岐にわたるものや、小説の場合にはプロットが複雑で読み終わるころには最初のあたりを忘れそうになっているものもあります。そうしたときに、毎日読んだ分の内容を、その都度追記してゆく「読書ジャーナル」をつけたほうが、読書体験をより忠実に記録し、あとで内容を思い出しやすくなります。

　人によっては、本に対する評価を途中で下してはいけないと考える人もいるようですが、序盤で「ちょっと退屈だ」と書き留めていた本が、ある章を境にページをめくるのを止められなくなったというのも、読書家としての楽しみの一つです。そうした意見の変遷もそのままに記録するところに価値があります。

追記型なら Day One、データベース型なら Notion

　読書ジャーナルは、読んでいる最中にもどんどんと追記してゆく必要がありますので、それを意識したツールを使います。

　Evernote で本1冊につき一つのノートを作成して感想を追記するのでもいいでしょうし、紙のバレットジャーナルに同様のページを作るのもいいでしょう。

　1日に何度でも書き込みを追加し、あとからそれを束

ねて表示するのに向いている日記アプリとして、macOS/iOS/iPadOS で使用できる Day One があります。

　私の場合、読んでいる本のタイトルをタグにして Day One にどんどん追記することで、あとからそのタグで情報を串刺しにして閲覧できるようにしています。

　本のデータベースを作って、そこに自分の感想のメモを書き込むスタイルをとりたいのならば、いま最適なツールは Notion です。

　たとえば Notion で書籍のタイトル、著者、出版社、ページ数、既読状態などのデータを記録できるテンプレートを作成し、それを元に作成したページに感想を書き加えていけば、簡易的な蔵書データベースを作成することができます。手軽な手法と、汎用性の高い手法のどちらも試してみて、読書に役立ててみてください。

Notion で読書データベースを作成した例

速読のかわりに使えるテクニック

　結論からいうと、速読に期待してはいけません。1冊の本を数十分でスキャンするように読める、写真を撮るようにページを記憶できると主張する人もいますが、たいていは内容に対する先入観に基づいた飛ばし読みに過ぎず、本を味わうことにはつながらず、結果的に時間の無駄になるからです。

　しかし、平均的な読書スピードを向上させる基本テクニックはあります。アメリカの高校では学生に対して、

1. 1行の文章を1文字ずつではなく、いくつかの塊としてスキャンすること（チャンキング）
2. 心のなかで読み上げてしまうクセを避けること
3. 読んでいる場所から後戻りする目の動きを抑制し、一度目で理解できる平均スピードを保つこと

　といった読書の練習を実践する学校がありますが、こうした基本を守るだけでも、理解の度合いを保ったまま平均スピードを向上させることは可能です。

複数の本を同時に読む

　時間や場所によって調子よく読める本が異なることがあります。難解な本を進めることが苦痛ではない瞬間もあれば、リラックスした本でないと目が泳いでしまう時

間帯や場面もあり、読書のペースはまちまちです。

　一つの本を読み切ってからでなければ次の本を読まないというルールも悪くはありませんが、私はむしろシーンに合わせて開く本を複数用意しておくことで、常になんらかの読書が進むようにしています。

　たとえば難解なものと平易なもの、勉強のための本と遊びのためのもの、持ち歩けるものと分厚いもの、紙の本とデジタルの本といった組み合わせを用意して複数を同時に読むことで、さまざまな時間を読書に割り当てるわけです。

　ただし、難解な本や筋を覚えていなくてはいけない本については、別の本に切り替える際にどこまでの内容を読んだかが記憶から抜け落ちますので、セーブデータをとる意識で詳細な読書メモを残しておきます。

　複数の本を読む際に同時に読める冊数は人によって異なります。2冊が限界という人もいれば、6冊ほどを同時に進められるという人もいます。重要なのは、数をこなすことではなく、限られた時間で本を味わうための最適なペース作りだと考えて、この数字も自分自身の最適な数字を実験的に測定してみましょう。

　何もかもがスピード感のあるなしで価値が測られ、素早い消費が求められがちな時代のなかで、読書は未知なる世界に自分自身を解き放つ贅沢な時間です。

　人生そのものといってもよい、この贅沢な時間から何も奪うことがないように、自分に最適なスピードを見つけるようにしてください。

音声メディアで読書と学びを加速する

　近年、動画やライブ配信といったコンテンツに加えて大きく躍進しているのが音声メディアです。

　日本で利用できるオーディオブックのラインナップが増え、アップルやSpotifyといった企業がポッドキャストに大きな投資をし、Clubhouseやツイッターの Spacesといった音声SNSが脚光を浴びたことからもわかるように、音声は今後動画と並び立つ主要メディアとして広がることが期待されています。

　音声メディアは移動時間中や、他の活動をしている時間帯にも利用できるのが最大のメリットです。運動をしながら読書をし、料理を仕込みながら旬の話題を楽しむといったように、時間を無理なく活性化できるのですから、利用しない手はありません。

音声メディアで浴びるように情報を「読む」

　オーディオブックの最大手は、米国Amazonの傘下のAudible（オーディブル）ですが、私はAudibleで毎月2冊の本のクレジットが付与される定額サービスを使い、どんなに忙しいときでも1日のうち1時間ほどを洋書の読書にあてています。

　一般的なオーディオブックの長さは6～8時間ほど。長い小説なら15時間ほどですが、これを1日に1時間ずつ読み進めることで、1カ月で2冊を読破できます。

　日本版 Audible のサービスも近年ラインナップが拡充し、ビジネス、文学、ライトノベルなど、40万冊が配信されるようになりました。以前に比べて人気書、話題書が加わるタイミングも早くなり、安心して利用できるサービスに成長しています。

　欧米では、ここ数年で多くのウェブメディアが文字の記事と並行して音声版を提供するようになったことも注目に値します。ニューヨーク・タイムズや、The Verge といった有名ウェブメディアは重要な記事について音声版やポッドキャスト版を提供していますし、公共ラジオネットワークの NPR は NPR One アプリを通して24時間ニュースや最新の番組を音声で届けています。

　本を読む時間がどうしても足りないという人は、どの音声メディアを、どのタイミングで利用するのか1日の戦略を立ててみましょう。

Audible で洋書を読む

セレンディピティを楽しむ

　セレンディピティとは、イギリスの政治家であり小説家のホレス・ウォルポールが発案した造語で、彼が幼少の頃に読んだ「セレンディップの3人の王子」という物語からきています。

　この物語で王子たちは偶然と彼らの聡明（そうめい）さに導かれて、もともと探求していない何かを発見するのですが、そうした偶然から幸運な発見をすることを指した言葉がセレンディピティです。

　こうした偶然の発見は、ウェブのうえであれ、書店のような場所であっても年々難しくなっています。ツイッターやFacebookのタイムラインも、ウェブサイト上で私たちが見る広告も、アルゴリズムによって最適化が行われていますので、私たちはなかなか自分の年齢や性別といった属性の外側を見られません。書店も規模が大きい場所でない限り棚が画一化する傾向にあり、置いていないものは意識することすら難しくなります。

偶然性を日常に仕込む

　より広い情報を集めたいと考える人にとって、これは危機的な状況です。日常のなかに偶然性を計画的に仕込まなければ、次第に私たちは似たような情報、同一の視点ばかりが強調されるエコーチェンバーに閉じ込められてしまうのです。

　いつもと違う書店で、違うジャンルの棚を眺めるのは
こうした偶然性を誘い込むわかりやすい手法です。これ
を計画的に月に一度などといった頻度で実行することで、
それまで自分の観測範囲に引っかからなかった本の存在、
ジャンルの存在に敏感になるようにします。

　ウェブのアルゴリズムを逆手にとることもできます。
Spotify のサジェスト機能は世界中の音楽ファンの嗜好
によって駆動されていますが、おすすめのプレイリスト
の知らない楽曲のなかからお気に入りを選択するたびに、
サジェスト機能が未知の楽曲を次々に探し出してくれる
ようになります。こうした機能を上手に使うことで、昔
聞いた馴染みの曲ばかりを聞くのでなく、新しい音楽と
の出会いを常に探求するスタイルを選択できます。

　ツイッターにも「本」「科学」「料理」といったように
トピックをフォローできる機能が追加されています
（HACK 058）。トピックを追うことで、自分がフォロー
していなかった人の、特定ジャンルのつぶやきを発見す
ることが容易になるのです。私は「本」のトピックを
フォローすることで知らなかった書籍の話題や批評の視
点が常に流れてくるようにしています。

　私が知らないこと、まだ出会えていない情報の多くは、
世界の誰かがすでに触れているものです。そうした情報
の断片が偶然手元にやってくるように仕組みを作ること
で、どうしても死角が生まれがちな自分自身の興味の
レーダーの範囲を広げることができます。

アルゴリズムに対抗する情報収集

　私たちが見る情報は、いまやそのほとんどがアルゴリズムに表示順位を支配されています。

　ツイッターを開き、右上のアイコンをクリックした表示が「ホーム」になっているなら、あなたのタイムラインはアルゴリズムが判断したトップツイートが優先表示されており、フォローしている人の時系列順にはなっていません。Facebook の投稿の表示方法も、アルゴリズムが重要だと判断した投稿が優先されて写真付きの投稿やコメントの多いものが目に入り、リンクだけの投稿は優先度が下がるようになっています。

　もちろん Google 検索の結果も、そのときアルゴリズムが何を優先させているか次第で大きく変わります。

　アルゴリズムは私たちの行動をずっと見ていますし、私たちがどのようなリンクをクリックするかを、ひいてはこれらのウェブ企業の広告収入のために、私たちが見るものを操作しているのです。

　こうしたアルゴリズムの動きを意識しなければ、もはや情報収集はできない時代となったのです。

偏った情報が固定化される

　2020 年のアメリカ大統領選挙の際、2 人の候補を支持する人々はそれぞれまったく異なる SNS アカウントやウェブサイトを追っていたことが知られています。

　選挙がバイデン氏の当選に終わったとき、トランプ氏を支持していた人々の一部は選挙結果が不正であったとする陰謀論の YouTube チャンネルを熱心に見るようになりましたが、こうして閲覧している情報の傾向が偏ると、アルゴリズムはその偏りを強める方向にしか関連動画を表示しなくなります。

　視聴者は、心地よい価値観の泡に閉じ込められた「フィルターバブル」のなかから抜け出せなくなるのです。

　これを避けるためには、アルゴリズムの手の届かない情報の検索方法を模索するしかありません。

　たとえばツイッターにログインした状態で通常の検索で見るのではなく、Yahoo! リアルタイム検索を通して調べたり、Google アカウントからログアウトした状態で検索を行ったりといった手段は、完璧ではないにせよ、ときとして有効です。

　異なる視点を持った興味深い人がいるならば、その人のツイッターアカウントを非公開リストに加えてウオッチすることもできます。

　私は自分の属しているフィルターバブルの外側を見る目的で、異なる視点の人や、翻訳が困難な他言語のメディアも観測範囲に加えるようにしています。

　自分の価値観の外側にもネットの空間は広がっています。それを意識して検索することができれば、自分の価値観を客観的にチェックして、より広い視点をもつことができるのです。

学びと
アウトプット

人生を変えるための情報アウトプット

　外からやってくる情報をダイエットして、自分の興味や価値観に基づいて選べるようになったら、次に考えたいのがそれを新しいアイデアや、アウトプットにしていく習慣です。

　アウトプット先は、手帳、日記、SNS、ブログ、仕事における企画といったものから、生活全般における行動の変化、あるいは著作や写真や動画といったクリエイティブなものまで、なんでも含みます。まとめるなら、外からやってきた情報が知的生産につながっている状態を目指すことが目標になります。

　民族学者の梅棹忠夫氏は、この知的生産という言葉について「人間の知的活動が、なにかあたらしい情報の生産にむけられている」（『知的生産の技術』岩波新書より抜粋）状態と指しています。

　知的という言葉を使っていますので、学術的な活動やまじめで高尚な活動しか含まれないのかと思われるかもしれませんが、そんなことはありません。ここでいう知的とは、むしろ「自分の頭で考えている状態」と言い換えてもよいものなのです。

自分の頭で考える習慣

　いかに名著や古典と称される本を読み、優れた人の言葉に触れたとしても、その情報をデータのようにとりこ

んだだけの状態は生産的とはいえません。ましてや、その情報に何も付け加えることなく受け売りするだけの状態は、他人の情報に振り回されているだけです。それは知的でもありません。

　ほとんどの人が、膨大な情報をさばくことは上手になれます。一日中ネットを見ていることも、SNSに張り付いていることも苦痛ではないでしょう。しかしそこからなにか知的な生産につながる活動につなげるには、もうひと工夫が必要になります。

「まる一日を多読に費やす勤勉な人間は、次第に自分でものを考える力を失って行く」とショウペンハウエルが言うとき、彼は読書そのものや勤勉さそのものを批判しているのではありません。そこまでするのなら、そうした情報によって刺激された、自分自身の思考をもたなければ仕上げにならないと警告しているのです。

　そこで、手に入れた情報を自分なりにアウトプットすること、学びを人生の仕組みとして取り入れる習慣が必要になります。

　ライフハックの文脈でまとめるなら、情報という刺激によって触発された自分自身の考えが行動につながるように、仕組みやツールを使いこなすという視点になるでしょう。

原則：情報ダイエットを通して選別された情報が、新しい考えと行動のアウトプットにつながっている、知的生産の状態を目指す

ユビキタス・キャプチャーの習慣

アウトプットの練習として最初に実践できるのが、メモをとる習慣です。忘れたくないことを自分の言葉で書くことは、情報をアウトプットする際の基礎訓練といっていいでしょう。

この「忘れたくないことを記録する」という部分は、想定以上に考えなければいけないポイントです。

印象深い映画を見たり、本を読んだりしたとしても、数年後までその感想が、そのままに残っていることはまれです。登場人物やプロットといった基本的な情報ですら、忘れている場合のほうが多いでしょう。

特定のイベントに関係しない、日々の印象や記憶はさらに危険です。ほんの数年前のことであっても、私たちは自分自身の考えをさかのぼることができませんし、すでに記憶が変化していることにすら気づきません。

直近で起こった出来事を保管している私たちの脳の短期記憶はせいぜい5〜7個ほどの事柄しか記録できないことが知られています。それ以上は、新しい情報が入るたびに押し出されて消えていきます。"The Memory Illusion"のジュリア・ショー氏によれば、ある程度印象に残った長期記憶であっても、内容は常に書き換えられており、簡単な誘導尋問で嘘の情報に上書きされてしまうほど脆弱なものであることが研究でわかっています。

「忘れたくないことを記憶」するという言葉は、切迫感とともに「忘れるよりも速く記録をとらないものはすべ

て忘却される」と表現したほうがいいのです。

原則：すべての記憶は時間とともに忘却されるか、書き換わってしまう。そこで、忘却するよりも速く記録をとらなければ、せっかくの印象や心象は消えてしまう

　そこで、忘れるよりも速く手帳やスマートフォンといったツールに、感じた印象をそのときのままに記録することで、あとで再生可能にするという習慣が必要になります。

　こうした、記憶を記録に変える習慣のことを、私はすべてのことを（ユビキタス）記録する（キャプチャー）ことから「ユビキタス・キャプチャー」と呼んでいます。

　ユビキタス・キャプチャーという言葉は、GTDを実践しているマーリン・マン氏などのブロガーが、頭のなかにあるすべてのタスクを手元のカードなどに記録する習慣を指す言葉として使用されていましたが、私はこれをタスクに限定せず、脳裏に去来した、失いたくない記憶のすべてに拡張して考えています。

　最初は、どの情報を記録して、どの情報は記録しないのかの判別がつかないかもしれませんが、簡単な目安を使うことで次第にコツが摑めてくるようになります。それは、「その考えはあなただけのものであるか」という判断基準です。

　たとえば小説を読んで、その内容に大きな共感を覚えたとします。小説のプロットや登場人物自体は、あなた

が考えたことではありませんので、そのすべてをメモすること自体にはあまり意味がありません。しかし、「この本のプロットのこの箇所に大きな感動を覚えた」という情報は、あなただけのものです。

　情報に、自分の感動や印象などといった反応を足し合わせたものは、価値のある新しい情報です。

　梅棹忠夫氏が知的生産のことを「なにかあたらしい情報の生産にむけられている」と簡潔に表現したのは、まさにこうした自分の考えや感動を付け加えることを指しているといっていいのです。

原則：情報に、自分の感動を付け足したものは、新しい情報になる。こうした記憶をユビキタス・キャプチャーの習慣で記録にしていくことがアウトプットの基本

大量のよくないアイデアを出してゆく

忘れたくないことを記録する習慣は、日記のような日常的な記録だけでなく、プロの仕事の情報収集でも使える基本訓練です。

本を読んでも、映画をみても、SNSで興味深い話題をみても、街なかで美しい写真をみても、ふと歩いているときに何かを思いついても、そのすべてを自分がどのような感動を覚えたか、重要性を感じたかを軸に記録をしていきます。これは目に入る情報を自分という価値観で編集する行為にほかなりません。

こうしたアウトプットの習慣を繰り返すうちに、より長いアウトプットや、体系だった仕事にそれをまとめていくことが楽になってきます。

たとえば私の本棚には過去十数年分のユビキタス・キャプチャーに使用したモレスキン手帳が山のように積み上がっていますが、ここには過去に読んだ本の感想といったまとまった情報から、日常で感じた不便についてのメモやその解決法といったものまで、膨大な書き込みが集まっています。

しかし重要なのは、こうして作られたメモのほとんどはあとで利用することがないものだということです。あとで必ず利用する重要な情報だけをあらかじめ予測して記録することはできませんので、たとえ利用することがなくても、アウトプットを蓄積し続けるところに、この習慣の意味があります。

心理学者のキース・ソーヤー氏は"Explaining Creativity"において、一瞬のひらめきに思える発想が、実はさまざまな組み合わせやデータの蓄積を経てじわじわと進んだ結果、最後の小さな一歩として生まれる傾向があることを指摘しています。

発明王トーマス・エジソンが米国史上個人に与えられた数としては最多の1093件もの特許を申請できたのは、3500冊ものノートを生み出すほどアイデアの「量」にこだわったからという逸話もよく知られています。

大量のアウトプットは、そこから一握りのよいアイデアを生み出すために必要な投資なのです。

質の良い少量のアウトプットを作るのではなく、質は度外視してどんな小さな発想でも次々に記録するほうが、結果的にメモからよいアイデアを生み出し、結果につなげていくことができます。

私のモレスキン手帳は他人にとってはあまり価値のない書き付けにすぎませんが、私にとっては新しいアイデアを生み出す泉のような効果をもっています。この本も、これらの手帳にそのときの思いつきとして書かれたアイデアの数々から生まれているのです。

原則：何が質の良いアウトプットになるのかは、あらかじめわからない。そこで、アウトプットはまず質ではなく量を重視し、そこから質の高いアウトプットを構築できるように仕組みを作る

10000 時間の訓練

　日常的なアウトプットの習慣は、さまざまな形であなたを助けてくれるはずです。

　情報を選び取るときの選球眼が良くなりますし、数年分のメモをもとにして俯瞰的(ふかん)に物事を見る視点も得られます。あなたがブログや創作などの活動を楽しむ人なら、バラエティ豊かな素材からネタを選べるようになりますので、流行や他人の影響を気にすることは減るでしょう。そしてゆるやかに、情報の選び方が自分自身の視点を長期的に変えていることに納得できるようになるはずです。

　ここで、もっと長期的な情報の選び方を通して人生を変えることを考える際に参考になるのが、マルコム・グラッドウェル氏が著書 "Outliers" で紹介した 10000 時間の練習の考え方です。

　プロのバイオリニストやスポーツ選手といった、大きな成功を収めた人々には特異な才能があると私たちは考えがちです。そうした思い込みに対して、氏はさまざまな調査や研究を引用し、実は個人の成功が才能とは直接関係がない要素、たとえば生まれた月や年代、生まれた場所や親の所得といったものにも大きく左右されていることを示していきます。

　そうした要素の一つが練習時間で、プロの演奏家とそうでない人の間には最低でも累積 10000 時間に達する練習時間の差がみられる傾向があるというのです。

10000時間という数字は、たとえ10年にわたって行うにしても1日3時間に迫る練習を365日休みなく実行しなければいけません。そうした練習が許される時間や経済的な余裕があるかどうかも含めて、この積み上げの時間が私たちの成功を決める傾向があるのです。

　この考え方は、私たちが夢見る成功がいかにあてにならない、運も左右するはかないものであるかを教えてくれるとともに、ライフハックの視点から見ると心強い励ましにもなります。

　特別な才能や恵まれた境遇でなければ人生を思い描く方向に変えられないのではなく、小さな知的生産のアクションをこつこつと積み上げることでたどり着ける場所があるはずだという確信を与えてくれるのです。

　そのためには、情報の選び方、アウトプットの量を極端にするのがコツです。

　他の人も読んでいる本を読んで、他の人も感じるような感動をアウトプットするのに満足するのではなく、もっとマニアックな情報の流れを選び取り、他の人には生み出せないアウトプットを生み出すことを目指します。

　情報のインプット・アウトプットにおける原理・原則が、CHAPTER 1で紹介した時間管理のそれと呼応しているのは偶然ではありません。時間の使い方を極端にしたところに、並外れた成果もやってくるのです。

原則：情報の選び方からアウトプットまでを極端にすることで、人生に与える変化をより強めることができる

情報発信をするときの注意点

最後に少しだけ触れたいのが、情報を公共に向けてアウトプットすること、つまり情報発信の注意点です。

いまはスマートフォン一つで誰もがSNSに、ブログに、動画サイトに情報を発信できる時代です。情報発信の手段が身近になったことと引き換えに、発信すること自体はめずらしくなくなってしまいました。

そうなると、頭をもたげてくるのが自己承認欲求という感情です。これをこじらせてしまうと、同じように発信をしていても、似たような誰かに比べて認められていないのではないかという自信喪失や不安に苛まれるようになります。

情報発信が発見してもらえない理由は、①まだ他人が注目するほどオリジナルな内容ではないか、②その分野にそこまで人がいないか、③運が悪い、またはタイミングが来ていない、のどれかだといえます。

そこで本末を転倒させて、他人に見つけてもらえるように目立つように振る舞い、自分の興味自体を変えるという選択肢もあります。それを否定はしません。

しかし長い目でみるならば、自分の興味や価値観からブレないようにしたほうが、よりオリジナルなアウトプットができますし、継続が楽になります。

自分のアウトプットを追求した先に結果的に出会う人がいるはずだと、そう考えるほうが長く、一貫した発信を続けられることでしょう。

ユビキタス・キャプチャーを実践する

　ユビキタス・キャプチャーの習慣を実践するための準備として大事なのは、いつでもどこでも記録をとることができるように、メモとペンを常に周囲に用意しておくことです。

　すべての場所というのは、本当にすべてです。メモを持たずに外出してはいけませんし、自宅のなかでもメモが常に手元になくてはいけません。慣れてくれば、トイレのために席を立つときでさえ、意識せずにメモに手が伸びるようになってきます。

　こうして常に持ち歩いているメモに、頭のなかに思い浮かんだ思考を書き留めるのですが、最初は考えていることを書くという発想自体が生まれません。「考え」自体を意識して捉えるのも難しいでしょう。

　そこで最初のうちは、①日々の出来事、②アイデア・思いつき、③読書などのインプットの感想、④忘れたくない思い出や記憶、といった出来事やトリガーを使って、メモをとるように少しずつ慣れていきます。

　キャプチャーをするときには必ず時系列順に、その場で書き込みます。このとき「こんなことを書いても意味がない」などと自己検閲をしないように注意します。何があとで重要になるかはわからないことを前提として、なんとなくあとで思い出したくなる気がしたなら、それをそのまま書いておくようにします。

　記録の形式も自由ですが私の場合は日付と見出しを入れ、その後に1段落ほどの文章で、記憶をまるで小説の一場面であるかのように描写します。数年経ってから読み返す際、状況描写や背景の説明が記憶を再生するのに役立つからです。

　慣れてきたら、キャプチャーには絵や写真、子どもの描いたラクガキの断片や切り抜きなどを、そのまま貼り付けていきます。

　ユビキタス・キャプチャーの習慣を続けていると、次第に人生そのものを手帳やノートのなかに保存しているような、記憶を外部化したかのような境地になってきます。金曜日になるころには月曜のことを忘れていたのが、何年も前の、ある日付に起こった出来事も今日のことのように再現できるようになるのです。

ユビキタス・キャプチャーをモレスキンで実践する

　ユビキタス・キャプチャーをする際に、私はふだん、ページが膨大にあって持ち運びやすいモレスキン・ノートブックを使うことをおすすめしています。

　モレスキンはポケットサイズの場合192ページ、ラージサイズなら240ページあります。ページ数が多ければ、どんなに書いていても余裕がありますので、残りのページ数がなくなるかもしれないと手控えたりすることがなくなります。

　また、モレスキンは保存にも適しています。造りが頑丈なのでなかなか壊れることはありませんし、使い終

わったノートブックを本棚に並べておけば、まるで高級な革張りの洋書が並んでいるように見えて目を楽しませてくれます。

　規格が統一されていることも長く使う理由になります。万が一現在のモレスキン社の手帳がなくなったとしても、類似の製品が出てくることが間違いないほど広く利用されていますので安心して利用できます。

スマートフォンならば Day One か Evernote

　紙の手帳とスマートフォンは相補関係にあります。紙の手帳には手書きの曖昧な書き込みができるという利点がありますが、スマートフォンなら写真や動画や音声といった膨大なディテールを記録できます。

　２つを組み合わせることで、手軽により完全なキャプチャーが実現できるのです。

　ユビキタス・キャプチャーに向いているアプリとしては Day One と Evernote が挙げられます。

　Day One は設計思想が時系列順のジャーナルを作ることに特化していますので、記憶のキャプチャーには最適ですし、記録をとるとその場所の都市名、天気といったメタデータも自動で付加してくれます。

　同様に、Evernote も時系列順にノートを作成し、そこに画像や音声といったデータを追加できるところがユビキタス・キャプチャーに向いています。逆にいえば、これ以上の複雑な機能は、メモをとる目的に対して雑音になりかねません。

未来の記録方法、フォトグラメトリ

そのときの記憶をそのまま残す方法として、次第にスマートフォンでも利用が楽になってきたのが3次元の風景や物体をそのままスキャンするフォトグラメトリの手法です。

最新のiPhoneやAndroid端末に搭載されているLiDARスキャナを利用すればさまざまな方向から撮影した映像を3Dモデル化できますし、そうした物体をVRで楽しむことも手軽に行えるようになっています。

未来のユビキタス・キャプチャーには思い出の場所や人の3Dデータも含まれることは間違いありません。

すぐには活用できなくても、記録はあとからは作れませんので、子どもやペットや自宅の3Dデータを少しずつ作成しておくのが、記録を未来につなぐ考え方です。

モレスキンでユビキタス・キャプチャーを実践している例

写真は10倍撮影して、動画は1分を基本にする

　カメラマンが、駆け出しの人に与えるアドバイスには
さまざまなものがありますが、ほぼ全員が共通して口に
するのが「もっと、もっと撮影しろ」というものです。

　これも、アウトプットは最初に質よりも量から攻めな
ければいけないという原理に則（のっと）った考え方といえます。

　完璧（かんぺき）な写真を一度で撮ることはもちろん不可能ですの
で、私たちはあらゆるチャンスや偶然を利用して練習し
ながら、そこに近づいていくことしかできません。

　だからこそ、できるだけシャッターを切り、さまざま
な撮影のパターンや組み合わせを網羅することが「この
瞬間を収める」技術の上達につながります。

　具体的には、面白いか面白くないか、写真に収めるべ
きかそうでないかといった考えが入る前に、どんどん記
録していきます。友人と写真を撮るときも、素早く5枚
連写し、別のアングルから5枚連写と、偶然の生み出
す作用を呼び込みます。

　動画も、「ちょっと長いだろうか？」と思う時間、最
低でも60秒で毎日1つの記録を残していきます。良い
部分だけを動画に収めようとすると、実際には良い部分
も逃してしまいますし、動画に残そうかと考えること自
体が、すでに記録の邪魔になっているわけです。

　アウトプットを生み出すときのこうした姿勢は、絵を
描くとき、原稿を書くときなど、他のさまざまなジャン

ルでも応用が可能です。

常軌を逸した量を追求してみる

　写真であれ、絵の練習であれ、思考の断片であれ、大量の悪いアイデアを、その大半が採用されないことを知りながら生み出し続けることにはちょっとした逸脱が必要です。英語では"obsession"（執着）と呼ばれる領域まで、そのテーマについて考え続けるのも、一つの才能といっていいでしょう。

　たとえばウィルソン・ベントレーは15歳で顕微鏡を通して雪の結晶を見て以来その魅力に取りつかれ、生涯に5000枚もの写真を撮っていますが、彼の結晶の分類に対する情熱があってこそ、その後の日本の中谷宇吉郎などの研究者の人工雪の研究が進んだといわれています。もしベントレーが1000枚や、500枚でやめていたら、そのようなつながりは生まれなかったかもしれません。

　アウトプットを量から質に転換する際には、一度こうした時間をもつことも有効です。たとえば毎日同じ完成度の絵を描き上げる、毎週一つの曲を作曲してレコーディングするといったように、平均的なペースを超えたアウトプットの期間を持つことで、成長を加速させることが可能になります。

　筋トレ後に超回復が生まれて筋肉が成長するように、ペースを意識したアウトプットの集中期間によって、質を意識的に高めていくことができるのです。

シャワーのなかでアイデアが浮かぶ理由

アウトプットすることを日常とするならば、それが生まれやすい場所とタイミングを把握して、アイデアを積極的に捉えることもできます。

中国・北宋時代の政治家であり文人の欧陽脩は、よい考えが思い浮かびやすい場所として馬上（馬の上）、枕上（寝る前）、厠上（便所のなか）の「三上」があると記しています。

興味深いことに、英語にもアイデアが浮かびやすい3つの場所として、頭文字をとった「3B」という言葉があり、それはBed、Bath、Busと、やはり三上と似通っています。実際「シャワーのなか」はアイデアが浮かびやすい場所としてすっかり認知されていて、シャワーのなかでアイデアを書き留めることができる防水メモ製品も開発されているほどです。

これは本質的にはシャワー自体がクリエイティブさを刺激しているわけでも、乗り物自体が脳を刺激しているわけでもありません。むしろ、それまでずっと取り組んでいた問題からいったん離れ、異なる場面設定で考え直したときに、それまで見えなかった関係性がひらめくという現象です。

シャワーや乗り物に乗る場面などが特にそれに向いているのは、多くの人にとってそれが無意識にできるほどに単純作業になっているからといえます。たとえば釣り

をしているときや、ランニングをしているときなども、こうしたひらめきが生まれやすい場面です。

　そこで、これを「発想したいときには定期的に違うコンテキストを導入する」という形でテクニックにして取り入れることができます。机に座ったままでいるなら、違った種類の単純作業をしてみたり、メモをもって散歩に出かけたりするのです。

孤独の時間をもつ

　欧米の人にとってシャワーの時間がアイデアを生むのに適しているのには、もう一つの理由があると言われています。それは欧米のシャワーが一人きりの空間であることが関係するのです。

　認知科学者で作家のスコット・バリー・カウフマン氏は、"Wired to Create"でこの現象が、雑音や他人の視線から離れ、リラックスして空想する自由が保証されている空間で起こることを指摘しています。

　チームでアイデアを出し合うブレインストーミングにおいても、批判せずにアイデアを出してから吟味することが奨励されているのは、批判が想定されるだけで発想の量が減ってしまうことが知られているからです。

　こうした知識があると、仕事で考え事を急かされているときほど、リラックスした孤独な空間を選んで発想を広げて、そのあとでオフィスに戻って実行に移すといったペース作りに応用が可能になります。

話題の PKM ツールを使いこなす

知識は、必ず他の知識を参照して、網目のように広がっています。たとえば Wikipedia で「ライフハック」の項目は「ハッカー文化」にリンクしていますし、そこから「Unix 文化」や「フリーソフトウェア」といった話題にも情報はつながっていきます。どんな情報も、孤立した島ではないのです。

こうした知識の網目を個人でも作れる PKM（パーソナルナレッジマネジメント）アプリと呼ばれるジャンルが近年大きな盛り上がりを見せています。

PKM アプリにはさまざまな種類がありますが、人気のあるアプリの共通点として情報同士をバックリンクでつないで表示できる機能があります。

たとえば PKM ツールを使って今日の日記に「今日は SF 映画の『DUNE/ デューン 砂の惑星』を観た」と書いたとします。ここで、作品名を PKM ツールのリンクにしておくと、自動的に「DUNE」と名付けられたページが作成されるだけではなく、その話題に言及している日記のページが表示されます。

その後、原作の小説を読んで読書メモを残しても、原作者のフランク・ハーバートに触れたメモを書いても、この「DUNE」のページには参照しているページ情報が自動的に増えていきます。

こうして日々のメモに簡単なリンクを残すだけで、情

報の相互参照ができる索引が自動的に作成されるのが
PKM のもっている力です。十分にメモが溜まれば、た
とえば「SF 映画」という項目から過去に観たすべての
映画作品のメモや、SF 映画について考えたことなど、
すべての知的活動を網目状に引き出せるようになります。

いま人気の PKM ツール

国内の PKM ツールで、初心者にも利用しやすくおす
すめできるのが Nota 社の Scrapbox です。

Scrapbox ではメモを書いている文章のなかに他の
ページへのリンクを作るだけで、メモとメモの参照関係
が自動的にページの下部に表示される仕組みになってい
ます。まるで一つひとつのノートに索引がついている状
態ですので、ノートの数が増えても情報の関係を見失い
にくくなっています。

マニアックですが、大学で膨大な資料を読み、その関
係を知識として構築する学生や研究者の間で人気のツー
ルが Obsidian と Roam Research です。

Obsidian は Markdown 形式で書かれたテキスト形式
のメモを書くなかで、Scrapbox と同様のリンクを挿入
するだけで情報の網目が構築されていきます。これに対
して Roam Research は箇条書きの形式で情報を入力し
ますので、Obsidian に比べて入力する段階で情報を構造
化する思考が促されます。

どちらも、入力された情報に対して相互参照している
ページが自動的にまとめられ、できあがった情報のネッ

トワークはグラフ形式で閲覧して絞り込むことが可能となっています。このグラフのおかげで、情報を俯瞰することも、関連情報の枝を辿（たど）って詳細を検討することも自由自在です。

たとえば私の場合、研究で読む論文についての情報をRoam Researchで管理するようにしています。一つの論文につき一つのページを、[Manabe and Wetherald 1967]といった名前で作成して、その論文についてのメモを書き込みます。

毎日論文を読んでいると「これはあの別の論文に関係しているな」と気づくことがありますので、日々のメモのなかに、それを書き込みます。するとその言及が、論文のページにも参照されて表示されるようになります。

このように、PKMツールでは「何について考えたのか」の痕跡をメモに残すだけで、すべての考え事を失く

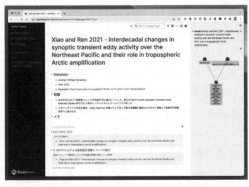

Roam Researchで作成した文献メモ

すことなく集約できるのです。

　Obsidian も Roam Research も、サービスが英語であることも含めて初心者には難しいものの、使いこなせば記憶しきれない情報の関係を外部化して管理することができるところは魅力的です。

　わたしは箇条書きで情報をまとめる利用方法が明快であるという理由で Roam Research を仕事で使っていますが、メモを取ることが多い作業については Obsidian もおすすめしています。

　また、この分野では Roam Research と Obsidian の成功をうけて、その設計思想を踏襲しつつもシンプルで利用しやすい Craft、Zenkit Hypernotes といった新しいサービスも次々に開発されており、その動向から目を離すことができません。

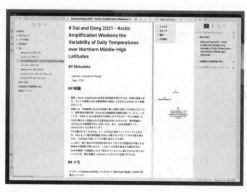

Obsidian で作成した研究用のメモ

紙の PKM ツール、情報カード

　学術研究の現場で古くから使われている、もう一つの PKM ツールといっていい仕組みが、紙の情報カードです。

　情報カードの使い方については記号論学者で作家のウンベルト・エーコ氏が「論文作法」で、国内では梅棹忠夫氏がベストセラー『知的生産の技術』で紹介したことが知られています。また近年では、社会学者のニクラス・ルーマン氏が用いた Zettelkasten（ツェッテルカステン）という手法が注目されましたが、どの手法にも大きな共通点があります。それはカードを思考の単位として捉えて、分類せずにカード間の関係に注目することです。

思考の断片を操作する

　カードを利用する際には必ず表題をつけ、1 枚のカードに一つのまとまった思考や情報が封じられているようにします。一つの本の感想を 1 枚のカードに入れるのではなく、本を読むことで得られた知見や生まれた思考を、数枚から数十枚のカードに断片化してゆくのです。

　これらのカードは分類せずに、カード同士を並べ、見比べ、操作することによって、新しい発想を生み出すことができます。

　梅棹忠夫氏は『知的生産の技術』において、「一見なんの関係もないようにみえるカードとカードのあいだに、おもいもかけぬ関係が存在することに気がつくのであ

る」「カードは蓄積の装置というよりはむしろ、創造の装置なのだ」と書いています。

　ある本で読んだ内容が別の本と呼応していたり、互いに補強していたりといったように、断片同士は小さな声で語り合いますので、これを探すわけです。

　情報カードにはデジタルのPKMツールのような検索性の高さや、カード同士のバックリンクを自動的に表示する機能はありません。

　それでも情報カードの仕組みに効果があるのは、ちょうどよいスケールで脳の記憶を外部化できるからです。一つのテーマに対して数百枚のカードを作成し、仕事がまとまるたびにそれを捨てるか保管するといったように運用すれば、情報カードは覚えきれない情報をいったん預けておく場所として力を発揮します。

　初めてカードを使う人は、市販されている100枚程度から始めるという人が多いと思いますが、私はそれを10倍にした1000枚から始めることをすすめています。

　100枚程度はあっという間に使いきってしまうくらいのスピードで情報と発想を集めてみて初めて、自分が頭で考えられる世界の先に、新しい可能性があることに気づくことができるからです。

　人は、星を見ればそこに星座を見出さずにはいられません。それと同じように、大量の情報カードを目の前に並べたところに、連想と創造の星座は浮かび上がってくるのです。

歩きながら考える仕組みを作る

　歩くことが、考えることと親和性が高い行動であることは古くから知られています。

　プラトンやアリストテレスらは歩きながら講義し、議論もしたことから逍遙学派と呼ばれましたし、哲学者のニーチェもルソーもカントも、歩くことと思想とを結びつけていたことが知られています。

　しかしいま、多くの人が歩くときもスマートフォンの画面に惹きつけられ、他の人や物にぶつかるばかりではなく、痛ましい事故に遭うようにまでなっています。

　目的地に向かって一心に歩いている時間はどこか無駄に時間を浪費しているような、もったいない時間のように感じられるのはわかります。そうした気持ちをスマートフォンで友人とのやりとりをしたり、動画の続きを見ることで埋めたくなるのも自然な反応でしょう。

　しかし、歩いている時間をふだんはできない考え事を集中的に行う時間に変化させるという選択肢もあるのです。

「時間があったら考えよう」を集めておく

　多くの人は「時間があったら考えよう」と先送りにしていることを数多く抱えたまま、実際に考えることをせずに毎日を送っています。

　たとえば数年後に考えている転職先についての計画や、

引退後や老後などといった遠い将来についての計画といったように、重要ではあるものの緊急ではないために一度も考えずに済ませているようなものです。

こうした考え事についても、ブレインダンプの習慣や、タスク管理の習慣によって紙に書き出しているのならば、それをテーマにして歩くことができます。

たとえば次のような仕組みにしてみます。

1. 重要だけれども非緊急な考え事のテーマのなかから一つを選び、出発時に「これからこれについて考える」と決めておきます
2. 歩いている最中はそのテーマについてだけ考え、途中でスマートフォンなどの別の情報は見ないように心がけます
3. 目的地についたら、その考え事に結論が出ていなくても、途中経過をメモして次回のために保存します。

たったこれだけのルールでも、ふだんまったく向き合うことがないテーマについて集中して考えを巡らせて問題の感触を得ることができます。

慣れてくると、たった数分のコンビニへの道のりや、エレベーターのなかの時間といった、思わずスマートフォンを見つめている時間を、思考のひとときに変えることができるようになるのです。

集中的特訓で10000時間の練習を加速させる

　マルコム・グラッドウェル氏が紹介した10000時間の練習の法則は、発表当初から「その時間数は本当なのか」「漫然と10000時間を練習しているのでは意味がないのでは」、といった反響を巻き起こしました。特に後者についてはさまざまな研究が行われており、練習の内容にも才能を引き出すものと、そうでないものがあることがわかっています。

　たとえば、大勢のチェス選手を調査した論文によれば、グランドマスターに到達する選手は、競技生活の最初の10年におよそ5000時間を過去の試合の研究に費やしていることが知られています。練習にはさまざまな方法が考えられるものの、特に過去の棋譜の研究をしている人にこうした傾向がみられたというわけです。

　これは他の平均的なプロ選手の数倍に相当し、この部分が差を生み出しているといえます。このように、時間が経過したあとで特に差を生み出す場所をターゲットに練習することを「Deliberate Practice（DP）」手法と呼びます。

　DP的な練習にはいくつかの特徴があります。プログラミングにたとえるならば、①ただ達成するだけではなく、最も洗練されたコードを書く練習をする、②何度も同じレベルのプログラムを繰り返し作る、③他人にコードを公開してよりよい方法を指摘してもらう、といった

ように、成長を促す部分に負荷を集中させます。

　学びたいスキルのうち、どの部分がDP的な練習に相当するのかを判別するのは容易ではありませんが、他の人の事例や過去の経験からあたりをつけて、そこに最初に集中的に時間を投入することで、10000時間のうち、最初の1000時間で急速な成長を生み出すといった手法を利用できます。これも、時間の使い方を極端にする例といっていいでしょう。

やりかたがわからない仕事にふれる時間をもつ

　10000時間の法則や、DP的な考え方は初心者が熟練者になるときの道筋ですが、すでに従事している仕事の分野で壁にぶつかっている場合に、それを乗り越える手段も必要です。

　マネジメントの世界ではピーターの法則という、いささか気落ちさせられる経験則が知られています。それは、能力主義の世界において人はその才能の限界まで出世するので、その限界＝無能になった職階で出世が止まるというものです。結果として、あらゆる人がその人なりに無能な場所で足踏みをするというわけです。

　これにはもちろん「その人が成長をしなければ」という前提があります。しかし多くの人は惰性で、できる範囲のことで忙しくしていますので、ピーターの法則は現実のよい描写となるのです。

　これを脱出するには、過去の経験に依存している部分を新しい知識と経験で塗り替えなければいけません。

ブログ Study Hacks の管理者のカル・ニューポート氏は、そうした才能の限界を超えるために自分の知的限界を試す「ディープ・ワーク」の時間を定期的に持つ必要があることを著書で説いています。

　ディープ・ワークは、単に集中して仕事をする時間を持つという話ではありません。いかに忙しくても、やり方がすでにわかっている仕事は本質的に成長に貢献しない「浅い」仕事だからです。

　ディープ・ワークはそれとは違い、いまの自分の実力では解決できない、少しだけ上の問題にあえて取り組むことで、新しいスキルや経験を蓄積する、ストレスは大きいものの報酬の多い時間のことを指しています。

　これまで実務上問題ない範囲でしか知らなかった技術について網羅的に学んだり、趣味のプログラミングを販売できるレベルにまで高めてみたりといったように、惰性で生きることをよしとしていた部分に、高めの負荷を与えることがディープ・ワークに相当します。

数年に一度、自分をアップデートする

　ピーターの法則が成り立つもう一つの理由は、技術の進歩や社会の変化が、過去の知識を例外なく陳腐化してしまうからです。若い頃に学んだ知識が、ちょうど壮年になる頃に古くなってしまうために壁が生まれているといえます。

　CHAPTER 4 で技術のアーリーアダプターであることをおすすめしたり、本 CHAPTER でもユビキタス・キャ

プチャーの新しい手法を追求することをおすすめしているのは、常に新しい手法を取り入れなければ現状を維持することすら難しいことを先回りして考えているためです。これは情報のインプットやアウトプットについても同様です。

しかし、すべての知識や経験が古くなることを知っているならば、それに合わせて情報を収集し、人生を設計することも可能です。

たとえば私の研究分野では専門的なツールでデータ解析を行うことが普通でしたが、あるときからツール自体が古くなり、新しい時代のデータを受け止めきれないケースが増えてきていました。そうした予兆に敏感だった人はいち早く仕事の内容をPythonなどの柔軟なプログラミング言語に移行し始めていましたので、技術が次の時代にシフトしたときにも壁にぶつかることがなく、影響を最小限に食い止めることができています。

いまの知識や経験が仕事をうまく回せているときほど、足元では次の時代への変化が始まっているものです。目安としては数年に一度は、自分のもっている仕事上の知識やツールを刷新することを目指して、ディープ・ワーク的な時間をもつのがよいでしょう。

壁にぶつかってから船を新造するよりも、航行しながらエンジンを刷新してゆくような、スリリングな経験獲得を目指したほうが、結果的には時間も得ですし、持続的な成長を保てるのです。

忘れてもかまわない学びの「流れ」を作る

　学習したことを何一つ忘れてはいけない。そんな縛りを自分に与えてしまっているためにかえって学びのスピードが遅くなっている場合があります。

　たとえば英単語を学習する際に「1日に10単語を覚える」と決めて単語帳を作り始めたとして、最初のうちは調子が良いものの、「一度学んだものを忘れてしまってはいけない」「重複があったら嫌だ」と真面目に以前の単語を見直しているうちに、なかなか新しい部分に進めなくなるといった場合です。

　一度学んだことを忘れたくないという気持ちになるのは当然ですが、記憶は完璧にはできていません。利用していない記憶が時間とともにある程度消えるのは防ぐことはできません。そこで「学習は蓄積である」という考えを捨てて、「常に入ってくる新しい知識の流れを維持する」と考えるほうが気持ちよく持続できますし、長い目でみて効果が高くなります。

　英単語ならば、毎日忘れてしまう分があるのを念頭に、忘れる以上に新しい単語を頭にくぐらせておきます。単語帳も、過去の蓄積や重複は気にせず、新しい学びがある状態を維持するわけです。

日々の情報を偏らせることで学ぶ

　この考えを応用して、いつもの情報をいつものように

読むのではなく、多少知らないジャンルに偏りをもたせることで学びの流れを生み出すこともできます。

私はもとからテック系の英語記事を読むのは好きでしたので、その方面の英単語に詳しいものの、法律用語はほとんど知らない時期がありました。そこに2000年代のSCO・Linux論争と呼ばれる、技術の知的財産権に関する事件が大きく注目され、毎日のように法律用語が含まれる記事を読むようになった時期が来たのです。

このとき、目にした新しい単語を辞書で引きはするものの、いちいち単語帳に記録することはしていません。毎日のようにそのジャンルの記事だけを読む流れを作っているうちに、自然に法律関係の英語記事も問題なく辞書なしで読めるようになりました。情報の偏りが、法律用語という知識を与えてくれたのです。そうした経験がもととなって、いまでは政治的な話題や、アメリカの司法や人権にまつわる問題であっても難なく読めるようになっています。

この手法を応用して、特定のジャンルの本や映画といったコンテンツを集中的に見ることで、学ぶという気もなく、自然に体系的な構造を摑むといったこともできます。

情報の流れを偏らせる、インプットの頻度を高めるといった仕組みを試みることで、一時的にでも忘れるスピードよりも速く情報が入ってくるようになれば、そこには自然な学びがあるのです。

記憶力を底上げする「記憶の宮殿」

　映画でも有名なトマス・ハリスのスリラー小説『羊たちの沈黙』の続編『ハンニバル』において、天才的な頭脳を持つ殺人者ハンニバル・レクター博士は、「記憶の宮殿」と呼ばれる膨大な記憶を維持する人物として描かれています。

　たとえ体は拘束されていても、彼は記憶のなかにある過去の思い出を自由に散策し、ささいな情報でさえも呼び起こす才能を活かして不気味な活躍を繰り広げます。

　ここまでの記憶力はさすがにフィクションの産物ですが、「記憶の宮殿」自体は中世の学者たちが実践していた古い記憶術として知られています。

　"Method of Loci" と呼ばれるこの方法はまるで超能力のように紹介されることもありますが、実際は記憶する本人にとって馴染みの「場所」を鍵にして、関連のない情報をそこに紐付けていく地道な連想法です。

　まず、あなたが隅々まで知っている部屋や、建物や、町を利用します。そしてその場所を想像しながら、そこに鍵となるイメージが置いてある場面を思い描いて連想を固定化します。たとえば私は、自分のパスポート番号を覚えるために、いつも空港に向かうために使っているバス停を想像し、そこに奇妙な黒ずくめの男が手を振り上げて「行くな」と叫んでいるという不思議なイメージを思い描いて結びつけます。

　イメージは奇妙であればあるほど覚えやすく、そのいくつかの映像が組み合わさることで、語呂合わせで正確な番号を再構成してくれます。この場合は黒い男が死霊を思い起こして「40」に、「行くな」が「197」といったように対応します。

　ふつうはここまで正確なデータを「記憶の宮殿」に置かなくても、思い出すのに必要な鍵だけで十分です。

情報の交点を鍵にする

　「記憶の宮殿」がおおげさならば、覚えたい情報のメタデータの交点を鍵に使う方法もあります。

　科学者は論文を "Wallace and Gutzler 1981" といった「名前」と「年号」の交点で呼ぶことが多いですが、これが鍵となって論文の内容を覚えているために、膨大な知識を頭のなかに整理することができます。論文の呼び方が分野で共通であるため、上記の論文の鍵を気象学者に告げるだけで、話が通じるほどです。

　同じ手法は趣味の情報や、マニアックな知識にも応用できます。その分野を広くマッピングできるキーワードの組み合わせを鍵にして、自分の記憶と対応させて整理するのです。

　こうした記憶の構造は作るのに時間がかかりますが、いったん構築されれば忘れることのない強力な武器となってくれるでしょう。

1日に10万字を読んで、5000字をアウトプットする

　経済評論家の勝間和代氏が「クオリティの高い文章を生み出すための方法」について解説しているのを、とあるイベントで聞く機会がありました。

　勝間氏によれば、小手先の文章術やテクニックはほとんど役に立たず、むしろ「1日に10万字をインプットし、5000字をアウトプット」するという、インプットとアウトプットを愚直に続けることが、情報の取捨選択を磨き、アウトプットの向上につながるとのことでした。

　面白いのは、この10万字は本などの真面目なインプットに限らず、SNSのツイートといったものも含むところです。そしてアウトプットされる5000字はなにか完成された美しい原稿を想定しているのではなく、メモであれ、ブログであれ、ツイートであれ、習慣としてアウトプットされているものすべてを含んでいます。

愚直なインプットとアウトプットを繰り返す

　この目安にはいくつかの意味があります。1つは、5000字をアウトプットするためにはその10倍ではなく、およそ20倍の入力が必要なのだという点です。なんでも読めばいいというわけにはいきません。何を読むのか、何を選ぶのかも含めた選択の結果、私たちが脳をくぐらせる情報の分量がそれだけあると考えてください。

　私たちは無からアイデアを生み出しているのではなく、

過去の知識や経験を総合することによって、ようやく自分の考えらしきものを作れます。受け売りではない5000字を生み出すためには、その約20倍の情報が必要というわけです。

　もう1つの意味は、最低でも5000字ほどのアウトプットがないと、文章力を鍛えるところまでいかないという最低線があるということです。2000文字をインプットして1ツイートを発するという程度では、なかなか首尾一貫した論理構成を生み出す練習にはなりません。

クオリティを後回しにする

　もうひとつ重要なのは、アウトプットのクオリティを最初から求めない点です。人は頭のなかでいろいろなことを考えているように錯覚していますが、実際にそれを書き起こしてみようとしても、不思議とそれを形にできません。

　しかし、それでいいのです。ひとまずは考えたことをアウトプットする練習をすることで、次第に考えのおぼろげな形を捉えられるようになってきます。

　考えるきっかけを情報のインプットで刺激し続け、それを触媒として自分のなかにある言葉を取り出すアウトプットを継続する。この反復から、次第に自分の考えらしきものを引き出せるようになる、それがアウトプットのクオリティなのです。

ブログで情報発信力を高める

　学んだ知識や経験は、他人にそれを教えることによって自分のなかに定着させることができます。主観的な理解が、他人にもわかる客観的な言葉に書き直されることでより強固になるからです。

　しかし、専門性が高いマニアックな情報であればあるほど、話に乗ってくれる人を身近に探すのは困難になります。そこで利用したいのが、興味のあるテーマでブログを開設して情報発信を行う手法です。

　ブログというと、広告収入が目的で耳目を集める情報を載せた記事ばかりのものが目立ちますが、ここでイメージしているのはもっと専門性が高く、アクセス数にとらわれずに純粋に情報を伝えることを目的としたブログです。

自分の言葉で書く、誰かのために書く

　SNSではなく、ブログを選ぶのはそれがストック情報だからです。SNSの言葉は時間とともに流れ去って消えていきますが、ブログは維持している限りは情報が蓄積していきます。理想的には、ブログで書き残し、SNSで広めるといった使い分けができるといいでしょう。

　ブログを使った情報発信には注意すべき点がいくつかあります。

　まず、ブログでは前提知識のない読者が偶然読んだと

しても理解できるように、ていねいに情報を説明する文章を心がけます。たとえ個人的な備忘録のために書いているとしても、伝えることを意識した文章を書くことで、知識をまとめる力が養われます。

　もう一つは、記事に必ず自分の主観的な意見を加えることです。たとえば本の書評を載せているブログは数多くありますが、誰もが読んでいる本に対して誰もが感じるような感想を書くだけでは読んでいて物足りません。

　その本を読んだ体験があなたにとってどういう意味をもったのかを、自分の言葉で書くところにブログの個性が生まれます。情報自体は他で紹介されているものでもかまいませんし、結論が同じであってもかまいません。

　そこに至るまでの道筋や、それを表現するための言葉のなかに、あなただけに書けるプラスアルファの何かを付け加えることを目標とします。

　シンプルなブログを開設するのならば、文章・写真・音声メディアのどれでも掲載できる note を利用するのが簡単です。しかし、長い期間をかけてテーマを追い続けたいと考えているならば、独自のドメインを取得してそこにブログを開設するほうがよいでしょう。

　ここに、自分だけの「文書館」を作った気持ちで、あなたの知的生産を一粒ずつ降り積もらせていきます。そうすることで、やがてブログはあなたの情報との出会いと、そこで得た経験を蓄積した、分身のようになってゆくのです。

CHAPTER

7

仕事と生活の
環境構築

日常を快適にする「環境構築」を意識する

　ライフハックという言葉を最も SNS で目にするのは、日常生活の小さな近道や、裏技などが紹介されるときです。

　YouTube やツイッターを検索すれば、２秒でシャツをたたむ方法や、すばやい靴紐の結び方といったテクニックが紹介されているのをいくらでも発見できます。どれもが見た瞬間は鮮やかなので感心し、知って得した気分になるものの、次の日には忘れています。

　こうしたライフハックを実践するのを否定するつもりはありません。私もシャツをたたむときにテクニックを実践しては、上手にやってのけた小気味好い気持ちを楽しむことはあります。しかしこうしたテクニックは長い目でみて人生を変えるわけではありません。

　生活や日常に必要なのはそうした小手先のライフハックではなく、毎日をなるべく気持ちの良い状態で安定させるための環境構築だといえます。そのために、身の回りの「環境」と、自分自身の「体調」を、ライフハックの視点で意識するときの考え方について紹介します。

自由になる「書斎」の空間をもつ

　拙著『知的生活の設計』で私は作家ヴァージニア・ウルフの「自分ひとりの部屋」（平凡社）の言葉を引用して、私たちがパーソナル・スペースとしての「書斎」が必要

な理由について説明しました。

　　「女性が小説を書こうと思うなら、お金と自分ひと
　　りの部屋を持たねばならない」

　ウルフはここでフェミニズム批評の視点から、女性が
自立を獲得するためには経済的な自立と、配偶者や親と
いった立場を離れて自分自身に戻れる個人の空間が必要
であることを指摘しています。これはもちろん女性に限
らないすべての個人に一般化できる話で、そうした空間
を、私は広い意味で「書斎」と呼んでいます。

　書斎は、本当の部屋でなくてもかまいません。家に
帰ったときに、パソコンと本を広げて自分の作業に没頭
できる居間の一角といったものでもいいでしょう。他人
が勝手に触れるのを許さない、自分の所有物が置かれて
いる場所、自分が自由に使える部屋の一隅、それを意識
して確保するのが環境作りの第一歩になります。

　これは、ライフハックの原則である「能動性」と関係
しています。もし家のなかにあなたが自由にできる本棚
や場所がないなら、それを変えようとする努力は最初か
ら頓挫してしまいます。

　なかには家のすべての家具とその中身を家族と共有し
ている人もいると思いますが、そこに小さくてよいので
「この部分は自分が管理する」という一角を作りましょ
う。そこには何を置いてもかまいませんし、整理されて
いるか雑然としているかもあなた次第です。あなたの意

思だけで使い方を決められる場所を設定するのです。

パソコンについても同様です。自分の端末があるなら そこがあなたの「書斎」ですが、家族で端末を共有して いるならアカウントは個別に作成して、データやデスク トップが混じらないようにします。

これは自由の問題です。部屋のなかであれ、端末のア カウントであれ、あなたが自由にできる空間がどこかを 意識することが、環境構築の始まりなのです。

原則：自分の自由になる空間がどこなのかを意識して、 それがない場合は周囲の人との合意のもとに設定するこ とが環境作りの第一歩

周囲の環境をコントロールする整理術

自分の自由になる空間の国境線が決まったら、その内 側にあなた自身の整理整頓のルールを適用していきます。 ここで、「整理とは物を減らすことだ」「見た目が整って いなければ整理できているとはいえない」などといった 先入観は危険です。

物を捨ててミニマルな生活をする話題がときおり注目 されますが、それはアクションを取るべきものを減らす ことで整理整頓の必要性をそもそも排除してしまう手法 です。しかし、極端なミニマリズムが実践できない、見 た目がすっきりしていないから何かが間違っている、な どと悩む人も多く見ます。これは、手段として初めたも のが目的を乗っ取ってしまっている状態といえます。

　私たちは物が少なく整った部屋に魅力を感じるのと同じくらいに、書類や本が膨大に積み上がった作家や学者の机に美しさを感じ、あふれかえっている本棚にその人の個性を見出すことがあります。その両者に共通しているのは、本人の意志が空間をコントロールしているかどうかです。

　ものや書類が少なく、明確に整理されたミニマムな状態になっていることで目の前のタスクに集中しようとしている意志が反映された空間もあれば、本と書類を迷宮のように周囲に配置させて、そのつながりあった情報の伽藍のなかで濃厚な知的生産を行うのが性に合っている人もいます。

　整理とは、私たちと周囲のものとの間に、そこに置いてあってよいのだという、目的に応じた合意が生まれている状態といってもいいのです。

原則：整理ができている状態とは、物が多いか少ないか、見た目がすっきりしているかどうかではなく、周囲にあるものをコントロールできているかどうか

　では、コントロールができているとは、どのような状態を指すのでしょうか？　それを達成するための原則はなんでしょうか？

　たとえば机の上が雑然としているというのは、それは探したいものを見つけようとしても関係がないものばかりしか見当たらず、新しく書類を置こうとしてもすでに

ものが多すぎて場所がない状態だといえます。前者はいまとめたいと思っているアクションと机の環境が衝突している状態で、後者は場所というリソースの不足に対応しています。

　前者を解決するには、周囲においてあるものがなぜそこにあるのかを明確にしなければいけません。そのための指標として便利なのが、周囲のものが実際になにかのアクションをとっている「使用中」の状態なのか、あるいはいつか利用するために「保管中」なのか、記念や環境を華やかにするために置かれている「装飾品」なのかの３つの分類です。

「使用中」にも、いまの仕事と関係している書類といったものと、ケーブルや文具といった常に使用するインフラ的なものの区別がありますが、それらがいまの作業と関係のない「保管中」のものや「装飾品」と混ざってしまうと混乱が生まれます。ましてや、この３つの分類のどこにも該当しないものは捨てなくてはいけないもののはずですが、それが残されていると机の上はさらに混乱していきます。

　つまりコントロールができているというのは、使用中のものが保管中のものや装飾品と判別でき、実際に置いてある場所が異なっている状態といってもいいのです。

原則：周囲にあるものは使用中か、保管中か、装飾品に大別できる。どれにも該当しないものはゴミなので捨ててしまう

原則：使用中のものが、その他のものと区別でき、置き場所が異なることが、周囲のものをコントロールできている状態

　このような色分けで見てみると、ミニマルに保っている部屋は「保管中」のものを減らして「使用中」のものをわかりやすくする整理術であることがわかりますし、机の上に膨大にものがあったとしても、どこまでが「保管中」のもので、どこが「使用中」のものかが区別できている限り、そこは生産性の高い現場になるといえます。

　同じことは、デジタルなデータの管理でもいえます。いくらハードディスクが巨大化したといっても、私たちが注意して管理できるファイルやフォルダ数は限られていますので、注意しなければこれらも現実の物と同じようにコントロールしきれなくなります。

　ドキュメントスキャナーを用いて紙をデジタル化するのは机の上の管理しきれない「保管中」のデータをデジタルに移すことに対応していますが、デジタルの側でも保管場所を「使用中」の場所と区別するといったように、環境を切り分ける必要があるのです。

人生を左右する睡眠の効果

　私たちの日常にとって大事なもう一つの要素が自分自身の体調やメンタルの状態です。体調が悪く、メンタルが不調だと簡単な仕事でも実行が難しくなってしまいますし、何をしても達成感や幸福感を感じられません。こ

うした体調とメンタルを崩す最大の要因としてコントロールできるのが睡眠量です。

　心理学者のマシュー・ウォーカー氏は"Why We Sleep"（邦題『睡眠こそ最強の解決策である』）で、十分な睡眠が人生のさまざまな面にもたらすポジティブな効果を列挙しています。記憶力や創造性の向上、ダイエットの効果がでて健康的になること、風邪やインフルエンザだけでなく、ガン・認知症・心臓発作・脳卒中・糖尿病の発生する確率が減り、精神が安定して幸福感が増すといった効果まで、ありとあらゆる側面が睡眠によって左右されているというのです。

　私たちは睡眠を活動していない時間、つまり自分たちの生活活動の外側にあるものとして捉えがちですが、実は睡眠が活動時間の質を決めているわけです。それを意識的に設計しないのは無謀そのものです。

　多くの人は6〜7時間ほどの睡眠時間で行動していますが、これが日常的になると、およそ5％のアルコールで酔っているのと同じ状態になることを示す研究結果があります。そしてこの疲れは、週末に取り戻すだけでは十分ではないこともわかってきています。

　HACK 008で1日の理想の過ごし方を可視化した「24時間テンプレート」を作成しましたが、あらためて活動の時間をどれほど詰め込めるかではなく、睡眠をどれだけ確保できるかという視点で構築し直す必要があります。目安としては、いまの平均睡眠時間を1時間のばした場合、どれだけ日中の時間の効率や満足度が上がるか、そ

の睡眠時間を持続させるにはどの部分の時間の使い方を
ダイエットしなければいけないかを再点検します。

　自分自身の健康と調子についても、こうして科学的に
測定し実験対象をみるように調整するのが、日常生活の
環境構築なのです。

原則：睡眠を確保することは、日中時間の能率と長い目
でみた調子の良さを確保するための絶対条件。これを常
に増やせないかを日常の仕組みで試みる

　自由になる場所の確保と睡眠時間は、まったく違う２
つの要素ですが、私たちが日常をどれだけ快適に回せる
かを決める枠のなかでも最大のものです。環境構築のラ
イフハックは、こうした枠を仕組みの力で整備すること
といっていいでしょう。

　整理術や、睡眠を確保するためのテクニックも、小さ
な満足のためのものではなく、人生の単位である「１
日」を快適にすることで長い目でみて効果を生み出すた
めのものと考えるのです。

1日一箱の整理術

　整理術は空間との戦いです。棚や引き出しの整理方法や、衣類のたたみ方といった工夫はあるものの、空間が有限である以上は結局のところ、入ってくる物と出ていく物の量のバランスに帰結します。

　これを簡単な数式で書くと、「入ってくる 物の容積 ＜ 出ていく物の容積」であるなら、次第に余裕が生まれます。多くの場合は部屋に物が溜まってから「整理しなければ」と考えますが、ふだんから出てゆく物の流れを作り出しておけば、整理の必要性を減らせるのです。

　そうした「物の流れ」を生み出すために、小さな箱を用意して、そこに捨てるものや保管に回すものをいれ、定期的にパーソナル・スペースから追い出すという工夫をすることができます。無理は禁物ですので、このとき使用する箱は本当に小さなもので十分です。もしマニアックに実践するなら、1週間に家に持ち帰る荷物の容積を長期間の記録から推定し、その7分の1程度の容積の箱を用意します。

　あとは、いらない物を1日に一度、この箱の分だけ集めて、捨てるか部屋の外に整理できるようにします。毎日この流れが維持できれば、多少買い物などで荷物が増えたとしても、箱を通して持ち出される物の流れがやがてそれを吸収してくれます。

　この方法の良い点は、やる気や、物との別れを意識す

る必要が少ない点です。逆に、書籍などのように捨てられないタイプの物を買うときにも「いま、これらを買うことであの箱2つ分の何かを追い出さないと帳尻が合わないが、大丈夫か」といった具合に、整理の単位を自分のなかで意識できるようになります。

minikuraで物をクラウド化する

こうして物を追い出す流れを作っていると、すぐに捨てるべきものがなくなり、保管場所が足りなくなってきます。こうなっても、本のように長期間を経て利用価値が生まれるものについては、捨てるのは最後の手段にしたいものです。

そこで利用できるのが、寺田倉庫の宅配型トランクルームサービスminikuraです。minikuraには雑貨や、書籍や、衣類などに対応した箱が各種用意されており、

minikuraで部屋に入りきらない荷物を管理する

箱単位で月額275円の少額で預けることが可能です。保管する際には内容を30点まで撮影してもらうサービスもオプションで用意されていますので、保管するものを箱に詰めて送るだけで、自動的にその目録がウェブ上から確認できるようになります。こうして保管したアイテムを一点ずつオークションサイトの「ヤフオク！」に出品することも可能で、自宅に在庫をもたずに倉庫を経由して物を処分できます。

　捨てずに保管するマインドに切り替わると、1日一箱の整理方法は格段にやりやすくなります。しばらく使わない本、記念品、子どもの工作といった場所をとる思い出の物も、すべて諦めて捨てるのではなく保管すればいいのですから、部屋から追い出す決断がしやすくなります。

　我が家の場合、20箱ほどの荷物が常時minikuraで保管されていますのでランニングコストもそれなりにかかりますが、そのすべてを保管できる部屋を借りる家賃に比べれば安い投資だと考えています。トランクルームサービスを使うことで、いわば物を「クラウド化」している状態といっていいでしょう。

正解の配置を撮影しておく

　1日一箱の整理術と並行して実践したいのが、常に物の配置をリセットできるように「正解」の状態を撮影しておくことです。

　ホテルに泊まって部屋に入ると、ドライヤーやアメニ

ティの配置、給湯器の場所にケーブルのたたみ方、ベッドサイドに置かれた「ようこそ」のメッセージに至るまで、すべてがルールに基づいてリセットされています。これと同じように、自分の机の上、本の配置などといったものも、整頓した状態をスマートフォンで撮影して保存するようにしましょう。こうした「正解」があると整頓をする際にどこまで作業をすれば完了になるのかがわかりやすく、途中でやめても復帰が簡単になります。

　整理整頓を始める際にもなんとなく手を付けるのではなく、混乱している状態を撮影して印刷してから、仕上がりをイメージしてメモを書き込みながら整理していきます。写真に撮影して客観的に見ることによって問題点が浮かび上がり、あるべき状態への道筋が立てやすくなるのです。

部屋の整理をする際にまず写真を撮り、完了したらそれを正解として保存する

「30秒以内に見つける」ルールを徹底する

　手帳、財布、携帯、筆記用具といった日常の小物から、現在使用している仕事上のファイルなどといったデジタルの情報まで、使用する頻度の高いものがすぐに見つかるようになっているでしょうか？

　1つの指標として、こうした使用頻度の高いものについて30秒以内に見つけ出せないのなら、整理方法になんらかの調整を行う余地があるといえます。

　たとえば鍵や財布などであれば後述するトラッキングデバイスを使う方法がありますが、そうしたガジェットを使えないメガネ、手帳といったものは室内に固定した置き場所がないと場所を見失いがちです。

　この指標は逆に利用することもできます。30秒以上何度も探しているようなものについては、それは使用頻度が高いものであると意識して、置き場所や管理方法を明確にするといったようにです。探しものに時間をかけてしまうたびに、その失敗から学んで「30秒でこれを見つけるにはどのように保管すればいいのか？」を考えて次に備えることができます。

　デジタルの情報についても、アクティブな仕事のファイルが置いてある場所を固定し、仕事ごとにフォルダを用意してそこにアクセスするためのショートカットを常に更新しておくとよいでしょう。macOSならばAlfredのような検索機能のあるアプリケーション・ランチャー

を使えば、ショートカットで呼び出してから数文字ファイル名を入力するだけで候補を絞り込めます。

　場所が決まっているのなら、それを1秒でも早く見つけてアクセスできるように工夫しておくのは、作業を無駄に中断しないためにも有効な投資といえます。

個別フォルダ・ファイルケースで物を規格化する

　ある書類はA4用紙でも他の書類はA3で折りたたんである、ある書類は1枚だけで、他のものは複数の書類の束になっている、といったように、形や大きさがさまざまなものが混ざっていると、この「30秒ルール」がなかなか徹底できません。

　そこで、オフィスでよく用いられる個別フォルダやファイルケースを個人でも利用することで、書類を同じ大きさに規格化することができます。規格化された書類

macOS のアプリ Alfred を使って素早くファイルやアプリを検索している例

は同じ場所に整理しやすくなりますし、検索性が高まります。

こうした書類の規格化をする場合は、それを徹底させなければいけません。たとえ1枚だけの書類でも、例外なく個別フォルダに格納して表題を付箋などで付けることで束になったフォルダのなかから探しやすくします。

小物を縦に整理できる無印良品の EVA ケース

書類は規格化がしやすい物ですが、ケーブル、USBメモリ、カード類などといった小物については別の手段を考えなければいけません。

これらをすべて小物入れで分類することもできますが、利用目的の違うものがすべて同じ小物入れに集まってしまうと、「使用中」と「保管中」のものを分けるという原則が成り立たなくなってしまいます。

また、小物入れは底に物を置いているだけなので、上方向の空間がムダになりがちです。上から物を重ねてもいいですが、そうすると今度は底の物が見えなくなってしまいます。

こうしたときに利用できるのが、ジップロック付きの無印良品の EVA ケースです。ある程度内容量があり、さまざまなものを収納できるだけでなく、本や書類のように立てて整理できるところが秀逸です。

名刺、カード、レシートのような紙類だけでなく、ケーブルやアダプタ、薬といったこまごまとした物も、この EVA ケースにいれれば書類のように分類して整理

できます。フォルダを指で繰って探すように縦に並んだ小物入れを探せるようになるので、検索性も高まります。

　整理をしていてどうしても平面が足りなくなってしまうときは、このように、見落としがちな上方向を活用して、3次元的に物を収納する工夫が効果的なのです。

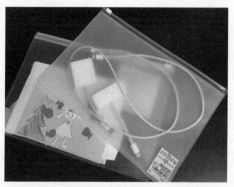

無印良品の EVA ケースで細かい物を立てて整理する

整理整頓の盲点、「空中」を活用する

　整理整頓の格言に「表面は聖域だと思え」というものがあります。机の上や本棚の上といった表面は、その上に何も置けなくなるので注意して利用せよという意味ですが、逆に本来であればなにも「置く」ことができない空中の活用は盲点になります。

　壁面はカレンダーやポスターなどといった平面のものを掲示するためだけに利用されがちですが、フックを活用することでケーブル、イヤホン、といったものを引っ掛けて整理するのにも使えますし、両面テープを使えば筆立てといった小物ケースを本棚の横に貼り付けて利用することも可能です。こうして貴重な机の上の表面を節約できるのです。

　もっと大胆な表面の利用の仕方として、書類をクリップボードにまとめて壁に掛けてしまうという手法があります。もともとクリップボードは、店や倉庫などといったように、机の上に書類を広げられない場所で利用するための吊り下げ穴が空いているものが多くあります。

　これをフックにかけることで書類を空中に整理することができるのです。

マグネットを使って「表面」を増やしてみる

　さらにマニアックな「空中」の利用の仕方として、マグネットを利用したライフハックも数多く考えられてい

ます。

　3Mやコクヨなどから発売されている貼り付けタイプのマグネットシートを利用すれば、本棚の横、あるいは机の足元なども新しい「表面」として、磁石を利用した収納場所にできます。

　たとえば机の裏側にこうしたシートを貼り付けておけば、ティッシュペーパーの箱に磁石を仕込んで逆さまに貼り付けてしまうといった曲芸のようなこともできますし、キーホルダーにつけた鍵を吊り下げて収納しておくこともできます。

　小細工に見えるかもしれませんが、それだけ机の上の表面の場所は貴重ですので、恒久的にそれを増やす方法があるなら、チャレンジしてみるとよいでしょう。

クリップボードを使って壁などの平面を書類掲示に利用する

なくしてもすぐに見つかる仕組みを作る

　スマートフォンや財布や鍵といったように、手にしていなければ外出できないものに限って、部屋のなかで見失いがちです。こうした探しものを見つけるために費やされる時間は1日平均で10分間、年間で60時間に達するという試算もあります。

　どんなに注意深く置き場所を作っても、どんなに整理整頓ができている人であっても、まったく物をなくさないという人は稀です。そこで、物をなくした場合でもすぐに見つかるようにする工夫も導入しておくと貴重な時間を失わず、イライラすることも減ります。

紛失防止デバイスを利用する

　そこで利用できるのが、スマートフォンと連携して探しものを見つけてくれる紛失防止デバイスです。現在多く利用されているものとして音を出して置き場所を知らせることができる Tile、小型のタグからシール型まで種類が豊富な mamorio、そしてアップル社の「探す」機能と連携する AirTag などがあります。

　紛失防止デバイスは鍵や財布といったアイテムにも便利ですが、私はクリアファイルにテープではりつけて仕事の書類の場所をリマインドしたり、時々利用するガジェットの充電ケーブルにくくりつけたりといった使い方もします。

　特に書類については、実際に見失ったときに「ここにあるのか」「職場にあるのか」「なくしたのか」をすぐに絞り込めるという利点があるからです。

　これらの紛失防止デバイスは出先でなくした際に、同じデバイスをもった人が近くを通りかかることによっておおまかな場所を絞り込む機能も備わっています。移動中に忘れ物に気づいたときに、不安になるのはそれを途中で見失ったのか、最初から持ち歩いていなかったのかがわからない場合です。紛失防止デバイスを使えば、どちらであるのかを気づいたタイミングで知ることができますので、それだけ早く対策をとれます。

　紛失防止デバイスについては1〜2個程度を買う人がほとんどだと思いますが、思い切って5個程度から始めてみるほうが、貴重品以外の書類、小物入れなどにも利用できるので効果的でしょう。

AirTagで日用品から書類まで、なくしそうなものを管理する

未来に書類を飛ばす 43 Folders システム

クリストファー・ノーラン監督の映画『TENET』では主人公が登場人物に「後世（posterity）の誰かがそれを受信する」と携帯電話を登場人物に渡すシーンがあります。携帯電話は、メッセージを吹き込むと未来の誰かがそれを受け取って行動をとるためのギミックとして登場しているのです。

紙の書類にも、こうして「送信」することで未来の自分に対するリマインダとして機能する仕組みがあると便利です。というのも、きれいに整頓と分類がされた書類には時間の概念がなくなり、「いつまでに必要か」といった情報が剥ぎ取られてしまうからです。

そこで考案された整理方法が、GTD のデビッド・アレン氏の提唱した 43 Folders、あるいは Tickler File です。

本格的な 43 Folders システムを作るには、名前の通り 43 個のフォルダを用意し、そのうち 31 個は日付の数字を入れ、残りの 12 個には月のラベルを記入します。そして書類を直近の 1 カ月については 1 〜 31 日の対応するフォルダに、1 カ月より先については対応する月のフォルダに入れておきます。朝、仕事を始めたら当日のファイルに書類がないかをチェックし、そのフォルダは来月の一番後ろへと移動します。

いまは必要のない書類を、未来のフォルダに整理することで「送信」するわけです。

未来のための封筒を作っておく

実際に43個のフォルダを使ったシステムを運用するのは、多くの書類がデジタルでやりとりされるいまの時代には現実的とはいえません。しかしその考え方は整理整頓に応用することが可能です。

たとえば机の上を整理する際に「いつ利用するかわからない資料」と「将来アクションが発生する書類」を分類し、たとえば月単位で将来アクションを取る必要がある書類を封筒にまとめておくことができます。そうすることで、その月がやってくるまでは書類の存在自体を忘れ、その封筒が空にならない限りやり残したことがあるとわかる仕組みを作れます。

時間やアクションが紐付いている書類と、そうでないものがあるという概念を導入するだけで、整理整頓にわかりやすい方向性が生まれるのです。

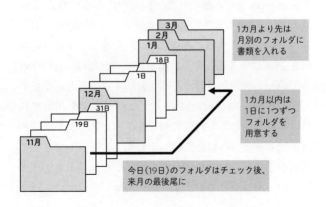

1カ月より先は
月別のフォルダに
書類を入れる

1カ月以内は
1日に1つずつ
フォルダを
用意する

今日(19日)のフォルダはチェック後、
来月の最後尾に

紙の書類はすべてデジタル化する

　事務書類については問答無用でデジタル化すべき時代がとうにやってきています。書籍や手帳や手書きのイラストのように紙であることに価値があるものは例外として、場所を占めるうえに検索が不可能な紙の書類は、ストレスの少ない作業環境の足を引っ張る存在でしかありません。

　紙の書類をデジタル化すれば、私たちはそこに記載された情報をなくすことなく、実体としての紙の書類は捨てることができるのです。

　書類を撮影して台形補正してデジタル化することはいまやスマートフォンの基本機能ですが、大量の書類を高い精度でスキャンするのに便利なのは ScanSnap に代表されるドキュメントスキャナーです。

　ScanSnap を使えば、片面・両面のどちらでも分速 40 枚というスピードでデジタル化することが可能ですし、スキャンされた文章に簡単な OCR を施して検索可能な PDF 書類にすることも、書類がレシートなのか名刺なのかといった判別を自動で行って分類することも可能です。

　また、ScanSnap Cloud のようなサービスを利用すれば、スキャンした名刺は名刺管理サービスへ、レシートは経理サービスへ自動送信して処理することもできます。人間が手で行うことを考えたら果てしない作業を、ボタン一つで実行できるのです。

スキャナーに定位置を与える

　みなさんの机の上ではパソコンの置き場所や照明の置き場所は不動の定点をもっていると思いますが、ドキュメントスキャナーはどうでしょうか？

　ドキュメントスキャナーを日常的に使いこなすには、たとえば書類トレイに置かれた紙の書類をその日の作業のために取り出し、必要がなくなったものは捨て、デジタル化するものは ScanSnap で取り込むという流れを意識した配置をします。まるで工場ラインのように、トレイから手に取った紙がトレイに戻ることはありません。その行き着く先はデジタル化されてデータとなるか、捨てられるかの2つに1つしかないのです。

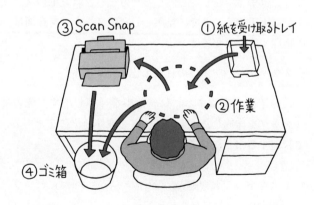

③Scan Snap　　　①紙を受け取るトレイ

②作業

④ゴミ箱

デスクトップを「押し出しファイリング」で管理する

　野口悠紀雄氏の『「超」整理法』には、書類を封筒に入れ、使用するたびに棚の最も左側に配置して、少しずつ使用頻度の低いものから棚の外に追い出す「押し出しファイリング」法が提案されています。この手法の秀逸な点は棚のなかの相対的な位置によって利用頻度が一意に決まるので、封筒の中身を見なくても利用頻度の多い重要な書類とそうでないものを自然に分類できる点です。

　最近ではここまで分類を必要とするほどに紙の書類はありませんし、重要な案件はメールで来ることが多いので「押し出しファイリング」法は次第に利用されなくなってきました。しかし同じ考え方をパソコン上のファイルに応用することで、雑然としたデスクトップを簡単に整理することができます。

デスクトップ上の2つの「押し出し」フォルダ

　この手法を実践するには、仕事を「押し出す」先のフォルダを作成したうえで、仕事を案件単位にフォルダで管理するようにします。

1. デスクトップに「@working」と「@archive」という2種類のフォルダを作ります
　頭に「@」がついているのはデスクトップを整頓した際に最も上にくるための工夫です。

2. 現在進行中の仕事について案件ごとにフォルダを作成
し、名前にも日付を入れるようにします

　私の場合は「2021.07.07 請求書」といった形式で、
頭に開始日をつけたフォルダを作成し、そこに関連する
ファイルをすべて入れておくようにしています。また、
フォルダ名にわざわざ日付を入れるのは、メタデータの
フォルダ作成日はコピーしたり移動したりした場合に意
図せず変更される可能性があるからです。

3. 現在進行中の仕事については「@working」のなかに、
完了したものは次々に「@archive」に追い出します

　たったこれだけで、現在アクションを起こすべきもの
は @working のなかに存在し、資料として参照するべき
ものは @archive のなかに蓄積するようになります。

　あとは 1 年に一度などといった節目で @archive に
入っているフォルダを外部 HDD などに移動することで、
押し出しは完了します。

　応用として、@working フォルダをクラウドドライブ
サービスの Dropbox のなかで運用したり、macOS の
iCloud で同期したりすることで最新の仕事の状態を複
数の端末やスマートフォンで利用することも可能です。

　これは雑然としたデスクトップ上に「いま利用してい
るか」「それとも完了した資料なのか」という判断基準
を導入するだけで整理が楽になるという考え方を手法化
したものです。考え方を踏襲しつつ、みなさんのオリジ
ナルな整理方法を工夫するのもいいでしょう。

考えなくてもよいように準備をする

　いちいちどうすればいいのかを考えて判断するよりも、家具やプラモデルを組み立てるのと同じように手順に従ったほうが楽で時間も節約できることがよくあります。

　より良い判断ができるようにするハックも重要ですが、考える必要がないことは頭から追い出して無心に実行できるようにするのもライフハックの妙味です。

　たとえば旅行の準備をするときに、宿泊の日数に合わせてどれだけ服と下着が必要か、どんな持ち物が必要なのかは考えれば答えを出せますが、それなりに面倒です。もしここで、旅行バッグを開いた時点で、そのバッグのなかに、１泊の場合と２泊３日の場合に分けた荷造りリストがあれば、大筋をそれに合わせて準備を進めることができて楽ができます。

　スマートフォンの電源ケーブルやモバイルバッテリーをいつもカバンに入れ忘れてしまうという人は、すべてのカバンにつき１本のケーブルと２つのバッテリーを購入して、フル充電されたバッテリーがつねにカバンのなかにあるように工夫するという方法があります。

　これも、充電したバッテリーをカバンに入れるのを忘れない、別の場所でケーブルを使ったあとでカバンに戻すのを忘れない……などと考える必要性を最初から取り除くための準備といえます。

　考えなくていいようにする準備は、「頭の良い部分と

悪い部分をつなぐ」ライフハックの原理に即していると
いえるのです。

「指差し確認」で記憶を鮮明にする

外出したあとで鍵をかけたか思い出せない、ガスや冷
暖房を止めたかどうか不安になる、という人も多いと思
います。この場合は、あとから思い出したいことを思い
出せないという、忘れ物とは順序が逆の状態が生まれて
いるといえるのですが、これも一つの準備行動で回避す
ることができます。

電車に乗る際に、ホームに立つ駅員が「乗降よし！」
といった具合に声を出し、指を差して確認を行っている
様子を見たことがあると思います。これは旧国鉄で始
まった指差喚呼と呼ばれる安全動作で、これを行うこと
で事故や危険の見逃しを大幅に減らすことができるので
すが、これを日常でも取り入れてみます。

たとえば鍵をかける際に、①目で対象を確認し、②指
を差し、③「○○、よし！」と実際に声を発し、④それ
を自分の耳で聞き取る、という一連の動作を実行します。

これによって視覚、聴覚、動作といった多面的な記憶
が印象付けられて、忘れることがなくなります。

つまらないほどの小さな行動ですが、たったこれだけ
で戸締まり、火の用心、駐車場の車の位置など、すべて
を忘れないように頭で考える負担を軽減することができ
るのです。

ライフログで自分のメンテナンスを行う

ライフログとは、毎日の行動をデータ化して蓄積することです。たとえば歩数計で歩いている距離を測り続けたり、毎日の食事を写真に撮ったりといったものが代表的なライフログですが、これを継続すると自分では意識していない行動のクセや、改善のためのヒントを見つけることができます。

ライフログの手法を応用すると、長期的にみて自分の調子が良いときにはどんな条件が揃っていたのかがわかるようになりますので、体調管理やメンタル状態をモニターするのにも利用できます。

たとえば Apple Watch や、スマートフォンの健康アプリを使って以下のような長期間のログをとると、調子を崩したあとでどこに原因があったのか、いつからだったのかといった詳細がわかります。

1. 睡眠量：Apple Watch やスマートフォンにはデフォルトで睡眠を記録する機能がありますので、これを使って長期的な睡眠時間や就寝・起床時間を測定します。それを手帳などに記録した主観的な調子と比べれば、睡眠状態のよしあしが意識できるようになります

2. 食事：何を食べたのかをメモするか、写真に撮るだけでライフログとしては十分です。健康に悪い食事が続

いているならログから見て明らかですし、逆に「今日はラーメンを食べてしまったので向こう1カ月は禁止」といった日付を確認するのにも使えます

3. 調子の良さ：主観でもよいですし、歩数などの運動量といった客観的な指標でもいいので、その日の調子を記録します。私の場合は、調子がよいときは明らかに手帳に書き込むページ数が多くなるので、その数字を記録しています

4. 調子の悪さ：胃腸の調子や頭痛といった症状、気になる体調の変化をすべて記録しておきます。気づいたら数週間同じ状態が続いている、最後に同じ状態になったのは何年前といった、記憶に頼らないカルテを自分のために作れるようになります

　特に最後の「調子が悪いとき」のログは重要な意味をもちます。私たちはつらい状態がいったん過ぎ去ってしまうとそれを忘れてしまいがちなので、次第に高頻度になっている頭痛や、ずっと継続している軽い不調といったものになかなか気づけません。

　ライフログから予兆を見つけることで、体調やメンタルが本格的に悪くなる前に対策を講じられるようになるのです。

睡眠を確保するための 10-3-2-1 ルール

多くの人が競うように睡眠時間を減らし、少しでも多くの仕事や、趣味の活動を1日に詰め込もうと無理をしています。すでに紹介したとおり、こうした日常的な睡眠不足は軽い酩酊（めいてい）状態で生活しているようなもので、私たちは本来の能力を発揮することのできない、枷（かせ）のついた状態で毎日を過ごすことになります。

眠る時間が惜しいという気持ちは私自身が常に戦っている感情ですし、ついうっかりと夜明け近くまで気になっている作業に没頭してしまった結果、次の日の予定に響いてしまうこともしばしばです。

「眠らなければ」と頭では理解していても、なかなかそれを実行できないのはタスク管理や先送り防止の話題でも見たとおり「〜しなければいけない」と自分の意志に頼っているからです。そこで意志とは関係のない、睡眠を守るための生活習慣を導入しておくことで、毎日の睡眠時間に向けた準備を整えるのも一つの方法です。

睡眠を守る 10-3-2-1 ルール

そうした、睡眠を確保するための生活の目安をルールにしたのが、ブログ「Early to Rise」でクレイグ・バランタイン氏が紹介した 10-3-2-1 ルールです。これは毎日の就寝時間を基準にして、

● 10時間前にはカフェインを控えるようにする
● 3時間前には食事も控える
● 2時間前には仕事をするなどの緊張感を高める作業を
　止める
● 1時間前には液晶スクリーンを見るのをやめる

　という行動を習慣として取り入れるという手法です。
　カフェインを10時間前から減らすのは、体内でそれ
が分解されるのに通常6〜9時間（個人差は大きい）の
時間がかかるからです。3時間前に食事をやめるのは消
化によって睡眠が阻害されるのを防ぐため、仕事と液晶
スクリーンを見るのをやめるのは、緊張を解き、スク
リーンの強い光の影響を避けるためといったように、そ
れぞれの数字には睡眠に関する研究の成果が目安として
取り込まれています。

　このルールの数字はすべてを厳密に守らなければいけ
ないものではありませんし、みなさんの睡眠習慣や体質
によって調整されるべきものです。

　ルールを意識することによって、たとえば0時に眠る
のであれば午後2時過ぎにはカフェインの摂取を控える、
午後9時以降は夜食をとらないといったように、睡眠に
向けたルーティンを整えるために利用します。

　似たようなルールを、食事について、運動について、
読書について、手帳に記入する習慣について作ってもい
いでしょう。生活を調律するための音叉のように、ルー
ルをルーティンの指針に使うのです。

健康を守るための小さな行動

　健康のためのライフハックは数え切れないほど考案され、日々シェアされています。睡眠を十分にとろうなどといった言わずもがなのものから、迷信に片足を踏み込んでいるものまで内容はさまざまですが、とにかく数が膨大ですので、それらのアドバイスのすべてに耳を貸していては一日中時間を費やしても足りなくなります。

　重要なのは身体に良さそうだからといって選別もせずにむやみにそうした健康法を取り入れるのではなく、しつこく繰り返すことで実感が得られるものを取捨選択することといっていいでしょう。

　たとえば私は1日の大半をモニターに向かって過ごす仕事をしていますが、目の疲労を取り除くために、

1. 遠くの風景と近くの風景に交互に焦点をあわせる眼筋トレーニングを数時間おきに行う

2. 目の焦点を合わせる目薬を自宅と職場の机の上、すべてのバッグのなかに準備しいつでも利用する

　この2つの行動を日常的に繰り返すことでいまでも裸眼でスマートフォンの細かい字も問題なく読める状態を維持しています。

　大事なのは、無数にある健康法やハックのなかから、効果の実感があり、かつ日常に繰り返せるものを選び取

ることです。

健康ハックの代表例

　簡単に取り入れることが可能で、繰り返すことで効果が高い健康のライフハックの一つに体の怠さや疲労を軽減するために「十分な水分補給を意識する」というものがあります。

　一時は「1日にコップ8杯」といった目標や目安が紹介されることもありましたが、現在ではそうした量には個人差が大きいということがわかっています。水分補給についてはお茶やコーヒーなどといった利尿作用の大きい飲料を避けるという知識を頭に入れたら、あとは水を飲むタイミングでタイマー通知を送信することを繰り返すだけでも日常を変える健康ハックのできあがりです。

　十数秒程度の待ち時間にかかと上げの筋トレや握力のトレーニングを行ったり、食器の大きさで食事の量を調整したりといった工夫も、毎日繰り返すことで蓄積の効果がでてきます。

　健康に関することは個人差が大きいために正解が見つかりにくいですが「これをすると調子がいい」というポイントを探して日常に取り入れ、数カ月単位で実践してみることによって、慢性的な状態に変化が生まれることがあります。

　世の中にあふれている健康ハックは、どのように組み合わせれば自分の調子が良くなるだろうかと、カクテルを考案するようにして常に取捨選択するのです。

心を守るための
メンタルハック

気休めの力で、心の問題を回避する

いまとなってはどんなきっかけだったか、思い出すことができません。学生の頃、大きな劣等感に苛まれ、表面上は落ち着いた風を装いながら内面では手のつけられない怒りや焦りを持て余していた私は、ある日両親から渡された新約聖書を読む機会がありました。そして、特に順番を気にせず目を走らせているうちに、次の一節に気づきました。

空の鳥を見なさい。種蒔きもせず、刈り入れもせず、倉に納めることもしません。それでも、あなたがたの天の父は養っていてくださいます。あなたがたはその鳥よりも、ずっと価値があるではありませんか （マタイの福音書6章26節）

鳥に対して失礼ではないだろうかと思いながらも、この言葉の妙な説得力に私は指を止めました。よくよく考えれば私には恵まれていることも多いのに、できないことや持っていないものについて不満を感じてばかりなのではないかという疑念がわいてきました。そして引き続く一節が、私の緊張した心に脱出口を開いてくれたのです。

ですから、明日のことまで心配しなくてよいのです。

明日のことは明日が心配します。苦労はその日その日に十分あります（マタイの福音書6章34節）

私の抱えていた問題は解決したわけでも、小さくなったわけでもありません。そういう意味ではこの言葉は気休めにすぎません。しかし力強い気休めの言葉が、私の心を和らげて、楽にしてくれたのです。

メンタルハックは「気休め」

ライフハックの話題のなかでも、とりわけ注意が必要なのがメンタルハックの分野です。欧米でライフハックが話題になった当初から、いかにして心の状態を変えればいいのか、その考え方やテクニックが議論されてきました。最新の行動心理学や脳科学の成果を引用しつつ、「心をハックする」方法がブログやYouTubeなどで数多く紹介されるようになったのです。

しかし心理学や脳科学は結果の再現性が難しい、取り扱いに慎重さが求められる研究も多い分野です。個別の話題が別の国や社会の人にも適用できるのか、どこまで一般化できるかには注意が必要です。

それにもかかわらず、話題性を優先して限定的な場合にしか適用できない論文の結果を拡大解釈して紹介し、「うつ病はこれで治る」といった大げさな紹介をする例も多い現実があります。

大事なことですので最初にはっきりとさせなければいけないのは、メンタルの不調を抱えていて辛い状態にあ

るのなら、その人に必要なのは小手先のライフハックではなく、専門家による助けです。もし大きな心理的不安や問題を意識しているならば、小さな工夫で気を紛らわせるのはかえって危険です。

　さまざまな研究や経験則から導かれたとはいっても、メンタルハックの多くは断片的で、「気休め」の手法だということを前提としてください。

原則：メンタルの不調は小手先の手段で治そうとせず深刻な場合は必ず専門家の意見を聞くこと

原則：メンタルハックは一般化が難しいかもしれないものの、場面によっては利用できる「気休め」

不調に対して能動的に対処する

　しかし気休めには、気休めの良さがあります。

　メンタルの不調は突然災害のようにやってきますし、自分の心理上の問題点といったものは、なかなか自分では意識できないために、一方的に不利益を被る場合があります。そのとき、万能の方法ではなくても対処するためのテクニックがたくさんあれば、少なくとも能動的に問題に立ち向かい、ときには辛さを緩和できるようになります。

　まだ気象病という言葉が一般的ではなかったとき、周期的にやってくる頭痛、倦怠感、関節の痛みといった症状は気のせいだとか、怠惰なせいなどと言われ、当人は

耐えることしかできませんでした。近年、低気圧にともなう気圧の変化や、急激な温度変化が身体的、あるいは心理的な不調をもたらすことが知られるようになり、そうした偏見にも変化が見られるようになっています。

気圧や気温がどのように頭痛などの症状をもたらすのかについては不明な点や個人差も大きいものの、関係があることがわかるだけで対処は可能になります。症状そのものは抑えられなくても、気圧や気温の急変化を知らせる「頭痛ーる」といったアプリを利用することで心理的な負担を楽にできるようになったのです。

この例と同じで、メンタルハックを使って心理的な問題や悩みに能動的に対処できること自体が、負担を楽にする効果は無視できません。

原則：能動的に問題に対処することで心理的負担を軽くすること自体が、メンタルハックの利点の一つ

気持ちを変えるいくつかの気休め

失敗することはできない、選択を間違えることはできない、誰かに批判されるわけにはいかない、常に正しくあらねばならない。こういった強迫観念からやってくるストレスを抱えて生きている人が数多くいます。

社会に余裕がなくなり、失敗や間違った選択をした際のリスクが高まった結果、生まれ育った環境や属している会社を、宿命的に変えられない「ガチャ」と捉える悲観的な見方も広がっています。

こうした不安やストレスを解決する銀の弾丸はありませんが、偶然読んだ聖書の一節が私に大きな影響を与えたように、発想を切り替えて心を楽にするためにどんな「気休め」を選ぶのかは私たちの自由です。

メンタルハックには一般的に適用できる原則がありませんが、ここでいくつか代表的な気休めを紹介することで、ヒントを示したいと思います。

「不快であることは自然なこと」

作家のニール・イヤールは"Indistractable"（邦題『最強の集中力』）で「すべてのモチベーションは、不快さから逃れたいという欲求から生まれる」と指摘しています。この欲求はあまりに強いため、私たちはときとして不快を感じること自体がいけないことだと思い込み、必要な仕事や責任からも逃れるようにして不快を消し去ろうとする場合があります。

しかし不快さとは重要な問題や責任に取り組んでいるからこそ生まれるものでもありますし、不快な部分に取り組むからこそ成長できる面もあります。

後述する「ハンロンの剃刀」の項でも見る通り、他者とのコミュニケーションは誤解やすれ違いがあることがむしろ常態ですので、どこかに一定の不快さがなければ何かが伝わっていない可能性すらあります。

不快は緊張にともなう自然な反応だと考え、過剰に反応する必要はないと構えるのは有効な「気休め」の一つです。

「意見の違いを攻撃や批判と受け止める必要はない」

　価値観が多様化しているいま、自分の意見と合わない考え方に触れる機会も多くなってきました。

　論理的な生き物である私たちは異なる意見を耳にすると、「どちらが正しいのか」と反射的に考えてしまい、それが大きなストレスになりがちです。立場が違うだけで、あなたの意見もその人の意見も、両方とも正しい場合が多いにもかかわらず、自分自身が否定されているような気持ちがして攻撃的な気持ちになってしまうのです。

　英語には"Don't take it personally"「個人攻撃をしていると受け止めないで」という前置きがありますが、他人の意見に反感を感じたときには、それがあなた個人に言われたものではないと言い聞かせるのは有効な「気休め」となります。

　本当に攻撃している場合もありえますが、すべての意見の違いが戦争であるかのように身構えるのではなく、ゆっくりと相手を見て反応したり、そもそも反応しないようにしたり、選択の自由はあなたにあるのです。

　特に後者の、反応しない選択肢はほとんどの場合において有効です。意見が違うのは、どちらかが100％正しく、他方が100％間違っている闘争ではないので、正しさに固執するとかえって間違いをおかすことになってしまいます。

　聖書に「あなたは正しすぎてはならない。自分を知恵のありすぎる者としてはならない。なぜ、あなたは自分

を滅ぼそうとするのか（伝道者の書7章16節）」という言葉があるように、頭のなかの「正しさ」を暴走させないようにするのは、より深い正しさや理解への扉を開く鍵となります。

「冷静でいられるかはあなた自身の選択」

　他人から無理解な言葉をかけられたり、気にしている劣等感やトラウマに触れられたりすると、反射的に攻撃的な言葉で応答しがちです。他人に言葉で攻撃されたのだから、反撃するのは当然という理屈も一見正しそうにみえますが、実際にそうするかどうかは私たちの側の選択でもあります。

　しかし、急にそんな状況に直面したときに、攻撃的に言い返す以外の選択肢を知らなければ、怒りを抑えることが難しいのも事実です。

　そこで、一種の「気休め」として、冷静になるための手段をなるべくたくさん用意して、それらを試してからでなければ「攻撃する」という選択肢を考慮しないという方法を考えることができます。

　数字を数える、深呼吸をする、あるいは本CHAPTERのハックで紹介する手法を試してみるといったように、「怒るのか怒らないのか」の2通りしかなかった問題を、「怒りを制御するための10通りの手段のどれを選ぶのか」にすり替えてしまうわけです。

　この「気休め」のよいところは、「あなたは怒るべきではない」などと正論で納得したり、規範で自分を締め

付けるのではなく、手段を試しているうちに結局は同じ
結果を得ることができる点です。

　心理的な問題に対して「〜と考えるべき」と締め付け
で解決するのは、別のストレスや抑圧を生むことにつな
がりかねませんので、仕組みや工夫で自然に行動を選択
できるように自分を騙しているともいえます。

自分に優しくするための気休め

　ここで紹介した代表的な「気休め」、つまりは心理的
な問題に対する上手な受け身の方法や考え方は無数にあ
ります。万人に通用するものはありませんので、個人的
に気持ちを楽にするものを都合よく選択していくのでよ
いでしょう。このあとに紹介するライフハックも、根底
にあるのは「こんな選択肢もある」という考え方です。

　こうした気休めを利用するのは、このストレスが多い
世界において、せめて自分に対しては優しい選択肢を用
意することでもあります。

　自分に優しい選択肢を選ぶことは、最高のメンタル
ハックと言っていいのです。

機会にはすべて「イエス」と言ってみる

　仕事ができる人とは、多くの決断を矢継ぎ早に、一日中休みなく繰り出せる人だと思う人もいるかもしれません。しかしそれは現実的ではありません。決断が多くなり、疲労が蓄積するにつれて、そのクオリティは次第に低下していくからです。

　これが心理学の有名な概念である"Decision Fatigue"「決断疲れ」です。

　研究によって幅はあるものの、現代人は1日に約3万5000回の小さな決断を繰り返していると言われています。どの服を着るか、どの手順で仕事をするか、次に何をするのか、何をしないか。こうした決断の連続が次第に疲れを生み出すことによって、無意識のうちに行動が変容してしまいます。

　たとえばとある研究では、犯罪者の仮釈放を決める裁判官は、似たような事例だけで比較しても、午後になるほど厳しい判断を下しがちであることがわかっていて、決断疲れが不公平な結果を生み出す例として知られています。また、スーパーでたくさんの買い物の判断をしたあとの人を狙って会計列の近くにはお菓子やガムが配置されているのも、決断疲れがマーケティングに利用された例とされています。

　決断疲れは HACK 013 で紹介した残業の非効率さに似ています。やる気や能力があるなら無限に決断を続け

られると考えるのではなく、決断すべきことを最初から
減らしておくことが全体のクオリティにとって重要なの
です。

　有名な逸話だと、スティーブ・ジョブズが毎日黒い
タートルネックを着ていたのは、どの服を着るのかとい
う判断を節約するためであることが知られています。そ
れと同じように、飲み会には行かない、テレビを見ない、
ツイッターは見るけれども TikTok は見ないといった、
あらかじめ決めておいたルールを適用することで生活を
単純化することができます。

　これは「飲み会に行くべきではない」と言っているわ
けではありません。行くのか行かないのかをあらかじめ
決定しておけるようならそのルールに従うことによって、
ほかの大切なことを決断できるように余裕を残しておく
という、トレードオフをしているのです。

一年間、聖書の教えを忠実に守った男

　この考え方を人生全体に当てはめることもできます。
　百科事典ブリタニカを最初から最後まで読むといった、
自分の人生で実験を行った結果を本にまとめる著者とし
て知られる A.J. ジェイコブス氏は旧約聖書の戒律に1
年間厳密に従うという生活をしてみたことがあり、その
体験を『聖書男』という本でまとめています。
　髭を剃ってはいけない、安息日に働いてはいけないと
いった戒律は彼の生活や心にさまざまな変化をもたらし
ましたが、特に大きな影響を及ぼしたのは「嘘をついて

はいけない」という戒律でした。

　最初のうちこそは、嘘をついてはいけないので心のなかに思っていることをそのまま正直に口にして周囲の人と衝突していた彼ですが、嘘をつくこと自体が選択肢から消えた影響で、常に周囲の人に対して親切さや善良な気持ちしかもたないようになり、いつの間にか嘘をつく必要も、発想もなくなったというのです。

　これは極端な例ですが、嘘をつくか、つかないかの判断を最初から禁じることによって、人生が単純化された例といえます。

「イエス」で可能性に扉を開く

　こうした考え方を、普通の人でも実践できるテクニックに落とし込んでみましょう。たとえば雑用についてはできる限り「No」というべきですが、新しい機会と経験を開いてくれそうなものに対してすべて「イエス」と言って参加すると決めたとします。

　ジム・キャリー主演のコメディ映画『イエスマン』では、主人公が自己啓発セミナーで「すべての機会に対してイエスと答えなさい」と教えられた内容を極端に文字通り実践することから生まれる騒動を描いていますが、それに少し似ています。

　新しい人との出会いの機会があるなら「イエス」といい、提案された勉強会があったら「イエス」といい、いままで行ったことがない場所や、経験したことがないアクティビティへの誘いがあったら、できるかどうかを考

えることなく「イエス」という、そうした近道を作って
みます。

これは、誘われた際にどうしようかと迷うことをやめ、
ふだんなら意識的には選択しない行動を仕組みとして呼
び込んでいる状態です。

あるものに「イエス」と言いはじめると、いかに私た
ちが無意識に可能性を開く行動に対して「ノー」と言っ
ていたかが見えてきます。面倒だから、怖いからといっ
た理由で遠ざけていたチャンスを、毎日の小さな「イエ
ス」が引き寄せてくれるようになります。

選択を減らすことは、別の選択への扉を開くことに他
なりません。ルールとしてあらかじめ何かを選び取るこ
とで、私たちは決断疲れから自分を解放するとともに、
人生の方向性を小さく選び取ってゆくことができるので
す。

言葉を変えることで性格を変える

　数年前に、３歳の自分の娘を鏡の前に立たせて、次の力強い言葉をいっしょに復唱する父親の動画が大きな話題になったことがあります。

「私は力強い。私は賢い。私はがんばり屋だ。私は美しい。私は礼儀正しい……」

　まっすぐに鏡のなかの自分の目を見つめ、大きな声でこの言葉を口にすることで、この父親は娘が家の外で出会うかもしれない、自尊心を傷つける人や出来事に対して抵抗する力を与えているのです。

　言葉は、その人の内面を映し出す鏡のような作用をしています。前向きな心理のときは前向きな言葉が、後ろ向きで消沈しているときには後ろ向きな言葉が、心の有り様に対応して口をついてしまいます。

　それを逆に利用して、言葉の力によって自己暗示をかけることが可能です。新しい趣味や活動を始める際に道具や見た目の形から入るのと同じように、言葉づかいを変えることで、心の在り方を先取りするのです。

言葉づかいによって性格を先取りする

　スティーブン・コヴィー氏の「７つの習慣」の第１の習慣は「主体性を発揮する」ですが、彼はそうした考え方を手に入れるために選択できる言葉の使い方について紹介しています。たとえば、

● ～しなくてはならない→私は、そうすることに決めた
● ～でないとだめだ→～のほうがいいと思う

　といったようにです。
　CHAPTER 3で紹介したネイル・フィオーレ氏の
"The Now Habit"には、仕事を先送りしそうなときに
使える、次のような言い換えが紹介されています。

● やらなければ→どこから始められるだろうか
● この仕事は大きすぎて無理だ→最初だけやってみよう
● 遊ぶ時間なんてない→遊ぶ時間を忘れずに

　言葉遊びに見えるかもしれませんが、あえて肯定的な
言葉を選ぶことによって、私たちは心の有り様を変える
ことができるのです。
　これは、実現したいと考えている性格を先取りするこ
とにも使えます。性格を穏やかにしたいなら穏やかな言
葉を、自信を持ちたいなら自信のある言葉を真似るわけ
です。
　たとえば「俺」を多用しすぎている男性は、一人称を
「私」や「僕」に換え、語尾を必ず「です」「ます」にす
るだけで、見かけの性格や雰囲気を変えることができま
す。十分に長い時間それを実践するなら、やがてそれは
本物と違いがなくなります。
　言葉だけでなく、姿勢にも同じことがいえます。自信

があるから背筋が伸びて顔が明るくなるのではありません。自信がなくても、あえてそういうポーズをとるところから、小さな変化を生み出すことが可能なのです。

英語には、"Fake it till you make it." という慣用句があります。うまくゆくまでは、うまくいっているフリを続けよという意味で、成功はそれを真似る人のところにやってくるという心強い言葉でもあります。

言葉を選び取ることは、まさにこの慣用句の通りに、自分がそう在りたいと願っている状態を再現することといえます。

心のなかで自分自身に対して使う言葉も変える

このテクニックは、心のなかで自分自身に対して語りかけている内的独白に対して使うこともできます。
「どうせ自分は」「自分なんて」「きっとうまくいかない」「なんでいつもこうなんだ」

このように、いつも自分に対して罰を与えるような言葉を心のなかで使っている人は、それを別の言葉に置き換えてみる、あるいは少なくとも客観的な言葉に変えてみるといったことができます。
「なるほど自分はいま困っているが、ここから別の流れを作れる可能性がある」
「いまはたまたま参っているが、明日のことはまだわからない」

こうした言葉は根拠がないものですが、それでかまいません。根拠なく現状を書き換えることで、自分に、未

来に絶望せずに行動することを促すためです。

　恐怖に痺れた、ゲームで言うなら状態が弱った「デバフ」の状態を解除できたなら、行動を開始できます。そのために、心の状態を書き換えるのです。

言葉で感情の解像度を上げる

「ショックだ」「げんなりした」「疲れ切った」──こうした大げさな表現を、いつも使ってはいないでしょうか。

　ショックとは、瀕死の状態になるほどの急性の症候群や、大きな衝撃が加わったことを指しますが、そうした意味で使う人はむしろまれです。

　慣用的に言葉をなんとなく使うことは悪いことではありません。しかしときには、実際のところ自分はどのような感情をもっているのか、より繊細な表現を試みることで、実際に心の感度をより繊細にできます。

　たとえば「ショックだ」と一言で表現していた感情を、「思っていたのと違ったので驚いたし、自分の言葉が伝わっていなかったことに悲しい気持ちを感じた」と分析的に表現するのもいいでしょう。

　こうした習慣は、ふだん使っている言葉に豊かな意味を取り戻すことにつながります。

　それは「私は力強い。私は賢い」と自分自身に向けて語るときに、その言葉が空虚ではなく、本当に力をもって伝わることにもつながるのです。

CORE

対人関係を諦めずに仕組みに置き換えてみる

コミュニケーション能力に自信がない、内向的な性格の人にとって、他人との距離感をどのようにとればよいかは難問です。

人口の 25 〜 40％ほどを占めているといわれている内向的性格の人にとっては、積極的に会話を始めることや距離感の近いやりとりは負担となりますが、コミュニケーションを積極的にとれる人に有利な形でバイアスをもっている社会全体を変えることは容易ではありません。

私もどちらかというと内向的な傾向をもっており、他人から見て何を考えているのかわからない、距離感が測りにくい人だといわれがちですが、それを自分の側から変えるためのいくつかの手法を実践しています。

フランクリン効果で相手の好意を引き出す

ベンジャミン・フランクリンは、ペンシルバニア州議会において敵対していた議員を懐柔するために使用した逆説的な方法について自叙伝で紹介しています。

相手に贈り物をするのではなく、相手の蔵書に興味深い本があるという話を聞きつけたら、それを貸してもらえないかと尋ねたのです。

人は、たとえ嫌いな相手であってもその人のために何かの親切を行うと、その行為を正当化するために「あいつはそんなに悪いやつではない」という理由付けを無意

識に行います。フランクリンは相手から本を貸してもらうことによって、それを相手に強制したわけなのです。

「フランクリン効果」と呼ばれるこの心理的な動きは、気難しい相手から好意を引き出すためにも、自分の頑(かたく)なな心を和らげるためにも利用できます。

たとえば敵対的な人物であるほど、あえて頼みごとをして自分に対する親切を引き出すことで、心理的な距離を縮めることもできますし、自分が嫌いな人間に対してあえて親切をすることで自分の心を開きやすくすることが可能になります。

頼みごと自体は、「遠くにあるものをとってもらう」といったささいなことでもかまわないのが、この効果のもつ強みです。

ザイオンス効果を利用して気難しい人を味方にする

どんなに気の合わない、気難しい人であっても、何度も繰り返し会っているうちに最初の印象は和らぎ、好感度は高まってきます。

これはアメリカの心理学者ロバート・ザイオンスが提唱した「単純接触効果」と呼ばれる心の動きで、人物との対面だけではなく、知覚の閾下(いきか)(意識していない状態)の音楽や香りなどについても起こることが知られています。会えば会うほど、それだけで人間関係は改善するのです。

対面の場合、この効果は両側に起こりますので、自分がもっている相手への緊張も、相手にとってのこちら側

の印象も、回数とともに改善することが期待できます。

この効果は、内向的な人がもっている苦手意識や、外向的な人であっても心理的に負担の大きい苦手な人物との対面に対する考え方を変えるのに利用できます。人との対話を我慢すべきものと捉えるのではなく、「試行回数を繰り返している」と捉えることでストレスが下がっていくのです。

対人関係をテクノロジーでハックしてゆく

人の顔と名前を覚えることができない、その人物とどこでどのような会話をしたのかを覚えられないといった悩みも、「自分はそういう駄目な人間なのだ」とネガティブに捉えるのではなく、仕組みやテクノロジーで解決してみましょう。

たとえば初めて会った人の名前を覚えるのには、名前を聞いた時点で会話のなかでその人の名前を何度か使うことで、名前の文字列と顔のイメージを結びつけるというテクニックがあります。

これは多感覚を応用した記憶術で、視覚だけではなく自分自身で声を発したときの聴覚、そのときの情景や会話の雰囲気といった感情も含めて、多面的に記憶を支えることで記憶する確率を上げるという方法です。

なかなか他人と自分との会話や関係性を記憶できない人は、たとえばメモサービスの Evernote や Notion のなかに、重要な人物ごとのメモを作成して、その人と最後にいつ、どこで会ったのか、どのような会話をしたのか

といったメモを書き残すのでもよいでしょう。

　その人の名刺、最初に会った時に多少無理して撮影した記念写真、その人の似顔絵といったものをここに追加して保存しておくこともできます。自分のための人名録を作ってしまうのです。

　まるで他人を観察対象にしているような手法ですが、他の人にそれを吹聴して回るわけでなければ、何の問題もありませんし、内向的な人には実感が持ちにくい人間の関係性を、手応えのある情報に置き換えてアプローチしやすくすることでお互いにメリットがあります。

　人間関係を作るのは苦手だと諦（あきら）めるのではなく、仕組みや情報化によってあたかもそれが得意であるかのように振る舞う、これも一つの方法なのです。

No と言えないなら「Yes, but」を取り入れる

　タスク管理の CHAPTER でも紹介した通り、必要ではない仕事はできる限り断り、そもそも増やさないことが、生産性を高めるためには重要です。しかしそれだけではなく、周囲からやってくるさまざまな要求に対して「No」と言える練習をしておくことは、自分のメンタルを守るためにも必要な習慣です。

　他人の依頼を断ったら悪く思われるのではないか、自分が引き受けてしまえば丸く収まるのではないかと考えてしまいがちな人は、余計なタスクを抱え込むだけでなく、能動的に選択する気力を次第に失っていきます。「No」と言えない状況が続けば続くほど、実際に作業をこなすことができていたとしても、内面では周囲からやってくる仕事を可能な限りさばくこと、こなすことに慣れてしまうのです。これは、ライフハックの原則である「自分を変える行動を能動的に選択する」状態から離れてしまいます。

自分の仕事を掌握している感覚を取り戻す

　しかし、そうそう「No」と言い続けることができない立場の人も、与えられたポジションで「Yes」と言うことが仕事という人もいるでしょう。そうしたときでも能動性を失わず、断る力を発揮するために利用できるのが、英語でいう「Yes, but」という文章の作り方です。

　日本語では「いいですよ、ただし」、あるいは「できそうです。その代わり」といったように、相手の依頼をいったん引き受けながらも条件を追加するようにします。

　言い方を変えてみて「来週以降なら大丈夫です」「この条件ならできます」と条件を提示するのもよいでしょう。

● 「できます。ただし、期限は少し延ばしていただくか、内容を減らせますか」
● 「いいですが、その代わり先に入っていたこの件と同時に進めることはできませんのでどちらを優先するか決めましょう」

　このように、仕事を引き受ける場合に必ず条件を提示することによって、相手にこちらがどれだけのリソースの余裕があるのか（あるいはないのか）を伝えることができますし、周囲からやってきた仕事を能動的に引き受ける形に書き換えることができます。

　こうして自分の状況を正確に伝え、必要なときには「No」や「Yes, but」を使うことで、自分自身の仕事を掌握している感覚が生まれますし、長い目でみると周囲との間に合意に基づいた仕事のバランスを生み出しやすくなるのです。

他人の言動は「ハンロンの剃刀」を通して見る

　どうしてそんな言葉づかいや態度を取ることができるのか理解できないほど嫌な人との遭遇は、生きている限りしばしばあることです。

　攻撃的な言動や憎しみの矛先になるのはストレスが大きい出来事ですので、自分の側に原因があってもなくても、同じくらいのきつい調子で言い返し、心を閉ざしてしまいたくなるのは自然な心理的な防御姿勢です。しかしそうなると、なかなか関係修復はできません。

　そこで、他人の言動から受ける心理的なストレスを軽減させて、心理的な「受け身」をとってダメージを減らしつつ、対応方法を考えるというのも一つの手です。

ハンロンの剃刀

　そうした受け身の一つに、「ハンロンの剃刀」という考え方があります。ロバート・J・ハンロンという人物の言葉と言われていることからこの名前がついていますが、ゲーテやハインラインといった作家に遡ることができる名言です。それは、

「愚かさで十分説明されることに悪意を見出すな」

　というものです。愚かさというと言葉が厳しいのですが、これは誰もが持っている、忘れっぽさ、先を見通せ

ない判断力の鈍さ、言葉の意味を深く考えていない視野の狭さなどと理解します。

　たとえばきつい文面のメールが届いたり、自分が仲間はずれにされたりしているような場面で、私たちは「どうしてこの人は私に厳しくあたっているのだろう」と反射的に考えがちです。

　しかしひょっとすると、単にその人は時間がなくてメールの表現が雑になっているだけかもしれませんし、結果的に仲間はずれにしているように見えるだけで、実際は大勢の人間関係を保つのが苦手な内向的なタイプという可能性もあります。根本的に誤解がある可能性もありますし、あなた自身の応対とは関係なく誰にでもきつい調子の人だというオチもあり得ます。

　ハンロンの剃刀という考え方は、人間の不完全性に由来することを悪意と受け取って悪意で返すことは避けようという行動指針です。その人がそういう言動を選ぶ人間であることは変えられません。しかしそれに対する対応は選択可能なのです。

　この行動指針に則って考えると、たとえば厳しい言動の部分とメッセージの内容を分離して、後者にだけ対応するといったことも可能になります。

　もちろん、ハラスメントにあたる行為に対してはしかるべき対応が必要です。ハンロンの剃刀は、本当にメンタルに深いダメージを負う前に能動的に対処がとれるようにするための心理の盾といっていいでしょう。

他人の拒絶の理由を深読みしない

　言葉というのはいつも非対称なものです。自分が口に
したことが、言ったつもりの意味で受け取られるとは限
りませんし、逆もしかりです。何かを頼んだ際に、その
人に「いいえ」「それはできない」と拒絶されるのは心
が痛むものですが、それを「自分自身が拒絶された」と
感じる必要はありません。

　マーケティングに関する数々の書籍を書いているセ
ス・ゴーディン氏は、他人の拒絶はひょっとしてこうい
う理由ではないかというリストをブログ記事で紹介して
おり、そこには次のようなものが含まれています。

● 私は忙しすぎて、いまコミットできない
● 私はまだあなたを十分に信頼していない
● この話は自分がやるべきこととは思えない
● この話を前に進めるのが怖い
● このことは、私に別の嫌なことを連想させてしまう

　ここには「私はあなたのことが嫌いだから、この依頼
は断る」という言葉が含まれていないことに注意してく
ださい。そういう気持ちで「いいえ」と言う人はめった
にいないのですから、最初から可能性のなかに入れなく
てよいのです。こうした考え方は、たとえば急に冷たく
してきた人がいたとして、その理由がまったく思い当た

らない場合にも適用できます。HACK 094 の「ハンロン
の剃刀」と同様に、感情を動かす前に「何か伝わってい
ない情報があるな」と想定して動くわけです。

　人が良すぎるでしょうか？　しかし感情をエスカレー
トせずに対応できる身のこなしが身につくなら、人が良
いことは長期的にみて得になるのです。

「誤った二分法」に注意する

　誰かに拒絶されたときに傷つくのは自然なことですが、
ときとしてそこには「他人は私を拒絶するべきではな
い」という認知の歪みがある場合もあります。実際には
相手にもさまざまに理由があることは理解していても、
自分の側から見たら拒絶というネガティブな状況にピン
トが合ってしまって、そこから目を離せないわけです。

　こうした認知の歪みは人間が誰でももっているもので
すから、根絶することは不可能です。しかしそれを和ら
げる方法として、何もかもを誤った二分法で見ないこと
がよいトレーニングになります。

　たとえば何か事件を耳にしたときに、どちらが正しく
て誰が悪者か、どちらが味方でどちらが敵か、といった
単純化は基本的にすべて間違っている、という前提に
立って情報を再解釈してみましょう。

　物事はこうあるべきという思い込みに対して、Yes と
No の間に広大なニュアンスの中間領域があるはずだと
想定することで、うまくいかないことを個人的な攻撃だ
と捉えずに済むようになります。

自分を肯定する言葉を大量に投下する

　どんなに成功しているように見える人にとっても、人生は逆境の連続です。多人に批判されたり、仕事で失敗をして落ち込んだり、疑心暗鬼に苛まれたりといった状況は、不意にやってきて私たちを苦しめます。このようにメンタルが下り坂になったときに、それを立て直すハックは、いくつか持っておくとよいでしょう。

　ここで参考になるのが、1955年にアルバート・エリスの提唱した論理療法の考え方です。それによれば気分の落ち込みなどの心理的問題は、悪い出来事それ自体が理由なのではなく、むしろそれをどのように受け取ったかという認知を介して生まれているのです。

　たとえば「他人に批判されてつらい」という考えの裏には「私は批判されるべきではない」「批判される状況はあってはいけないのに、それが起こっている」という“受け取り”が隠れています。この隠れた「〜べき」という気持ちはイラショナル・ビリーフ（不合理な考え）と呼ばれ、それがやがて「どうせ自分は」という挫折感や絶望感を生むというのがエリスの考えです。

　これを打破するには、落ち込んだときのネガティブな思考の裏にある「本当は〜であるべき」と自分を拘束する考え方を見つけて、それに対してポジティブに疑義を挟むのが有効です。

　たとえば「仕事で失敗して落ち込んでいる」という状

況の背後には、「自分は失敗すべきではないのに」という気持ちが潜んでいます。そこで「失敗というものは誰にだってあるから自分だけが失敗しないというのは不合理ではないか」とメスを入れたうえで、ここは成功している、ここはなかなか上出来だったといった肯定感のある捉え方をありったけ投下します。

　落ち込むこと自体は避けられなくとも、自己否定で二重に自分を傷つけている状況を修正できれば、ポジティブな受け取り方が次第に心の下り坂を、自分で立て直してくれるのです。

自分を肯定する言葉を声に出す

　ストレスの多い現代の状況に応えるように、SNSには理由もなく肯定の言葉だけを投稿しているアカウントが数多くあります。

「生きているだけですごい！」「今日も朝起きていてすごい！」といった、ちょっと冗談っぽい言葉がそこにはあふれていますが、つらい気持ちでいるときには心に沁みます。

　落ち込んでいるときこそ、そうしたちょっと大げさなくらいに肯定的な言葉を声に出して、自分に対してかけるようにしましょう。励ましの言葉を飲み込んで我慢するのではなく、声に出し、さらにそれを耳で聞くことによって、それを信じられるようになってきます。

　否定ばかりで苦しい世界に光をもたらすきっかけが、ここにはあるのです。

心のなかのヒーローに悩みを打ち明ける

　いくら家族や友人に囲まれていたとしても、私たちの心はいつも孤独です。

　本当の悩みや苦しみは、なかなか他人に理解してもらえるように伝えられませんし、そのせいもあって的確なアドバイスが返ってくることはまれです。

　そんなときに、心のなかに安心して問いかけることのできるヒーローを思い描くことが助けになることがあります。

　欧米には "What will Jesus do?"（イエス様ならどうされるだろうか？）という問いを心のなかで立ててみて、イエス・キリストがそばに立って話を聞いてくれている想定で悩みや疑問を打ち明ける人が多くいます。

　古典の『神曲・地獄篇』でダンテが師と仰ぐ詩聖ヴェルギリウスを先導にし、詩人のペトラルカが「告白」でアウグスティヌスに心の奥底を打ち明けたように、あこがれの存在を頭に思い描いて問題解決のきっかけにするというのは、昔から存在する手法なのです。

より高い視点を心に持ち込む

　私たちも私たちなりの悩みを、心のヒーローや、本などを通して知っているメンターに問いかけて、聞いてもらうことができます。それは現実に存在する人でなくてもかまいませんし、質問する内容がどんなにつまらない

ことでもかまいません。

　仕事の優先順位から人生の岐路まで、悩んだときに「スーパーマンならどうするだろうか」「バットマンならこれを引き受けるだろうか」といった思考で、悩みを試してみるのです。

　こうした思考は遊びのようでありながら、判断にある種の明快さを持ち込んでくれます。自分の視点では混乱している思考を、より高い規範から紐解くことが可能になるからです。

　ヒーローはえてして単純で、原則に対して忠実で、ピンチに対し動ぜず、悩み苦しみながらも結局のところはなすべきことをパンチの形で繰り出します。

　一見くだらなくて混乱していることを訊くからこそ、この方法はより高い視点から問題を整理する思考をもたらしてくれます。

「この打ち合わせには嫌な予感がするけどどうだろう」

「断れ」

「この会社に転職するのでいいだろうか」「大丈夫だ。行け」

　背中を押すヒーローの声は、実はあなた自身の心の声に他ならないのです。

安心領域を攻略する

　人にはそれぞれ心理的にできること・できないことの
境目、安心領域の境界線があります。

　初対面の人と話すのが得意という人もいれば、知らな
い人に声をかけられるだけで不安を感じる人もいます。
批判をやりとりしたり、厳しい議論を戦わせたりするこ
とを気にしない人もいれば、心理的にダメージを負って
しまう人もいます。

　こうした得意・不得意はその人の特徴であり、安易に
直せばよいというものでもありませんが、それを攻略し
なければ、人生におけるいくつかの変化には手が届かな
くなることも事実です。

　『「週４時間」だけ働く。』のティモシー・フェリス氏は
著書のなかで、読者の安心領域を試すために、公園や
バーや電車のなかといった公共の場所でいきなり横たわ
り、20秒ほど目をつぶってじっとするというチャレン
ジを出しています。

　本当にこれを実行せずとも、その様子を想像してみて
ください。横たわるあなたは「人にどう思われるだろう
か」と不安になるでしょうけれども、周囲の人は不思議
そうに見るか無視するだけで、意外になんとも思ってい
ないのではないでしょうか。

　このように、安心領域の外側に踏み出すことで生まれ
る不安や恐怖は、私たちの心が増幅させた結果であるこ

とがよくあります。

　他人を怒らせたり迷惑がられたりするくらいならば自分で仕事を被ってしまおう、といった具合に安心領域側に判断の軸足をもつことに慣れてしまった人は、実際のところどこまで我を主張しても大丈夫なのかを繰り返し実験することで、安心領域を少しずつ広げるとよいかもしれません。

許可をもらうのではなく、許しを得る

　職場のプレッシャーに負けずに残業をせずに先に帰る、言い出しづらい質問を対面で行うなどといったように、踏み出すことを避けている小さな安心領域の境界線があります。これを週に一つといった目安で攻略してみましょう。

　安心領域から踏み出すと、ときには人を怒らせたり、文句を言われたりすることもありますが、ここで重要なのは許可をもらうことではなく、許しを得ることです。「定時で帰ってよいですか」と他者から許可を得るのではなく、「申し訳ありませんが定時で帰ります」という具合に、主体的な選択に対する許しを得るわけです。

　心のなかで恐怖に思っているようなことでも、一歩を踏み出してみるとあっさりと実現することは多くあります。そうした小さな選択を足場にして、自分の安心領域を少しずつ、拡大していくようにします。

怒りや不安を、メールや手帳に書いて積み下ろしする

　理不尽に仕事を振ってくる上司や、意図を理解してくれない同僚、厳しい言葉をわざわざ選ぶ取引先など、仕事にさまざまなハードルはつきものです。あるいは、自分自身の将来に対する不安が大きくなって、世界が灰色に見えてくる瞬間もあるでしょう。

　溜（た）まってきた不満や不安を大声で発散したくなったり、ひどく暴力的な気持ちがわき起こったりして、自分はどうしてしまったのかと思うこともあるかもしれません。

　しかしそれはストレスに対する心の自然な反応です。ほとんどの人は、本当にそれを外に出してしまうと問題が多いので我慢しているにすぎません。

　こうした我慢は長い目でみると心には毒となります。それは長い時間をかけて心身を蝕（むしば）み、うつ病や身体の病気にもつながります。不満や不安のストレスは、なんらかの形で外に出してしまい、解決を試みなければ、心という器が壊れてしまいます。そして心という器は、壊れれば直すことは極めて困難なのです。

怒りをメールのなかに吐き出す

　どうしてもそうした吐き出し先がない場合の最終手段として、心に溜まっていて本当は言いたいことを、メールの形で書きとめて、実際に送信してしまうという方法があります。

　このとき一つだけ細工をするのは、送り先を本当の相手ではなく、自分自身のアドレスか、捨てメールアドレスにしておく点です。

　つまらない方法に思えるかもしれませんが、書き出して実際に送ってしまうと、どこかにその言葉が届いたような、受け止められたような錯覚が生まれ、その分だけ不満が積み下ろしできます。

　同じように、心のなかの不安をすべて手帳に書き出すという方法もあります。手帳に書く場合、手が疲れるまで書き続けることで、その分量が積み下ろしした不満の量として可視化できるところもポイントです。

　実際にメールや手帳に言葉にして書いてみると、溜まっていた暗い気持ちに形が与えられて心が軽くなったり、急に内省的に状況を分析できるようになったりする効果があります。これは HACK 001 のブレインダンプの習慣を心に対して実行しているのと同じで、曖昧な形で膨れ上がっていた不満を言葉にすることで、扱いやすくなった効果でもあるのです。

　この手段でも心が軽くならないところまで我慢しつづけ、心を壊すようなことがないように注意してください。

　溜め込んだストレスを定期的にどこかに流す仕組みを作っておき、それでも心が軽くならないときには専門的な助けを求める必要があるという判断ポイントとして、この手法を利用するのも一つの方法です。

怒りを制御するためのテクニック

予想外の出来事が起こったり、いきなり心ない言葉を浴びせられたりしたことで、思わず怒りを爆発させてしまいそうになることは誰にだってあるでしょう。そうした心の発作のような反応は、心がけだけではなかなか防げません。

怒りのままにふるまってしまったために、人間関係を壊してしまったり、巧妙に感情を操られて不本意な行動をとってしまうようなことになれば、あとに待っているのは深い後悔です。

そこで覚えておくとよいのが、怒りは心の動きだけではなく、身体的なものでもあるという点です。言葉の発し方や、体の姿勢によって、ある程度制御が可能なのです。たとえば、

1. 手のひら：怒りそうになったら、手を「パー」の状態にします。怒りを感じると、私たちは緊張して握りこぶしを作りがちですが、これを意識的にパーにすることで、緊張が和らぎます。多くの場合、手をパーにしながら真剣に怒ることはできません
2. 肩：同様に、緊張して肩が上がるのを意識的に下げて、体をリラックスの体勢にもっていきます
3. 声：怒りがこみあげると、どうしても声が大きく、早口になりますので、これを意識的に半分のスピードに

まで落とします。ゆっくりと大声を上げることは難しいですし、なによりスピードを落とすことで冷静さをとりもどすことができます。

相手の怒りを鎮める体勢

こちらが怒っているのではなく、相手が怒りだしそうなときに敵対的な空気を和らげる手段もあります。

まず、こちらが緊張した臨戦態勢の顔をしているとそれを見て相手は緊張を解くどころではなくなりますので、眉を下げ、目を大きくして意外そうな表情を意識的にとります。次に、戦闘的な大きな声でしゃべるのではなく、あえてゆっくりとした小さな声を選ぶことで、緊張が高まらないように調整します。

最後に、相手に向かい合っている体勢を、相手の身体に対して角度をつけるか、可能なら横並びの体勢にもっていきます。相対している状況はそれだけで敵対的な姿勢ですので、「ちょっと話そうか」などと声をかけて横に並ぶとよいでしょう。第三者を呼び、三角形を意識して立つことも、口論を話し合いに変えるのに有効です。

時折生まれる怒りやトラブルは避けることができませんが、感情的な口論を避けることを能動的に選ぶことは可能です。

とはいえ、こうしたテクニックや理屈が通用しない場合は、なんらかの形で逃げることもまた重要であることは忘れずにおきましょう。

人生をハックする

習慣術

やめない仕組みを作る習慣術

　私がアメリカの高校にいた頃、英語の授業で、毎日1ページの英文を書く課題が出たことがありました。内容はなんでもかまわず、とにかく1日に1ページ分の英文を書くことを、6週間続けるのです。

　まだまだ英語の思考に慣れておらず、知っている単語も少なかった私にとってこれは苦痛でした。日記を書こうとしてもネタはすぐに尽きますし、新しく考えなど浮かんできません。3日ほどで完全に手が止まってしまった私は先生に相談しました。

　私の質問に、先生は試すような視線で「なんでもいい、といったはずですよ」と念を押しました。「剽窃でなければ、何をどう書くのも自由です。文章が良いか悪いかも、私は評価しません」と。

　家に帰り、机の前に座ってこの言葉の意味を考えていた私は、当時夢中で読んでいた「三国志」の単行本が置いてあるのに目をやりました。アメリカには「三国志」の物語を知っている人は少ないのではないか、それならこの本を自分なりに要約してみてはどうか？　そう考えた私は、さっそく「桃園の誓い」から始まる長い物語を、たどたどしい英語でまとめはじめました。

　それはまともな要約とは言えない単語の羅列でした。登場人物の名前は日本語読みのローマ字で、知らない単語は知っているもので代用し、文章は流れも美しさもな

い、言い切りの文章が延々と続くだけです。それでも、何を書けばいいのか悩んでいたときに比べれば、ページは素早く埋まるようになりました。

6週間の課題を無事に提出すると、先生は顔色一つ変えずに、次の6週間は同じ課題が1日に2ページになると告げました。そしてその次の6週間は4ページに、ページ数は伸びていったのです。

私は動じませんでした。すでに最初の6週間で基本的な単語と文章の組み合わせ方は把握していましたので、それをひたすら繰り返していきました。

すると不思議なことに、以前は1ページに30分かかっていた時間が、次第に短くなり、文章のバリエーションも少しずつ増えるようになってきました。量が質を生み出すようになり、課題は次第に楽になりました。

1年が終わるころには毎日の4ページを引きの強い場面で終わらせる余裕さえ生まれ、最後の6週間を五丈原のラストシーンで終える頃には、英文を書く能力が格段に上がっていただけでなく、この課題が終わることを惜しむほどに熱中していたことに気づきました。

形はどうあれ、回数を繰り返すこと。質よりも量を追求して練習を重ねるうちに、次第に質も生み出せるようになること。なによりも、苦痛だと思っていたものを仕組みによって楽しくできることを、私はこの課題から学びました。

しつこく繰り返し、習慣を生み出すことは、未来を引き寄せる手段だと知ったのです。

小さな行動で、不可能を可能にする

　才能に恵まれていないので手が届かないと思い込んでいるもの。時間がないのでできないと決めつけているもの。これらを攻略するための鍵は習慣です。私にとって英文がそうであったように、大きすぎる課題を実行可能なところまで小さくしたうえで、しつこく繰り返すことは、不可能を可能にし、長い目でみて大きな変化を生み出します。

　私たちはふだん意識できずにいますが、習慣は日常のなかで大きな力をもっています。目を覚まして歯を磨くこと、どんな食事をとるかといったことから、屋外を歩くときのルート、思わず手に取る衣類、といった無意識のものを含めると、私たちの日常の行動のおよそ45%が習慣だという報告もあります。私たちがどのように仕事に向き合っているか、「どうせできない」の思考で何を諦めるのかも、もちろん習慣の一種です。

　人生を長期的にみて良い方向に変化させたいなら、一念発起して単発の大きな行動を起こすよりも、毎日のなかにある停滞を小さな勝利に変えるような、習慣を生み出すほうが近道なのです。

　小さな習慣は無視できない効果を生みます。1日に10ページの読書、1枚のスケッチ、たった30分の楽器の練習であったとしても、5年、10年で考えれば膨大な時間をそこに注ぎ込み、無数の行動を生み出せます。行動を繰り返すことができれば、私の英文の例で見たと

おり、量は質を導き、やがて大きな変化が生まれます

　シェイクスピアがいうとおり、「人間は習慣によって
なんと変わるものか！」（『ベローナの二紳士』第5幕第4
場）なのです。

原則：人生を変えるには大きな行動を起こすよりも、日
常の習慣を変える

原則：小さな行動の蓄積が大きな変化を生み出すように
習慣を工夫する

習慣を変えるには「続ける」必要はない

　習慣は必ず継続をしなければいけない、三日坊主や中
断は意志が弱いので改めなければいけないという考え方
がありますが、こうした考えは捨てましょう。

　新しい習慣を身につけるということは、これまでにな
い新しい行動を人生に取り入れるということです。新し
い行動を始める際には、どこで時間を作るのか、心理的
な抵抗感をどう乗り越えるのかといったハードルが最初
から待っています。ここに、継続できなければ失敗、と
自分に心理的なプレッシャーを与えて追い込んでも良い
ことはありません。まずは「行動」ができるかどうかが
問題であって、このタイミングで「継続」に重きをおく
のは後ろ向きなことなのです。

　そこで逆説的に聞こえるかもしれませんが、最初は継
続それ自体を意識するよりも「やめないこと」、つまり

は行動がゼロになって元の状態に戻ってしまわないようにさまざまに工夫をしてみます。

　毎日1時間の運動を始めてみようとしていきなり挫折したなら、それを15分、あるいは5分といったところまで小さくしてみます。全身の筋肉が運動に慣れてくれば、負荷は次第に増やすことができますので、最初は負荷をかけること自体に慣れてみるわけです。

　独学で洋書に挑戦してみようと思ったものの、1ページ目で躓（つまず）いたという場合は、挑戦している文章の難易度に問題があるかもしれません。洋書を読むときだけ英語に向き合うのではなく、ふだん日本語で読んでいるニュースを英語にしてみるといった形で、簡単な英語と何度も触れるように日常を変えてみてもいいでしょう。

　一度や二度の挑戦で諦めずに、行動がゼロにならないための方法や条件の組み合わせを探し続けているうちに、それが結果的に継続へと近づいていきます。継続自体を目標にしなくても、継続は生み出せるのです。

原則：習慣は継続すること自体を目標にするのではなく、行動がゼロになって元の日常に戻らないように「やめない」工夫が重要

行動の大きさと回数を調整する

　心に決めた行動を、意志の力で毎日必ずやり遂げるといった考え方も捨ててしまいます。そもそも、意志の力を必要としないところまで自動化した行動が習慣です。

最初は実行するのが困難に思えた行動を、努力ややる気に依存しないところまで工夫することが、「やめない」習慣術といえるでしょう。

　そこで、習慣化したい行動は日常のなかに簡単に組み込めるところまで小さく、手間のかからない形に変えていきます。

　これはときには発想の転換が必要です。運動の習慣がなかなか始められないようならば、運動そのものではなく、運動着に着替えるだけ、運動靴を履いてみるだけ、その姿で玄関から一歩出てみることだけ、といった行動に着目するのでもいいのです。

　本を読むことが難しければ、読まずに本を開くだけ、1行読むだけ、といった行動を繰り返してみます。実際には、本を開くだけで読まずにすますことはあまりないでしょうから、結果的には読書が進むことにつながりますが、結果が同じならば行動のきっかけはなんでもよいのです。このとき、「読書をしなければいけない」といった意志の力を必要とする表現ではなく、「スマートフォンの代わりに本を開いてみる」といったように、同じ結果を生み出す、簡単な行動に落とし込むのがコツとなります。

　習慣化する行動は、他の人にあきれられてしまうくらいに小さく、くだらないもので大丈夫です。どんなに小さくても「行動」を変えることが優先だからです。

原則：習慣の行動は、意志の力を必要としないところま

で小さく、簡単なものに落とし込む

　結果的に大きな変化につながる小さな行動を始めることができたなら、次はその回数をコントロールしていきます。時間をなかなか調整できないので毎日運動が続けられないなら、たとえば「週に2回は運動する」というところから始めて、それを3回にすることを可能にできないか調整してみます。

　毎日学習をすることができないなら「1日平均1ページ」、「週に7ページ」問題集を進めるだけの時間とモチベーションを生み出せるかを試してみます。平均的な数値がゼロにならない、あるいは次第に伸びている状態を、習慣が定着していることと読み替えるのです。

　無理なハードルを用意して、それを越えられるかどうかで成否を考えるのは避けましょう。たとえば忙しい人が「毎日200ページの読書」といった高いハードルを設定し、それが継続できないと落ち込むのはスタートからして間違っています。まずは時間を作るか、目標を下げるか、実行可能な行動に注目することから始めなければ高い目標には意味がないからです。

　まずは、限られた時間をどこに生み出せるのかを調べつつ、「毎日2ページ」といった小さな行動を繰り返してみます。やがて読むスピードも、隙間の時間の使い方も上手になって、時間を盗むように読書時間を生み出す方法が見えてきます。それまでは、小さな行動の回数が安定するように意識します。

　よく、新しい行動が習慣として定着するまで3週間ほどかかるといわれていますが、それは安定して行動を起こせるようになってからのことです。まずは1回の行動を起こせるようにしてから、その回数を増やす工夫を重ねていきましょう。

原則：習慣を定着させるには、継続そのものではなく行動を起こせた回数に注目する。回数を次第に増やすことで、行動にともなう成果も調整できるようになる

習慣のフィードバックループを意識する

　タイムリープもののアニメやゲームや映画では、主人公が繰り返し条件を変えつつ、悲劇を避けたり、世界を救うための条件を探したりしますが、習慣化するための行動を定着するための考え方もそれに似ています。

　何がきっかけとなるのか、どこでどんな行動を選べば正解に近づけるのか、私たちも自分の日常をループだと意識して試してみる必要があります。

　チャールズ・デュヒッグ氏は著書 "The Power of Habit" において、習慣が3つの要素の絡み合ったループであることを解説しています。たとえば毎日ランニングに行くといった習慣は、走る時間がくるなどの「トリガー」の部分、実際に走りに行く「応答」の部分と、行動の結果得られる「報酬」が輪のようになった一連の行動とその結果なのです。

　多くの習慣術の解説では、習慣を定着させるには「運

動をすると気持ちがいい」「運動をすると健康によい」といった報酬の部分が強調されます。しかし実際には、「時間になったらスマートフォンに通知がくる」「ランニングウェアを玄関にかけておく」といったトリガーも戦略的に配置することで、トリガー・応答・報酬のループが完成します。

　一度このループを成功させれば、成功体験自体が報酬となって、それを繰り返したくなるフィードバックがかかります。このフィードバックによって習慣のループが繰り返し回っている状態が、「習慣が定着する」ということなのです。

　習慣について考えるときは、「ランニングをしよう」「読書をしよう」といった行動の部分も大切ですが、トリガーとなるきっかけを設計するのが重要なのです。

　読書ならばベッドの上に本を置いておくというきっかけを作れますし、学習や執筆といった行動なら、その画

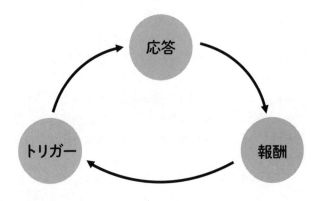

面を開いたままにしておくといったこともできます。

　習慣にしたい行動がうまくいった際は、何がうまくいったのかを「トリガー・応答・報酬」の3つの視点で意識して、次のループを回せるように準備するといいでしょう。

原則：習慣はトリガー・応答・報酬のループになっている。行動のきっかけとなるトリガーを意識することで、行動を繰り返しやすくなる

小さな勝利で人生をゆるやかに変える

　たった5分の運動や読書でも、長く続けるうちに、その蓄積はゆるやかに人生を変えていきます。そのために、習慣の行動は長期的な目標とアライメントのとれたものにするのが効果的です。

　研究者の仕事をするには膨大な論文に目を通していることが欠かせませんが、これはある日思い立って始める行動ではありません。たとえば1日に1本ずつ、せめて論文の摘要の部分を読んでメモするといった行動を、砂粒を集めて山にするような感覚で続けることで、やがて網羅的な知識へとつながります。

　PROLOGUEで明らかになった長期的な目標を、それ以降のCHAPTERで生み出した時間や近道を使い、習慣として定着させた行動で達成すること。それが人生を変える小さな習慣＝ライフハックの最終到達点なのです。

鍵習慣とサポート習慣を戦略的に配置する

　一度に大きな行動を習慣化しようとするのは挫折する危険も大きいので注意が必要ですが、大きな目標を小さい行動に分解し、複数の習慣の集合体にするなら成功率は高まります。

　"Habit Stacking" の著者 S.J. スコット氏はこうした組み合わせを「習慣スタック」と呼び、短ければ5分程度、最長でも30分ほどの行動の集合によって大きな目標を達成する戦略作りについて提唱しています。

　たとえば簡単なものならば、朝を調子のよい状態でスタートするための行動を一つのスタックとして考え、

● 1日分の水を水筒にいれる
● 7分のワークアウトを実行する
● 今日の目標とタスクを確認する
● 今日の行動にとって障害となるものがないか確認

といったチェックリストを作っておくことができます。この例の場合は全部の行動を完了させるまでに15分程度となりますが、一つひとつの行動を思い出しながら実行するのではなく、一連の行動として片付けることで1日を快適に始めるための大きな行動につながっているところが重要です。

　スタックは一度にやらなくても大丈夫です。たとえば

運動のための習慣スタックならば、

● 体重計に乗って数字を記録する
● 20回の腕立て伏せ
● 5分のプランク
● 5分のランニング

　といった形で小さく分解した行動を、1日のなかにちりばめることもできます。あそこで5分、ここで5分といったように隙間時間を集めて、集合体として30分近く運動をしている状態を生み出すわけです。

　習慣スタックのすべての小さな習慣を成功させなくてもよいと決めることもできます。たとえば運動のスタックのうち、ランニングだけは日によってできなくてもかまわないと決めることもできますし、この4つのうち3つを実行するように努力するといった運用でもかまいません。

鍵習慣に注目する

　小さな行動はさまざまに設定できますが、特定の一つの習慣がその他多くの行動の成否を決める鍵となっていることがあります。

　たとえば睡眠時間を確保する習慣が定着すると、集中力が保たれるので仕事などの他の行動が楽になったり、疲れにくくなるので読書の習慣がうまく回るようになったりといったように、ある行動が他の行動を大きく支え

る場合があるのです。チャールズ・デュヒッグ氏はこれを「鍵習慣」と呼び、他の習慣と比べて特別扱いすることを提唱しています。

　鍵習慣は意外な形をとる場合もあります。スポーツ選手にとっては基礎トレーニングやストレッチといった習慣も重要ですが、ある特定の選手にとっては1日の終わりに競技での成功を強くイメージするイメージ・トレーニングの習慣が最も効果があったという場合もあります。高校生の頃の私にとって、内容はなんでもいいので英文を作成するために筆を走らせることが、英語の上達に役立っただけでなく、最終的には文章の構成能力や、限られた時間内に発想を行うトレーニングになったのも、鍵習慣の一例です。

　習慣スタックの考え方を応用すれば、鍵習慣と複数のサポート習慣を組み合わせたプログラムを作ることも可能となります。

　たとえば「生活を健康的にしたい」という目標があったとして、「15分でいいので運動をすること」という行動に効果の実感を覚えているようならば、それが鍵習慣となります。これに対して、「15分の空き時間をどこで確保するか検討する」「雨でランニングができないなら代替手段を考える」といった行動を1日の早い段階で実行するのがサポート習慣となります。

　慣れてくると、1日のなかに「運動の習慣スタック」「仕事の習慣スタック」「趣味の習慣スタック」といったように、それぞれ2～5個ほどの行動がリスト化された

集合を作成して、それぞれについて鍵習慣を設定して実行することができます。

スタックを調整してゆく

もちろんこうした習慣スタックも不変のものではありません。いくつかの行動から構成されている習慣スタックのうち、常に実行できていないものがある、いつも避けているものがあるとわかったなら、それをスタックに含めておくことに意味があるのか、それをスタックから切り離して別のスタックにするべきかを検討します。

ありがちなのは、運動の習慣スタックのうち、最も面倒で負担の大きいものだけが実行できていないパターンです。たとえば筋トレはできていても、ランニングだけが実行できないという場合は、その部分だけを切り離して「運動靴を履く」といった簡単なトリガーの習慣をサポートに含めた別のスタックを作りましょう。

また、習慣スタックは CHAPTER 1 の時間管理のライフハックで生み出したまとまった時間を割り当てるのに最適な考え方であることも注目してください。テレビを見る時間を 1 時間減らして、 1 時間程度の習慣スタックの行動と入れ替えてみるといったように、時間をバランスさせながら新しい行動に入れ替えれば、習慣の力が人生を狙った方向にゆっくりと変えてくれるのです。

Habitify で回数を記録する

　習慣を定着させる際に、記録は必須です。なんとなく毎日「やろう」と思い出しているうちはよいものの、正確な記録がなければ、どれだけ行動が定着したのかあやふやになってきます。何回かすっぽかしている間に、どれだけ継続できていたのかを忘れ、習慣のループがもたらす効果が薄れ、やがて新しい習慣に挑戦しようとしていたこと自体を忘れてしまい、また最初の状態に戻ってしまいます。

　こうならないためにも、カレンダーや手帳に記録することで習慣を可視化し、自分自身の行動をデータ化するのがよいでしょう。記録は、実際に何を実行して、何ができていないのかを明らかにする、現実に対する手綱だからです。

　最も簡単な記録ならば、習慣の行動を実行できた日に印をつけるといった単純なもので十分です。しかし、行動の回数を記録するのならば、もっとマニアックな情報もあると助けになります。そうしたときに利用できるのが習慣管理用のアプリやサービスです。

習慣を管理するガジェットやサービス

　運動に特化するならば、スマートフォンやスマートウォッチに搭載されているフィットネスアプリを利用するのが最も楽になります。Apple Watch のフィットネス

アプリならば、腕に付けているだけでウォーキング、ランニングといったアクティビティを自動で判別し、歩数や消費カロリーといった情報を記録してくれます。

　情報が非常に多いので迷いそうになりますが、たとえば1カ月あたりの積算したウォーキングの距離、1回あたりの消費カロリーの平均値といったように、自分がフォーカスしている数値を一つ決めて取り組むのがよいでしょう。

　より一般的な習慣や目標を管理するのにおすすめなのが、パソコン上からスマートフォン、スマートウォッチなど、さまざまなデバイスでデータを同期させて利用できる Habitify です。

　Habitify ではプリセットされたさまざまなアクティビティのなかから習慣を選択して身につけることもできますし、自分でゼロから設定することも可能です。このと

Habitify で複数の習慣を管理する

き、その行動を1日に1回実行するのか、数回実行するのか、あるいは「30分読書」のように分単位で時間を設定するのかといった種類も選ぶことができます。

こうした習慣管理サービスでは、通知の柔軟性も重要です。タイミングよくスマートフォンなどに通知を送信することで、習慣のトリガーを生み出すことができるからです。Habitifyの場合、午前・午後・夜といったように1日を大きく分けてどの時間帯に実行する習慣なのかを分類した上で、通知を送信する時間を細かく設定することができます。

たくさんの習慣を登録するのならば、運動・趣味といったように習慣の領域を設定して整理することもできますので、習慣スタックをわかりやすく管理することもできます。

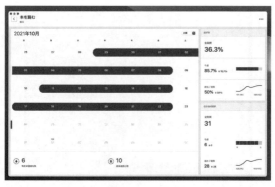

Habitifyで習慣の最大継続日数や、最近の進捗を管理する

マニアックな進捗管理で習慣の定着率を可視化する

　Habitifyではこうして登録した習慣を実行するたびにアプリでタップするだけで記録が追加されていきますが、数日利用するだけで、貴重なデータがとれるようになります。たとえば直近の1週間で習慣の行動を実行できた回数、達成できた割合、前の週と比べた増減の度合い、最長連続日数と直近の連続記録といったように、すべての行動が数値化されて表示されます。

　まだ新しい習慣を日常のなかに定着できていない段階なら1週間毎の達成率に注目する、だいぶ定着してきた習慣ならば連続日数に着目するといったように、データに基づいて習慣がどれだけ日常に組み込まれているかを測定できます。

　ある程度習慣が定着して、意識せずにその行動を日常的にとれるようになったなら、習慣をアーカイブしてしまうのも重要です。データをとるのは便利ですが、データをとること自体が目的ではないからです。

　定着した習慣を足がかりにして、その行動をさらにふくらませる新しい習慣を次々に定義しては実現してゆくために、こうしたアプリやサービスは利用するのです。

トリガーを工夫することで習慣を定着させる

　習慣を作るには、行動のきっかけとなるトリガーに注目するという話をしましたが、すべての習慣について新しいトリガーを考えなければいけないわけではありません。多くの場合は、すでに日常のなかにある行動や出来事をトリガーにして、行動を入れ替えてしまえばいいのです。

　たとえば夕食後に必ずテレビを観ることが習慣になってしまっている人は、夕食が終わるとすぐにリモコンを手にとってテレビをつけてしまうといった具合に、「夕食の終わり」がトリガーになっている可能性があります。そこで、リモコンの代わりに別のものを手に取ることで、この流れを脱線させて別の習慣に入れ替えてみることを試します。

　たとえば私の場合、日常のなかで風呂掃除は私の担当になっていますので、これは毎日必ず発生するトリガーとして利用できます。そこで、風呂掃除の「前」に運動着に着替えてしまうと、その流れでランニングを実行できる可能性が高いことがわかりました。

　何回かの試行でそれがわかると、風呂場の近くに運動着をかけておくことで、①風呂掃除の時間になる（第1のトリガー）、②着替える（第2のトリガー）、③風呂掃除をする、④ランニングに行く、といったように、トリガーの出来事からもう一つのトリガーを発生させ、それ

に応答する行動を流れで実行できるようになりました。これが風呂掃除の「あと」に着替えるのでは成功しないところが面白い点です。人によっても、習慣によっても、どんなトリガーを用意すれば行動がとりやすいのかは変化しますので、数回の挫折で諦めることをせずに、試行する必要があるのです。

トリガーとして最適なのは時間と場所

このように、習慣を引き起こすトリガーとして最適なのは時間と場所だといえます。

習慣を通知するためにアプリを使う場合も、朝7時に命令するような調子で「朝の習慣を実行せよ」と通知するのではなく、「朝食が終わったらこれを実行せよ」と流れを指示するようにすると実行率が上がります。「夜に必ず実行する」と自分に言い聞かせるよりも、通勤の帰り道という必ず発生するトリガーを利用して「最寄り駅まで帰ってきたらその足で」といったように流れを生み出すのも有効です。

行動を起こしやすくするためだけでなく、特定の行動を取らせないようにするためにトリガーを利用することもできます。

たとえば、夕食後にどうしてもゲームをしてしまうのでそれを別の行動で置き換えたいと思っている人は、「夕食前」のタイミングをトリガーとして、ゲームをする手間がほんの少しだけ大きくなるようにしてみます。たとえばコントローラーや電源アダプタを片付けてしま

うといった行動を組み込んでおけば、夕食後に流れで
ゲームを始める流れを切ることができます。

　禁止してしまうと、それを破ったときに大きな満足感
が発生してしまいますので、トリガーから行動が自動化
しないようにやんわりと阻害し、避けたい行動をとって
しまう回数が減るように工夫しているのです。

新しい習慣をすでにある習慣に「接ぎ木」する

　トリガーはあまりたくさんあっても混乱しますので、
すでに定着している習慣を利用して、それに接ぎ木をす
るように新しい行動を付け加えることで、習慣化をしや
すくする方法もあります。

　たとえば「運動をする」「体重計に乗る」という習慣
は、一連の動作にしてしまうことで同時に達成できるよ
うになります。同様に、

● 歯を磨くついでに、歯間ブラシを使う
● 朝のコーヒーを飲む前に、となりに用意したサプリを
　飲む
● 通勤の電車に乗ったなら、必ず本を開く

　といったように、毎日行う行動に便乗して新しい行動
を付け加えるように設計できます。たとえば朝起きた
ら、

● 天気をチェックし（すでに確立している習慣）、

- その日の運動のメニューを、晴れているならランニング、雨なら筋トレといったように選択し、
- その日のタスクリストを確認し、
- 朝のファースト・タスク（HACK 031）を実行し……

　といったように、仕事から健康、趣味にいたる行動をHACK 101 で紹介した習慣スタックにしてまとめて実行するわけです。

やるか、やらないかの判断を回避する

　習慣化した行動は、ほとんど意識することがありません。それはトリガーから生まれる行動について「やるか」「やらないか」といった判断が消えている状態ともいえます。

　すでに存在するトリガーに対して複数の行動をぶら下げておくもう一つの理由は、こうした判断を取りにくくするためでもあります。10 個の習慣の一つひとつについていちいち「今日はこれを実行しようか」と判断するよりも、「これは流れでやるもの」としておいたほうが実行力は上がるわけです。

　特に、なかなかトリガーが設定しにくい、決断が重いので実行しにくい習慣については、こうして別の習慣におんぶをさせて実行するようにするのがおすすめです。

バレットジャーナルの「習慣トラッカー」を使う

　紙の手帳で習慣を記録する際に便利なのが、１カ月の行動をすべて一目 瞭 然にする「習慣トラッキング」と呼ばれるフォーマットです。

　この形式は箇条書きでメモをとるバレットジャーナルと呼ばれる手法で人気になったものですので、手帳の種類としては方眼か、ドット方眼のものが最適です。可能ならばページは横方向に使い、習慣を書き込む欄と、その月の１日から31日までの空欄が並ぶように表を作成します。もしページを縦に使うならば、習慣を書き込む欄を２行分とり、日付欄は16日目で折り返すように表を作ってもよいでしょう。最後に、実践したい習慣を、最も注目しているものから順に書き込み、記入の準備は完了です。

　あとは、その習慣・行動を実践した日に蛍光ペンで色をつけることで、どれだけ習慣が続いているのか、その回数が色で判別がつくように毎日記録をとります。

　こうして記録をとると、縦に読むことで１日に実践している数々の小さな習慣の行動をどれだけ実践できたのかがわかり、横方向にみると一つひとつの習慣の継続度がわかるようになっています。

　バレットジャーナルの愛好家はこの方眼が埋まってゆく様子を楽しむために、行ごとに色を変えてカラフルなグラデーションが生まれるようにするといった遊び心を

加えるようにしています。スマートフォンのアプリでは
ここまでの一覧表示は難しいので、これは紙ならではの
記録法だといえます。

一言で表現できる行動を積み上げる

　海外で紹介されている「習慣トラッカー」を参考にす
ると、そこには非常に細かい行動が列挙されていること
に気づきます。「朝6時に起きる」「サプリを飲む」と
いった日常的な行動から、「甘い飲料を飲まない」「スト
レッチをした」「誰かに感謝をした」といったように、
日々に彩りを加えたり、少しだけ前向きになるための行
動も取り入れられたりしています。このページが彩り豊
かに塗られていくと、日々が少しずつ明るくなる行動を
どれくらい選び取って、どれだけ実行しているかを可視
化してくれます。

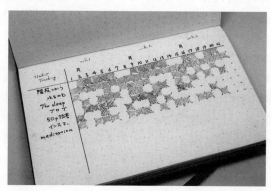

小さな習慣を縦軸に、実践した日付を横に書いた習慣トラッカー

新しい行動の「習慣リボルバー」を撃ち続ける

　実践したい習慣を小さな行動に分解したとしても、それが中断してしまうことは頻繁にあります。いちいちそれを気に病んだりせずに、次の日からまた始めることができればよいですが、なかなか切り替えられないという人もいるはずです。

　そこで、習慣が三日坊主になって疑心暗鬼が生まれそうになったら、素早く別の習慣や別のやり方に切り替えて、次々と行動を繰り出す方法を作っておくとよいでしょう。

　たとえば運動をするつもりが1週間で止まったら、次は睡眠の習慣に手を入れたり、水分補給の習慣に取り組んだりといったように、とにかく何か新しいことをしている状態を続けてみます。こうした、「次に実践しようと思っている行動」をリスト化しておき、あれが駄目ならこれ、この手段が駄目なら次はこの方法で、といったように繰り出していきます。

　私はこれを、まるでリボルバーの拳銃に装塡された別々の習慣が撃ち出されていくところを想像して、「習慣リボルバー」を撃つと表現しています。失敗が一周回ってきたら、もういちどリストの一番上から始めるのでもいいのです。ただし、今度は行動の粒度やかかる時間、トリガーを変更してみて、再度自分の日常にそれが組み込めるかを試します。

壁に張り付くまで投げ続ける

　英語には、「壁に張り付くまで投げ続ける」という慣用句があります。深く考えたり、戦略を練ったりすることなく、ただ思いついたアイデアを次々と実践してどれがうまくいくのかを試してみるという、本来はネガティブなイメージのある言葉です。

　しかし習慣形成に関する限り、なぜうまくいかないのかを考えすぎても行動が止まってしまいます。ひょっとしたら、毎日 1km のランニングは続かないのに、900m のランニングだったら 2 週間は続くといったように、意外な部分にブレークスルーは隠れています。

　なにがなんでも継続せねばと頑張るよりも、いろいろと試した行動のうちのどれかが結果的に継続につながるまで、とにかく撃ち続けるのです。

鎖を途切らせない「サインフェルド・メソッド」

習慣が定着するまでは「やめない」ことに集中するのでいいですが、いったん調子が出てきたら最長記録が伸びることに挑戦し、その習慣がより長期的に日常に組み込まれるようにもっていけます。このステップになったときに意識したいのは、最長連続記録です。

コメディアンのジェリー・サインフェルド氏は、駆け出しの人に向けてこのようなアドバイスをしたことがあります。

> 毎日ネタを書きなさい。1枚で1年分の日付の入ったカレンダーとマーカーを用意して、ネタを書いた日に印をつけるといい。毎日書いているうちに、その印はつながって鎖になっていくだろう。鎖を断ち切ってはいけない。

この「鎖を断ち切ってはいけない」という部分は、鉄の鎖が一つひとつの輪が連なっているイメージから来ています。一つでも輪が切れるとそこで鎖がちぎれてしまいますが、そうならないように一回一回のつながりに注意しているのです。

ここで重要なのは、サインフェルド氏は「毎日面白いネタを書け」とは言っていない点です。鎖が途切れないように、自分の仕事に向き合う時間を毎日確保していれ

ば、いずれクオリティやオリジナリティはあとからついてくることを言外に含めています。

　習慣として身につけたい行動が十分に連続してできるくらいに粒度が小さいものであることを確認したら、サインフェルド・メソッドに従って連続記録を伸ばしていきます。もし中断したら、そのときの中断理由を記録してもう一度トライします。途切れやすいシチュエーションはどこなのかを経験として吸収しつつ、連続記録を伸ばしていくようにします。

　最長記録を可視化するのならば、すでに紹介したHabitifyが対応していますし、手軽に行動を記録できるアプリ「Streaks」もおすすめです。Streaksは「○日ごとに○回」といった柔軟な習慣の記録にも使えますが、連続記録のカレンダー表示、7日間での達成率、30日での達成率といったグラフ表示も可能です。

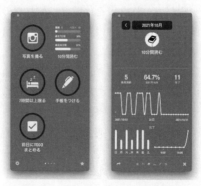

macOS / iOS のアプリ、Streaks で最大継続日数などを管理する

フランクリンの13徳目習得法

「私が道徳的完成に到達しようという不敵な、しかも困難な計画を思い立ったのはこの頃のことであった」（『フランクリン自伝』岩波文庫）

アメリカ建国の立役者であり発明家、著述家など多彩な顔をもつベンジャミン・フランクリン氏は、敬虔ではあるのもの、役に立たない説教を聞かされるのは無駄だと決めて礼拝には出席せず、自分自身の祈禱書を作って持ち歩くような実用主義的な人物でした。

彼の自伝にはそんな彼が若い頃に実践した、13の徳目をまとめて習得する方法が収録されています。

まず、彼はさまざまな本を見比べて自分自身を改善するのに必要な徳目を節制、沈黙、正義、謙遜などといったように13個にまとめます。そして横軸に月曜日から日曜日の空欄が書かれた表を作成し、それらの徳目を実践できなかった日に印をつけるという手法で自分の進歩を可視化する方法を作ったのです。

徳目の順序にも意味があり、他のどの項目よりも先に節制を身につけることで他の項目を身につけるのが楽になるだろうといった考慮もされています。

また、フランクリンは1週間につき一つの徳目に特に集中するようにして、それを13週間で1コースとみなし、このコースを4回繰り返せば52週間＝1年になるように設計しています。

　この手法はすでに紹介した習慣トラッキングに似ていますが、一度にすべての徳目を身につけることはできないことを見越して、1年に何度も徳目と向き合えるように作ってあるわけです。

　これを応用して、13の小さな習慣を年に4回、あるいは4つの習慣を1年に13回向き合うといった工夫を設計しても良いでしょう（実行できた日に丸をつける）。

　フランクリン氏は高い理想を掲げて多くの功績を残した人でしたが、飲酒や短気を改めるなどといった、自分が設定した徳目を守れなかったことも知られています。しかしそれでもよいのだと私は思います。自分の欠点を意識し、定期的にそれを見直すだけでも、彼の人生は長い目でみて変わってゆき、それが彼の非凡な功績につながったといえるからです。

今週のテーマ：決断							
	日	月	火	水	木	金	土
節制	○						
沈黙		○	○				
規律					○		
決断	○	○	○	○		○	○
節約				○			
勤勉		○				○	

悪癖に陥るパターンを別の行動で乗っ取る

　新しい行動を身につけるための考え方を、避けたいと
思っている悪い習慣をやめるために利用できるでしょう
か？

　習慣が「トリガー・応答・報酬」の３つからできてい
ることはすでに紹介しましたが、悪い習慣も同じである
ことが知られています。たとえば口寂しさなどの欲求が
生まれ、それを解消するためにタバコを吸い、満足感が
得られる流れはそのままこの３つに対応しています。

　仕事の先送りに関する項目ですでに見たとおり、緊張
感やプレッシャーから逃れたいという感情をトリガーに
して仕事を先送りするという行動を選び、その結果とし
て緊張から一時的に逃れるという報酬を得るという悪癖
も、ありがちな例です。

行動のループを断ち切る

　こうしたとき、ありがちな手法として「タバコを吸
う」「爪を嚙む」といった「行動」の部分について自分
自身を責め、その心理的プレッシャーで悪癖を絶とうと
試みることがありますが、これは習慣をそもそも引き起
こしている「トリガー」と「報酬」がそのままですので、
なかなかうまくいきません。

　行動を責めるのではなく、トリガーとなっている部分
と、報酬の部分を入れ替えることをしなければ、根本的

な解決につながらないのです。

　ここでも利用できるのが、記録という手法です。タバコを吸うたびに、なぜいま、このタイミングで吸いたくなったのかを詳細にメモして、そのときどんな気持ちだったか（気持ちが落ち着いた、イライラが解消できた、休息がとれた、etc.）といった感情を引き出します。

　すると、たとえば「ストレスが高まったとき」「作業が一段落したとき」といったタイミングがトリガーになり、「リラックスした」という報酬が得られているといったように、どこにトリガーと報酬があるのかが分析できるようになります。

　トリガーと報酬が見えてきたなら、同じトリガーを使って、行動だけを入れ替えられないかを試みます。たとえば爪を嚙みたいという衝動の高まりを意識したら、すぐにそれがトリガーだと判断してポケットに手を入れてしまうといったように、トリガーに引き続く行動を別のもので乗っ取ってしまいます。

　そうして一度行動を書き換えることに成功したら、どんなに小さなことでもいいので自分に報酬を与えます。飴をなめるといったことでも、ガッツポーズを決めるといったことでも十分です。

　悪癖の行動自体をやめるのではなく、そこに至ってしまうトリガーと報酬を攻略すれば、自分を責めたり罪悪感に苦しんだりすることなく、結果的に悪癖の行動の頻度を減らすことができます。

バケツ・リストから夢を次々にかなえてゆく

　人生の目標というと、どこか遠大で、達成までに時間がかかるものを想像しがちです。そのせいで、目標とはいくら努力しても実現しないものだというイメージがつきまといがちです。

　こうしたイメージを崩すために、いま行動しさえすればすぐに達成できる、ちょっと素敵な行動を次々に実践してみるという手法があります。それが、死ぬまでに実現したいすべてのことをリスト化した「バケツ・リスト」です。

　英語では死ぬことを慣用的に「kick the bucket（バケツを蹴る）」と言うことがありますが、それを転じて「バケツを蹴って死ぬまでにやりたいこと」と表現しているわけです。

　バケツ・リストの作り方にはルールはありませんが、なるべく多くの夢を書き出し、それを次々に実現するのが目的ですので、101個といった大台の数を目指して作成します。そしてその項目をなるべくすばやく、たとえば101項目ならば3年程度といったスピード感で実践していきます。

機会と少しの意志があれば実現できること

　スピード感が大事ですので、バケツ・リストには長期的な夢だけでなく、もっと即興的にかなえられるものも

入れていきます。

「キャンプをしてみたい」「バンジージャンプをしてみたい」といった冒険心を試すものを入れるのもおすすめですし、欧米圏では「愛の詩を書いてみたい」「雨のなかでキスをしたい」「行き先を決めずに旅をしたい」といったロマンティックなものも多い傾向があります。

大事なのは、これらの夢は機会と少しの意志があれば実現できるという点です。

意識して考えるまでは、バンジージャンプなんて縁がないと思っているかもしれません。しかし実際に検索してみると、週末にちょっと足を伸ばせば行ける距離で体験できる可能性は高いのです。

バケツ・リストからいくつかの目標を実現すると、行動を起こしさえすれば目標はかなうという期待感でこのリストを見ることができるようになります。目標を実現しないものとして遠ざけるのではなく、行動を引き起こすマインドを作れるのです。

こうして小さな目標を達成するうちに、101個のライフゴールの大半は数年で消えていくことでしょう。そうしたら、また次の素敵なことをさらに101個考えて実行していけば良いのです。

「30日チャレンジ」で人生を楽しく変えてゆく

これまでの生涯でずっとやってみたいと思っていたものの、いまはそのときではないと先送りにしていたことがあるなら、それを30日間だけ始めてみる「30日チャレンジ」を始めてみるのはいかがでしょうか。

このチャレンジは、元Googleのエンジニアのマット・カッツ氏がTEDの講演で広めたことで有名になりましたが、元々の発想はモーガン・スパーロック監督の『スーパーサイズ・ミー』などの実験的ドキュメンタリーの手法に着想を得ています。

ルールは簡単で、人生でずっとやってみたかったことか、ずっとやめたいと考えていた行動を、次の30日間だけ実践してみるのです。

マット・カッツ氏の場合は、自転車で通勤する、砂糖を控えるといった健康的な習慣から、ウクレレを学んでみる、チャリティーのために髭を伸ばしてみる、毎日小説を書くなどといった楽しい活動を実践し、その一部は30日の期間が終わったあとも続くようになりました。

この30日チャレンジのおかげで、彼は日々がただ流れ去るのではなく、記憶に残る印象深いものになったといいます。また、新しい行動を始めているうちに自信が身につき、キリマンジャロの登山をしてしまうほどの冒険心まで育まれたのです。

どんなことでも、30日ならば続けられる

　この30日という数字は、嫌なことをいつまでも我慢しているような無理が生まれるほど長くはなく、新しい習慣が身につく程度には長い、ちょうどいいバランスのうえに成り立っています。

　大きすぎる目標を小さく始めるのにも、この30日の数字は効果的です。たとえば小説を書くという目標は、毎年11月に開催されるNaNoWriMo（全国小説執筆月間）にあわせて50000ワードの執筆をするという具合に設定して、毎日1667ワードを執筆するといった形に変換できます。

　書き上がった小説はひどいものだったと氏は言いますが、それでも一作を書き通したという成功経験が次につながります。「30日だけならば、どんなことにでも挑戦できる」のです。

　30日の変化を継続できたならば、それをもう30日伸ばしてもいいでしょう。いきなり、「これから毎日ずっとこの習慣を続ける」と決意するのは大きすぎても、小さな変化を継いでゆくのは持続可能性が高くなります。「30日は、好むと好まざるとにかかわらずどうせ過ぎ去ってしまう。それだったら、ずっとやってみたかったことを、とりあえず30日だけ始めてみてはどうでしょう」

　このマット・カッツ氏の前向きなメッセージには、人生のゆるやかな変化を楽しむ知恵がつまっています。

「変」であることを、どこかに持つ

本書では繰り返し、時間の使い方を極端にしてみる、目に触れる情報をマニアックにしてみるといったように、平均的な行動を意識的に極端にしてみる考え方を紹介しています。

平均的な人と同じだけテレビを観て、SNSを楽しみ、ゲームをして、そのうえで大きく人生を変えるような行動を日常に付け足すのは、無理ではないとしても困難な道のりです。それよりは、時間の使い方や行動原理を極端な方向に切り替えたほうが、結果は簡単に見えるようになります。それは平均的な生き方をしている人からみると、ちょっと「変」な生き方かもしれませんが、「変」は人生の戦略になるのです。

「変」であることを意識する

「普通」の反対を「変」だとするならば、いまは過去に比べてずっと多くの「変」な人が社会で認められている時代です。マーケティングの専門家セス・ゴーディンは "We are all weird" というマニフェストのなかで、世界の多様性が増した結果「普通」の人が減り、以前は変人だと思われていた人の数が相対的に増えていることを指摘しています。

「変」な人は増えていますし、「変」な人に向けたビジネスチャンスもそれに合わせて増えています。戦略的に

「変」であることが、有利な時代が到来しているといっていいのです。

そこで、「変」であるために時間や行動だけでなく、お金の使い方、行く場所、優先する活動といった面で、自分のリソースを普通の感覚とは別の方面に集中的に投下することを意識してみましょう。

なんでも満遍なく「普通」に体験することをやめて、特定の趣味に何倍もの時間とお金を使う、あるいは普通の人が観るテレビや活動をすべてやめて別な活動に割り振る、なぜか特定の分野だけ極端にフォローするといったような形で「変」は創り出せます。

かつて、その特徴的なワインブログで人気を博したゲイリー・ヴェイナーチャック氏は、自分のブログを超えるワインブログの作り方は簡単だと読者を鼓舞したことがあります。「特定の村の、特定の品種のワインだけを追うようなニッチのなかのニッチを攻略すれば、そこには誰もいない。『変』になれば無敵なんだ」

普通の人として目立つのは至難の業ですが、あるニッチな分野で世界一の変な人になるのは、それほど難しいことではありません。

「変」であることは、人生をシンプル化するだけでなく、目的とする結果への高速レーンを作る思考といってもいいでしょう。

ライフスタイルのインフレに注意する

　私が折にふれて読み返すトルストイの小品『光あるうちに光の中を歩め』の岩波文庫版は、買った1994年当時は価格が260円でした。大学の食堂の一食を我慢すれば本が1冊買えたことを、いまも懐かしく思い出します。

　そのころはその数百円を使うかどうかが、私にとっては死活問題でしたが、社会に出て、仕事をするようになってからは、次第にその金額が増していき、新しいiPhoneが買えるだろうか、カメラを新調できるだろうかといった金額が気になるようになりました。こうした長期的なお金の使い方や、どんな行動をとると満足なのかといった感覚は、長い目でみてインフレーションを起こすので注意が必要です。

　使用できるお金が増えたとき、それに合わせてライフスタイルが変わっていくこと自体は自然です。しかし、いったん高額なお金を使うようになったライフスタイルを元に戻すのは容易ではありません。お金の使い方がライフスタイルに合わせて膨らみ、あとで戻さなくてはいけなくなったときに心理的な苦痛をともなうのです。

　お金の使い方が変わるきっかけとしては、金遣いの荒い人との交流がよくあります。周囲の人が高額なカメラを買っていると「自分もそうしなければ」という、心理的に同調したい気持ちが生じます。いまの流行に追いつ

かなくてはといった FOMO（他の人から取り残されてしまう不安）も、必要のないものを購入しなければ我慢できない気持ちに拍車をかけます。お金の使い方はインフレを起こすと知っておけば、それが本当に必要なものなのか、単に影響されているのかを判断する視点になります。

推しジャンル豪華主義で豊かに生きる

　こんなときにおすすめなのが、一点の趣味だけを豪華にするという方法です。

　たとえば欧米のとある靴紹介ブログを運営している女性は、目の飛び出そうな値段の靴を次々と買っているものの、それ以外の服や住んでいる部屋にはほとんどお金をかけないことで一点豪華主義を貫くスタイルをとっています。

　趣味自体の専門色を次第に高めてゆくのも、こうした選別の効果をもっています。すべての本を買って読んだり、すべてのガジェットを買ったりすることはできなくても、特定のジャンルは誰にも負けないといった形で絞り込んでゆくのです。

　こうして、本当に欲しいものは手に入れつつ、ライフスタイル全体がインフレーションを起こして破綻したり、大きな不満を生み出したりするのを注意深く避けることができます。

人生の航路をゆっくりと変える

「習慣の鎖は感じることができないほど軽いものだ。それがやがて断ち切ることもできないほどに強くなるまでは」。イギリスの文学者サミュエル・ジョンソンの書いた寓話（ぐうわ）を簡潔にまとめたこの言葉は、習慣がもっている本質を言い表しています。

本書で紹介したさまざまなライフハックの習慣も、一つひとつは取るに足らない工夫であったり、考え方を変えるための指針であったりしますが、それらを何度も適用しているうちに人生はゆっくりと、しかし確実に変化していきます。

そして、時間の使い方、タスクの選び方、情報の取捨選択に意識的であるならば、私たちは日常の惰性の犠牲にならずに、どんな習慣を人生に取り入れるかを選ぶことができるようになります。「雨垂れ石を穿（うが）つ」という故事成語の通り、雨のしずくの一滴一滴は取るに足らないほど軽くても長い時間をかければ石に穴を開けることができますが、どこにそのしずくを集中させるかを、私たちは選ぶことができるというわけです。

1000 回、何かを繰り返す

日常のなかに小さな習慣を生み出すことに慣れてきたら、それを拡大して人生をそのものに影響を及ぼすような行動を設計してみましょう。そのとき目安として使え

るのが「1000回」という数字です。

　本を1000冊読む、映画を1000本観るといったように、何かを1000回繰り返すのは不可能ではないものの、長い時間と一貫した行動を必要とします。一冊一冊の本はそれぞれに面白く、有益でしょうけれども、それを1000回繰り返して読書メモを残すことができたらどんな地平が見えるでしょうか？　そこに至るまでにあなたの人生はどんな軌跡を描くでしょうか？　1000回のチャレンジは、人生の航路を極端に変えるきっかけになるはずです。

　すでに1000回のブログ記事執筆や、1000冊を越える読書メモの作成をしていた私が、それまでと違った新しい活動でこのチャレンジを始めてみようと考えたのが、2012年5月からほぼ毎週ライブ配信している「ライフハックLiveshow」という番組です。初回の頃はYouTubeがまだ一般向けにライブ配信機能を公開していませんでしたので、当時のGoogle+プラットフォーム上で配信し、その後紆余曲折を経ながら、忙しい週はたまに休みつつも、450回近く継続をしています。

　始めた当初は、私はこの番組がここまで長く続くと考えていませんでしたし、YouTuberとして活躍しようという目論見があったわけでもありません。なんとなく、「ライブ配信で情報発信をしたい」と考えたことを即興で始めてみただけでした。しかし、毎週1時間にわたってアドリブで話すためには、事前に欧米のテック関連のニュースや、ガジェットの情報を収集し、視聴者にとっ

て興味深いものを取捨選択しなければいけません。

　いまでは、私がこの番組を継続しているのではなく、継続しているこの番組によって私の情報収集と発信のペースが生まれているほどです。

　何かを 1000 回続けるとき、回数が気になるのはせいぜい 200 〜 300 回くらいまでです。それ以降は、続けるほうが自然になり、新たに広がる地平の先を見るのが楽しみになります。ライブ配信の習慣が 1000 回に到達するのは早くても 2032 年の予定ですが、健康に恵まれる限り、それが達成できない理由はないといまの私は知っています。習慣は一回一回の行動に過ぎないものを、未来への確信に変えてくれるのです。

止められない変化を生み出す

　船に乗る人ならば、大型船がいかに止まりにくく、航路を簡単に変えられないかを知っています。小型船ならば一瞬で舳先（へさき）を翻すことができますが、大型船は舵（かじ）を切ってから、航路に目に見える変化が生まれるまでにしばらく時間がかかります。やがて実際に航路が変わる頃には、何キロも先に進んでいます。

　ここで大型船を、人生の大きな流れと見立てることができます。小型船を、毎日の些事（さじ）だと見てもいいでしょう。そして舵を切る行為は、未来を選択する私たちの意志です。すぐに航路が目に見えるように変わらないからといって、舵をすぐに戻しているのでは、行き先は変わりません。私たちは航路が変わることを信じて、舵を切

り続けなければいけません。これが習慣です。

　本書で紹介したライフハックの習慣は、その多くは一瞬で実行可能であるにもかかわらず、何十回、何百回、何千回と繰り返すうちに大きな時間を節約し、仕事を片付け、人生の行き先をゆるやかに、しかし大きく動かすことができるものばかりです。

　実現したい目標や、向かいたい未来があるなら、その遠い方向性に向かってゆるやかに航路を作ってくれるような「小さな習慣」を探してください。そしてなるべく早く、舵を切り始めるのです。

　私たちは日常の行動を能動的に選べます。そうした行動の積み重ねの先に、人生の流れに止められないほど大きな変化を生み出すこともできます。

　それを信じて、今日始めることができる小さな習慣、それがライフハックなのです。

おわりに

「偉大な行いは一時の衝動だけで起こるのではなく、小さな行いを少しずつ集めることで実現するものだ」

1882年に画家のゴッホは、理解者であり支援者でもあった弟のテオに手紙でこのように書いています。続けて彼は、「絵画とはなんであろうか？　いかにしてそれを達成すればよいのか？」と自問した上で、「人が原理原則に基づいて自分の人生を振り返ったり、整理したりするのでない限り、どうして誘惑されることも気を散らすこともなく、そうした仕事に専念できるだろうか」と綴っています。

ゴッホの言葉は本書で紹介した数々の「ライフハック」と、それをつらぬく「プリンシプルズ」にそのまま呼応しています。目的も、方向性もなく衝動的に実行するライフハックは、多少は便利であっても大きな人生の変化につながりません。しかし、それが原理原則＝プリンシプルズと結びつくことによって、最も小さな行動は最も大きな変化につながるのです。

本書の元となった『ライフハック大全』は、私が十数年にわたってブログで紹介してきた話題や、さまざまな「小さな習慣＝ライフハック」をまとめた本でした。紹介したハックの選び方や、その解説の仕方によって、私はできるだけライフハックの背景にある原理原則について伝えるようにしていましたが、紙面の都合上なかなか

深くまでは触れられずにいました。

　今回、『ライフハック大全』を新書のフォーマットで
もう一度語り直す機会を与えていただいたおかげで、そ
れぞれのハックの解説に留まることなく、ライフハック
の起源とその思想的な背景を含めて網羅的にお伝えする
ことができたように思います。

　本書で紹介した数々のライフハックや考え方は数多く
のブロガー、著者、ライフハックファンによって提唱さ
れ、議論されてきたものを私が自分の思想のもとに体系
的に編み直したものです。長年にわたるライフハックの
ムーブメントに貢献したすべての人々に、感謝を込めて
本書を贈りたいと思います。

　また、前著を支持してくださった多くの読者、私のブ
ログを開設以来ずっと読んでくださっているみなさんに
も感謝いたします。ライフハックの小さな習慣がこれか
らもみなさんの生活に小さな力を与え続けてくれること
を祈っています。

　みなさんが選び取る人生の航路の先で再び出会えるこ
とを期待して。

　　　　　　　　ゴッホの手紙が書かれて 139 年目の日に
　　　　　　　　　　ブログ Lifehacking.jp 管理人
　　　　　　　　　　　堀　　正岳 （@mehori）

参考文献

・David Allen, "Getting Things Done: The Art of Stress-Free Productivity"（邦訳：『はじめての GTD ストレスフリーの整理術』二見書房）

・Stephen R. Covey, "The 7 Habits of Highly Effective People"（邦訳：『7つの習慣』キングベアー出版）

・Charles Duhigg, "The Power of Habit"（邦訳：『習慣の力』講談社）

・Nir Eyal, Julie Li, "Indistractable"（邦訳：『最強の集中力』日経BP）

・Timothy Ferriss, "The 4-Hour Workweek"（邦訳：『「週4時間」だけ働く。』青志社）

・Neil Fiore, "The Now Habit"（邦訳：『戦略的グズ克服術』河出書房新社）

・Mark Forster, "Do It Tomorrow and Other Secrets of Time Management"（邦訳：『仕事に追われない仕事術 マニャーナの法則 完全版』ディスカヴァー・トゥエンティワン）

・Atul Gawande, "The Checklist Manifesto"（邦訳：『アナタはなぜチェックリストを使わないのか？』晋遊舎）

・Malcolm Gladwell, "Outliers"（邦訳：『天才！』講談社）

・Scott Barry Kaufman, Carolyn Gregoire, "Wired to Create"（邦訳：『FUTURE INTELLIGENCE』大和書房）

・Cal Newport, "Deep Work"（邦訳：『大事なことに集中する』ダイヤモンド社）

・Eli Pariser, "The Filter Bubble"（邦訳：『フィルターバブル──インターネットが隠していること』早川書房）

・Steven Pressfield, "The War of Art"（邦訳：『やりとげる力』筑摩書房）

・R. Keith Sawyer, "Explaining Creativity"

・S. J. Scott, "Habit Stacking"（邦訳：『Habit Stacking 人生を大きく変える小さな行動習慣』日本実業出版社）

・Julia Shaw, "The Memory Illusion"

・Brian Tracy, "Eat That Frog!"（邦訳：『カエルにキスをしろ！』ダイヤモンド社）

・Matthew Walker, "Why We Sleep"（邦訳：『睡眠こそ最強の解決策である』SB クリエイティブ）

・ヴァージニア・ウルフ『自分ひとりの部屋』（片山亜紀訳）平凡社

・梅棹忠夫『知的生産の技術』岩波新書

・野口悠紀雄『「超」整理法』中公新書

・トーマス・マン『魔の山』（関 泰祐・望月市恵訳）岩波文庫

・堀 正岳『知的生活の設計───「10 年後の自分」を支える 83 の戦略』KADOKAWA

・マルセル・プルースト『失われた時を求めて 3 花咲く乙女たちのかげに Ⅰ』（吉川一義訳）岩波文庫

索 引

本書は、小社より2017年11月に刊行した『ライフハック大全 ──人生と仕事を変える小さな習慣250』を改題の上、大幅に加筆・改稿し、新書化したものです。

堀 正岳（ほり・まさたけ）

研究者・ブロガー。北極における気候変動を研究するかたわら、ライフハック・IT・文具などをテーマとしたブログ「Lifehacking.jp」を運営。『ライフハック大全――人生と仕事を変える小さな習慣250』『知的生活の設計――「10年後の自分」を支える83の戦略』『仕事と自分を変える「リスト」の魔法』（以上、KADOKAWA）など、知的生産、仕事術、ソーシャルメディアなどについて著書多数。
https://lifehacking.jp

ライフハック大全 プリンシプルズ

堀 正岳

2021年12月10日　初版発行

発行者　青柳昌行
発　行　株式会社KADOKAWA
〒102-8177　東京都千代田区富士見2-13-3
電話　0570-002-301（ナビダイヤル）

装　丁　者　緒方修一（ラーフイン・ワークショップ）
ロゴデザイン　good design company
オビデザイン　Zapp!　白金正之
印　刷　所　株式会社暁印刷
製　本　所　本間製本株式会社

角川新書

無印良品の教え
「仕組み」を武器にする経営

松井忠三

38億円の赤字になった年に突然の社長就任。そこから2000ページのマニュアルを整え、組織の風土・仕組みを改革していくなかで見つけた「仕事・経営の本質」とは──。良品計画元トップが語るＶ字回復の方法と思考。

イップス
魔病を乗り越えたアスリートたち

澤宮 優

突如アスリートを襲い、選手生命を脅かす魔病とされてきた「イップス」。5人のアスリートはそれをどう克服したのか？当事者だけでなく彼らを支えた指導者や医師にも取材をし、原因解明と治療法にまで踏み込んだ、入門書にして決定版！

ＬＯＨ症候群

堀江重郎

加齢に伴ってテストステロンの値が急激に下がることで起きる心身の不調──それは男性更年期障害であり、医学的にＬＯＨ症候群と呼ぶ病気である。女性に比べて知られていない男性更年期障害の実際と対策を専門医が解説する！

地政学入門

佐藤 優

世界を動かす「見えざる力の法則」、その全貌。地政学は帝国と結びつくものであり、帝国の礎にはイデオロギーがある。帝国化する時代を読み解く鍵となる、封印された政治理論、そのエッセンスを具体例を基に解説する決定版！

日独伊三国同盟
「根拠なき確信」と「無責任」の果てに

大木 毅

三国同盟を結び、米英と争うに至るまでを分析すると、日本の指導者の根底に「根拠なき確信」があり、それゆえに無責任な決定が導かれた様が浮き彫りとなる。「独ソ戦」著者が対独関係を軸にして描く、大日本帝国衰亡の軌跡！